HR法律答案之书

人力资源法务风险管理与案件实操

THE BOOK OF ANSWERS

翁　飞◎著

中国法制出版社
CHINA LEGAL PUBLISHING HOUSE

序言

自2013年生效裁判文书在互联网公开以来，对劳动争议判例的研究者而言，获取判决书变得更加快捷。虽然除最高人民法院的指导案例外，其他判例不能成为各地仲裁机构和法院办案的直接裁审依据，但通过判例研究，解析具体案件纠纷中的法律依据及适用法律的法学理论，对提高全社会法律从业者的专业能力确实具有极大帮助。

2008年《劳动合同法》实施以来，国家和地方为解决劳动争议仲裁、诉讼中的疑难复杂问题，先后出台多个司法解释、会议纪要和指导意见，但仍然不能完全解决实践问题和具体纷争中可能出现的无据可依问题，类案不同判现象依然存在，严重影响司法的可预见性和公信力。

针对劳动与人力资源法律法规抽象化、碎片化、地方化特点而言，及时跟进、研究所在地区的热点难点劳动争议案件的法院裁审标准，对完善企业劳动人力资源管理制度和改进工作流程会有极大的促进作用；对广大从事劳动和人力资源的法律工作人员而言也具有重要的启发和指导作用。

劳动与人力资源法律服务，似易而实难，面对新型劳动争议的层出不穷，面对经济发展与就业稳定的平衡，面对企业利益与社会责任的取舍，面对劳资博弈与弱势群体保护的兼顾，从业者不仅需要良好的专业知识与钻研精神，还需要丰富的人生阅历和社会和谐发展的大局观。翁飞律师作为在劳动与人力资源法律服务领域辛勤耕耘十载的青年律师，在代理纷繁复杂、新颖疑难的劳动争议诉讼过程中，深知企业人力资源管理的苦与痛，通过对劳动争议案件典型案例的归纳与梳理，对相关劳动与人力资源法律法规和政策的总结与剖析，力争为企业人力资源合规管理提供有价值的解决思路与指导意见，同时也为具体劳动争议案件审理提供有意义的裁判尺度和法理解释。

劳动与人力资源法律实务中，由于法律仅作出原则性规定，自由裁量的余地相对较大，就可能出现同一类劳动争议纠纷案件在不同地区，甚至同一地区同一法院或仲裁委，有不同的裁判结果。翁飞律师撰写《HR法律答案之书：人力资源法务风险管理与案件实操》一书，正是试图通过大量案例，相对准确地找到处理标准和裁判意见，以进一步提高劳动争议案件处理结果的可预见性。本书的显著特点在于以劳动法律法规政策为经纬，以企业人力资源管理实务为框架，通过对企业人力资源管理各个阶段，即入职管理、培训管理、绩效管理、薪酬管理、用工管理、离职管理的疑难复杂案例进行归纳总结，对相关法律依据进行解惑释疑。作者以专业的态度和严谨的逻辑，力图把该书打造成极具参考借鉴价值的精品实务图书。

大成律师事务所劳动与人力资源的专业化快速发展，得益于每一位像翁飞这样的律师，在专业化道路上辛勤耕耘和刻苦努力。作为同仁，我为你们骄傲。

北京大成律师事务所 合伙人

张立杰

2019 年 11 月 19 日

目录

入职管理

◆招聘管理

○背景调查

◆规章制度

○制定程序

○规章效力

○违纪责任

薪酬管理

离职管理

1 入职管理

* 招聘管理
* 录用管理
* 规章制度

招聘管理

背景调查

· 背景审核 ·

劳动者背景审核是用人单位人事管理的重要环节。用人单位通过审核劳动者的简历、背景陈述等，了解劳动者的教育情况、社会背景、职业经历等情况，判断该人选是否适合工作岗位，胜任工作要求，符合招聘条件。日后出现纠纷时能够有据可查，证明自己尽到注意义务，不存在过错。用人单位应当了解劳动者的基本信息，核实其准确性和真实性，防止劳动者在资料上弄虚作假，严格把握“入门关”。对于劳动身份存在问题的人员，要谨慎用人，避免订立无效或者涉嫌违法的劳动合同。

职工提交虚假学历证明，公司辞退是否应支付赔偿金?

案例

陆某进入商贸公司工作，因怀孕期间的工作安排问题与公司存在诸多矛盾。公司对其进行调岗降薪，陆某拒绝。商贸公司调查了解到，陆某应聘时向公司提交了虚假的学历学位。公司根据规章制度，将其予以解雇。陆某提起劳动仲裁，认为公司职位招聘时是大专学历要求，而其本人实际是大专学历，工作上亦可以胜任该招聘岗位的需要，故而订立合同时并不存在欺诈的情形。其在怀孕期间被辞退，属违法解除劳动合同，应支付赔偿金。该纠纷经仲裁及诉讼程序，法院最终认定商贸公司解雇合法，无须支付赔偿金。

解析

关于公司是否违法解除劳动合同，应否支付赔偿金的问题。公司主张陆某学历造假、工作经历造假，存在严重欺诈行为，双方签订的劳动合同无效，并提供入职登记表、应聘登记表、学历证、社保证明佐证。应聘者的学历、工作经历是用人单位招聘员工的重要依据，应聘者提供虚假信息不仅对其他应聘者不公平，用人单位亦完全可能因此作出错误的意思表示。陆某在入职时提供虚假本科学历的事实清楚，属于《劳动合同法》第26条规定的以欺诈手段，使对方在违背真实意思的情况下订立劳动合同的无效情形，公司以陆某入职时提供虚假学历为由，主张双方的劳动合同无效，无需向陆某支付解除劳动合同赔偿金，有事实与法律依据，并无不当。

· 劳动者主体 ·

不满十六周岁的未成年人不得被任何用人单位招用，任何单位或个人也不得为其介绍就业。但从事文艺、体育和特种工艺工作的未满十六周岁的未成年人，在有关部门的批准下，可以从事劳动，获得报酬。

对于外国人、无国籍人、香港特别行政区、澳门特别行政区和台湾地区居民在中国境内的就业问题，关键在于劳动者是否取得相关就业证件。外国人、无国籍人未依法取得就业证件即与中国境内的用人单位订立劳动合同，以及香港特别行政区、澳门特别行政区和台湾地区居民未依法取得就业证件即与内地用人单位订立劳动合同，当事人请求确认与用人单位存在劳动关系的，人民法院不予支持。持有相关就业许可的外国人，与中国境内的用人单位建立用工关系的，可以认定为劳动关系。

已经依法享受养老保险待遇或领取退休金的人员不是劳动法意义上的劳动者，其用工关系为劳务关系。用人单位可以不按劳动法的规定承担相应的劳动责任，如工资、工时、休息休假、加班工资、社会保险等规定。

关于达到或超过法定退休年龄，但不符合享受基本养老保险待遇劳动者的用工关系问题。有的观点认为，用人单位与其招用的已达到或超过法定退休年龄但未享受基本养老保险待遇或领取退休金的人员发生用工争议，双方之间用工情形符合劳动关系特征的，应按劳动关系特殊情形处理。劳动者请求享受《劳动法》《劳动合同法》规定的劳动报酬、劳动保护、劳动条件、工作时间、休息休假、职业危害防护、福利待遇的应予支持。但是，劳动者请求签订无固定期限劳动合同、支付二倍工资、经济补偿、赔偿金及社会保险待遇的不予支持。

现阶段我国法律对建立双重劳动关系的情形是有限度的承认。企业停薪留职人员、未达到法定退休年龄的内退人员、下岗待岗人员以及企业经营性停产放长假人员，与新的用人单位建立用工关系，依法向人民法院提起诉讼的，人民法院应当按劳动关系处理。

下岗待业人员能与新的用人单位建立劳动关系吗?

案例

路某系下岗待业人员，到劳务公司担任后勤工作。双方签订了劳务协议书。路某在该公司工作期间，在原用人单位领取基本生活费，其社会保险也由原单位一直缴纳。公司正是考虑到路某的下岗待业身份，公司用工成本比较低廉，决定雇佣路某进行后勤工作，合同约定“劳务费按月发放”。实际用工中，路某接受该公司的管理，遵守各项规章制度。其后双方发生纠纷，路某离职。公司认为是劳务关系，而路某主张是劳动关系，公司应按照劳动关系支付经济补偿。法院判定双方存在劳动关系。

解析

虽然路某与原单位的劳动关系没有解除，但是法律并不禁止路某与新的用人单位建立劳动关系。《最高人民法院关于审理劳动争议案件适用法律若干问题的解释(三)》第8条规定，企业停薪留职人员、未达到法定退休年龄的内退人员、下岗待岗人员以及企业经营性停产放长假人员，因与新的用人单位发生用工争议，依法向人民法院提起诉讼的，人民法院应当按劳动关系处理。路某与公司之间存在管理与被管理的人身隶属关系，其有报酬的劳动也是公司日常能够正常运转的必要组成部分。如下岗待业人员与新单位没有另行明确约定，那么其与新用人单位之间的用工关系应认定为劳动关系。

劳动者主张存在“双重劳动关系”，是否会被支持?

案例

王某与美食公司签订劳务合同。合同到期后双方续订劳务合同，其后美食公司向王某发出终止劳务关系通知书。王某主张双方系事实上的劳动关系，并提交了员工卡、考勤记录、银行卡查询清单、工资条。美食公司主张双方系劳务关系，提交了劳务合同、续订劳务合同通知书及签收回执、续签劳务合同意向书、参保职工缴费情况表。其中，参保职工缴费情况表上显示王某的缴费单位为建筑公司。王某的人事档案存放于建筑公司，建筑公司每月支付给王某下岗生活费。王某申请劳动仲裁，要求美食公司支付违法解除劳动关系的经济赔偿金、未签订劳动合同的双倍工资加班工资，仲裁委驳回王某仲裁申请。王某不服向法院起诉，法院审理后驳回王某诉讼请求。

解析

王某认可其人事档案保管单位、社会保险缴纳单位均为建筑公司，同时还领取着建筑公司发放的下岗工资，故应当认定王某与建筑公司存在劳动关系。我国法律虽未明确禁止双重劳动关系的存在，但原美食公司签订的《劳务协议》及续订协议经双方签字盖章确认，是双方真实意思表示，不违反法律法规的规定，应认定其合法有效。因此，对于王某认为双方系劳动关系的主张，法院不予采信。王某依据劳动合同法提出的关于解除劳动关系、未签订劳动合同双倍工资、加班费的请求，法院判决驳回王某全部诉讼请求。

离退休人员到其他单位工作，应认定为劳动关系还是劳务关系？

案例

黄某与销售公司在公证处签订《协议书》及附件“关于销售费用的结算办法”，协议书中约定：销售公司聘用黄某为某省境内唯一业务员，聘用期为两年，如需再聘，在终止期前一个月办理续聘协议。各类销售费用的结算，按双方签字协议的附件“关于销售费用的结算办法”办理。黄某代表销售公司与建筑材料公司签订供销合同，因该合同中销售提成问题黄某诉至法院。黄某主张其为劳动争议，其争议应适用劳动法相关规定。法院认定黄某已超过法定退休年龄，故本案争议系劳务合同纠纷，并不属于劳动争议案件。

解析

《最高人民法院关于审理劳动争议案件适用法律若干问题的解释（三）》第7条规定，用人单位与其招用的已经依法享受养老保险待或领取退休金的人员发生用工争议，向人民法院提起诉讼的，人民法院应当按劳务关系处理。因为这时离退休人员在离退休后到其他单位工作，双方建立的不是劳动合同关系，不能签订正式的劳动合同，不受劳动法调整，双方之间的关系是劳务合同关系。本纠纷的案由应当确定为离退休人员返聘合同纠纷。需要注意的是，司法实践中无论劳动者是否享受到养老保险待遇或领取退休金，只要劳动者达到法定退休年龄，一般认为，其与用人单位建立的关系均一律认定为劳务关系。

证券经纪人与证券公司是劳动关系吗?

案例

李某入职证券公司营业部，担任客户经理，约定报酬以业绩相应比例的提成收入发放。在职期间李某每天的工作时间固定，打卡签到，并根据公司的要求定期与客户联系，进行客户拜访等工作，公司每月将报酬汇入李某的银行卡中。双方因故发生矛盾，公司将李某辞退。李某诉至法院，要求判令：确认李某与证券公司营业部存在劳动关系；支付李某解除劳动关系经济补偿金、未签订劳动合同双倍工资差额、拖欠工资。公司认为，李某与证券公司签订的是证券经纪人委托代理合同，双方形成的是民事委托代理关系。法院审理后认为双方为委托代理关系，而非劳动关系，驳回李某的诉讼请求。

解析

当事人对自己提出的诉讼请求所依据的事实或者反驳对方诉讼请求所依据的事实有责任提供证据加以证明。没有证据或者证据不足以证明当事人的事实主张的，由负有举证责任的当事人承担不利后果。本案争议的焦点在于李某与证券公司某营业部是否存在劳动关系。根据李某与证券公司签订的《证券经纪人委托合同》，由证券公司委托李某代理证券公司进行客户招揽、客户服务等活动，李某工作时间比较自由，不需严格遵守证券公司的工作时间，证券公司也不对李某进行考勤管理。李某没有固定底薪，报酬完全由工作业绩决定，发放的时间和数额均不均等。因此李某与证券公司属于委托代理关系，而非劳动关系。李某亦未提交充分有效的证据证明其与证券公司营业部建立了劳动关系，故法院判决驳回李某的全部诉讼请求。

超市促销员与公司是劳动关系，还是劳务派遣关系？

案例

宋某入职超市公司工作，工作8年后离职。其后因经济补偿问题与超市公司发生争议。超市主张宋某系劳务派遣公司派遣至超市工作，之前宋某并没有在超市上过班，从事的工种不断地变化，做过布料销售、裤脚修剪、针纺销售等。而宋某主张与劳务派遣公司签订的劳动合同是超市安排，在超市由工作人员经手办理，其是受胁迫签订的劳动合同。宋某提供收款收据复印件、工资卡明细、超市工作服加以证明，收据的交款人均为宋某、收款人为超市，事由为工作服、工牌，促销员管理费等。该纠纷经仲裁及诉讼程序，法院判定宋某与超市存在劳动关系，而非劳务派遣关系。

解析

宋某与超市用工关系的性质是本案焦点。超市公司主张系派遣关系，宋某主张系劳动关系。《劳动合同法》第66条规定，劳动合同用工是我国的企业基本用工形式。劳务派遣用工是补充形式，只能在临时性、辅助性或者替代性的工作岗位上实施。前款规定的临时性工作岗位是指存续时间不超过六个月的岗位；辅助性工作岗位是指为主营业务岗位提供服务的非主营业务岗位；替代性工作岗位是指用工单位的劳动者因脱产学习、休假等原因无法工作的一定期间内，可以由其他劳动者替代工作的岗位。

用工单位应当严格控制劳务派遣用工数量，不得超过其用工总量的一定比例，具体比例由国务院劳动行政部门规定。而宋某一直在超市工作，已近8年之久，其工作岗位也不属于辅助性、临时性、替代性工作，从用工形式来看，不符合劳务派遣用工方式。虽然宋某于合同履行期间与劳务派遣公司签订了劳动合同，但超市没有与宋某办理终止劳动关系手续，且宋某一直在超市工作，因此超市是真正的用工主体。宋某在超市工作，与超市公司形成劳动关系。

演出合作协议纠纷是否属于劳动争议？

案例

投资公司（甲方）与李某（乙方）签订《演出合作协议书》，合同约定："经友好协商，就乙方在甲方指定的经营场所驻场演出等双方合作事宜达成如下协议：合作期限和方式，乙方在甲方指定的经营场所驻场；合作内容为，具体演出时间由甲方安排，甲方应定期为乙方安排专业技能培训，培训费用具体金额根据实际培训内容而定。"其后，投资公司与李某签订《培训协议》，协议约定："为提高乙方的基本素质和专业技能，甲方决定选派乙方参加专业技术培训。为确保乙方圆满完成培训学业，并按时返回甲方工作，乙方因违反原与甲方签订的演出合作协议或公司规章制度而构成违约的，或因其个人原因提前解除双方合作协议的，乙方须将甲方已支付的培训费用全部返还给甲方，并且支付甲方违约金人民币叁万元。"其后，李某通过电子邮件的方式，向投资公司提出开始为期一年的长假申请。虽没有得到投资公司的批复，但李某开始自行放长假，没有再按《演出合作协议书》履行。双方发生争议诉至法院，法院判决李某承担违约金责任，返还培训费用。

解析

关于公司与李某是否是劳动关系问题，根据《劳动法》第16条第1款规定，劳动合同是劳动者与用人单位确立劳动关系、明确双方权利义务的协议。而本案中双方所签署的《演出合作协议书》明确约定“双方基于互惠互利及双赢的合作原则，经友好协商，就乙方在甲方指定的经营场所驻场演出等双方合作事宜达成如下协议”“双方明确，本协议约定的合作关系不属于劳动法规定的劳动关系，本协议仅受合同法及民法通则调整”，双方在《演出合作协议书》中还约定了合作期限、合作方式、演出报酬、违约责任等，可见双方是以平等主体的地位签署的协议，双方对协议的内容已履行了一定时间，对协议中各自的主体地位应是清楚明白的。因此，李某现主张其与投资公司之间存在劳动关系证据不足，法院不予确认。双方对自愿签订的《演出合作协议书》应自觉履行。

李某通过电子邮件的方式向投资公司提出为期一年的长假申请，随后开始自行放长假，没有再按《演出合作协议书》履行，李某该做法与双方所签《演出合作协议书》的约定不符，属于违约。据此，投资公司要求李某继续按协议履行并按协议约定支付违约金、返还培训费合法有理，法院予以支持。对投资公司主张的培训费数额，有李某签名确认的《培训信息表》为证据，法院予以确认。李某应继续按《演出合作协议书》履行，支付投资公司违约金、培训协议违约金，并返还原培训费用。

外国人未取得“外国人就业证”，是否适用劳动争议处理程序？

案例

姜某向法院提起诉讼称，其应光电公司董事长的邀请，从美国来中国工作，主要从事公司在欧洲的业务推广。双方在德国签订聘用协议，约定姜某被聘用为光电公司海外事业部经理。协议签订后，姜某按照约定开展了项目工作。其后，光电公司却以公告的形式解除了与姜某的聘用协议。姜某认为该聘用协议是合法有效的，光电公司的单方解除协议的行为违法，给姜某造成了巨大经济损失，故请求判令光电公司支付拖欠的工资、报销费用、返回雇佣地美国的单程机票、因单方违约造成的损失。法院以该纠纷未经劳动仲裁为由，裁定驳回姜某的起诉。

解析

根据《外国人在中国就业管理规定》第 8 条和《最高人民法院关于审理劳动争议案件适用法律若干问题的解释（四）》第 14 条第 1 款的规定，外国人在中国就业必须取得外国人就业证，外国人、无国籍人未依法取得就业证件即与中国境内的用人单位签订劳动合同，以及我国香港特别行政区、澳门特别行政区和台湾地区居民未依法取得就业证件即与内地用人单位签订劳动合同，当事人请求确认与用人单位存在劳动关系的，人民法院不予支持。姜某系中国台湾地区居民，其未依法取得就业证件即与中国境内的用人单位光电公司签订劳动合同，违反了法律法规对订立劳动合同主体的相关禁止性规定。因此该劳动合同无效符合法律规定。同时，《劳动合同法》第 28 条规定“劳动合同被确认无效，劳动者已付出劳动的，用人单位应当向劳动者支付劳动报酬。劳动报酬的数额，参照本单位相同或者相近岗位劳动者的劳动报酬确定”。《劳动合同法》第 86 条对无效劳动合同过错方的赔偿责任作出规定。因此，劳动合同被确认无效后的争议处理仍应参照劳动合同法的相关规定，适用劳动争议的处理程序。

外国人取得“外国人就业证”但未在许可范围内就业，能否主张经济补偿？

案例

外国公民约翰与上海网球俱乐部订立劳动合同，双方约定约翰在北京市从事网球教练的工作，由北京体育文化公司对其进行日常工作的领导管理，并按月支付其工资。俱乐部为约翰先后办理了外国人就业许可证书、工作签证以及居留许可证。最终约翰获得了外国人就业证。但约翰一直在北京市从事网球教练工作。约翰因北京公司拒绝发放其工资而辞职，并于当日对网球俱乐部提起仲裁申请，要求支付解除劳动合同经济补偿金。仲裁委审理后认为，约翰所持有的外国人就业许可证书明确了约翰在中国境内的合法就业区域仅限于上海市，而约翰却一直在北京地区工作，违反了关于就业区域工作的许可范围。因此，约翰属于非法就业，不受我国劳动法律法规保护，故对约翰要求支付解除劳动关系经济补偿金的请求，仲裁委不予支持。

解析

用人单位聘用外籍劳动者工作受工作许可范围的严格限制。《出境入境管理法》第43条规定："外国人有下列行为之一的，属于非法就业：（一）未按照规定取得工作许可和工作类居留证件在中国境内工作的；（二）超出工作许可限定范围在中国境内工作的；（三）外国留学生违反勤工助学管理规定，超出规定的岗位范围或者时限在中国境内工作的。"《外国人在中国就业管理规定》第16条第2款规定："就业证只在发证机关规定的区域内有效"。第24条规定："外国人在中国就业的用人单位必须与其就业证所注明的单位相一致。外国人在发证机关规定的区域内变更用人单位但仍从事原职业的，须经原发证机关批准，并办理就业证变更手续。外国人离开发证机关规定的区域就业或在原规定的区域内变更用人单位且从事不同职业的，须重新办理就业许可手续。"从上述规定来看，外国人就业证仅在获得许可的就业区域、就业单位以及职业范围内有效，此三项内容实际发生变化而未依法重新办理就业证或者变更就业证的外国人，属于超出工作许可范围工作，应当被认定为非法就业。因此，用人单位在招用外籍劳动者时，应严格按照就业许可范围的规定安排外籍劳动者工作。

· 用人单位范围 ·

劳动法指的用人单位包括我国境内企业、个体经济组织、民办非企业单位等组织。企业指从事产品生产、流通或服务性活动等实行独立经济核算的经济单位，包括各种所有制类型的企业，如国有企业、集体企业、中外合资经营企业、中外合作经营企业、外商独资企业、私营企业、合伙企业、民营企业、用人单位制企业、股份合作制企业等。个体经济组织是指经工商部门批准登记注册，并领取营业执照的个体工商户。个体经济组织是对从事个体经营，雇佣其他劳动者的私营经济的统称。

· 用人单位分支机构 ·

劳动合同法规定的用人单位设立的分支机构，依法取得营业执照或者登记证书的，可以作为用人单位与劳动者订立劳动合同；未依法取得营业执照或者登记证书的，受用人单位委托可以与劳动者订立劳动合同。因此，企业法人领取营业执照的分支机构与劳动者订立劳动合同的，可以将企业法人的分支机构视为用人单位，该分支机构作为劳动争议当事人，分支机构的财产不足履行合同义务的，企业法人对此要承担连带责任。

· 民办非企业单位 ·

民办非企业单位是指企业事业单位、社会团体和其他社会力量以及公民个人利用非国有资产举办的，从事非营利性社会服务活动的社会组织。依法成立的会计师事务所、律师事务所等合伙组织和基金会，也属于劳动合同法规定的用人单位。如果劳动者与国家机关、事业单位、社会团体建立了劳动合同关系，这些单位应视作用人单位。公民个人不能作为用人单位，个人雇佣劳动者的，按照民事雇佣关系处理。

· 合伙制组织 ·

合伙组织或基金会的职工与用人单位的争议并不都是劳动争议。比如对律师事务所等组织与其工作人员之间纠纷的处理，在目前法律并无明确规定的情形下，可以参照各地司法实践中的具体做法，律师事务所中专职从事行政事务或勤杂工作的劳动者、在律师事务所从事法律事务并领取固定工资或底薪的劳动者，与律师事务所之间就劳动报酬等事项产生的纠纷，属于劳动争议，按照劳动争议的有关规定处理。其他涉及律师事务所与律师之间因合伙利益的分配方式及具体利益分配等问题产生的纠纷，属于民事纠纷，适用相关民事法律处理。会计师事务所、基金会等组织与职工之间产生的纠纷，参照类似情况处理。

· 农民专业合作社 ·

农民专业合作社与其聘用参与日常生产经营活动的社员产生争议，应结合农民合作社的生产经营性质和用工特点等因素，区分情况予以严格判定。对符合原劳动和社会保障部《关于确认劳动关系有关事项的通知》规定精神的，应依法确认参与农民合作社日常生产经营活动的社员与该合作社存在劳动关系。

· 发包单位 ·

发包单位将业务发包给有用人主体资格的用人单位（包括有用人主体资格的组织、个体经营者），从事该发包业务的劳动者与上述主体发生争议的，应当认定劳动者与承包的有用人主体资格的用人单位存在劳动关系，但发包单位与劳动者存在劳动关系的除外。

如何理解“发包方承担用工主体责任”？

案例

电力公司系具有送变电工程专业承包三级资质的建筑企业，张某系无劳务作业承包资质但又长期以个人身份承包工程劳务的自然人，刘某系张某个人承包的多类工程劳务中提供劳务的雇工。电力公司将其承建工程中的劳务部分分包给张某，刘某方到该工程做杂工，在工地拉电线过程中不慎摔伤。刘某受伤后，其就损害赔偿事宜多次与张某协商，因赔偿数额分歧较大，双方未能达成一致意见。刘某提起劳动争议仲裁，要求确认其与电力公司之间具有劳动关系，仲裁委审理后，裁决驳回了刘某的请求。

解析

劳动关系是一种特殊的合同关系，特殊之处在于合同双方当事人存在人身管理关系，但该种合同的建立与否依然与普通合同关系有相同之处，即均是双方当事人对合同内容协商一致后成立，即合同关系的成立是一事实。现并无充分证据证明电力公司与刘某形成了劳动关系。至于相关劳动行政部门的规定，是出于保护劳动者基本权益，规定发生此类情形，具备用工主体资格的发包方承担用工主体责任，就本案而言就是电力公司可能对刘某承担工伤赔偿责任，但承担工伤赔偿责任并不能以此推定双方劳动关系成立，改变双方不存在劳动关系的事实。

· 外部承包 ·

用人单位作为发包单位实行外包承包制，将本单位的相关用工业务交由其他单位或个人承包经营的，在实践中存在劳动关系难以认定的问题。对此有观点认为，根据情况（1）如果劳动者系发包单位自行招录、自行管理、直接发放工资，与发包单位存在用工管理关系，应认定劳动者与发包单位存在事实上的劳动关系；（2）如果依据当事人提交的证据及查明的事实能够确认，劳动者的招录、用工、工资发放等都是由承包人进行管理，发包单位对这些劳动者并无实质性的用工管理行为，则劳动者与发包单位不具有劳动关系，而是与具有用工资质的承包人之间存在劳动关系；如承包人不具有用工主体资格，发包单位应就承包人的非法用工行为，承担连带责任。

用人单位承担用工主体责任，是否必然与劳动者存在事实劳动关系？

案例

李某经人介绍到孙某个人承包的建筑工程公司承建的棚户区改造工程工地做工。其后，孙某又指派李某到另一处围墙工地开搅拌机，在工作中李某右手小指受断裂伤。李某受伤后申请劳动仲裁，裁决确认李某与建筑工程有限公司存在事实劳动关系。建筑工程公司向法院诉称：李某系无业人员，经人介绍被雇佣到第三人孙某承包的工地做力工。其没有与李某签订劳动合同，李某的劳动报酬由孙某发放，且工作期间李某不受该公司管理、约束、支配，与其没有隶属关系，请求法院判决其与李某之间不存在事实劳动关系。该案经检察机关抗诉，最终法院支持了建筑工程公司的请求。

解析

检察机关认为，李某受孙某雇佣为建筑工程公司承建棚改工程干活，应当认定李某与建筑工程公司形成事实劳动关系，后虽被派往其他工地工作受伤，亦应认定系建筑工程公司的派遣行为所致，且因孙某系承包建筑工程公司承建的工程，其无建筑资质，根据《劳动和社会保障部关于确立劳动关系有关事项的通知》第4条“建筑施工、矿山企业等用人单位将工程（业务）或经营权发包给不具备用工主体资格的组织或自然人，对该组织或自然人招用的劳动者，由具备用工主体资格的发包方承担用工主体责任”的规定，应当由建筑工程公司承担责任。

但是法院认为，因“承担用工主体责任”与“确认事实劳动关系”不属于同一概念，“承担用工主体责任”并不能等同于“存在事实劳动关系”。确定用工单位与劳动者之间是否存在事实劳动关系应当审查其是否符合前述确定事实劳动关系的相关规定。本案中，李某经人介绍到孙某处干零活，其后被孙某派往其他工地干活时受伤，其未与任何人签订劳动合同，亦不符合《劳动和社会保障部关于确立劳动关系有关事项的通知》规定的情形。李某与建筑工程公司不存在事实劳动关系。因此，检察机关的抗诉意见不成立。法院判决公司与李某之间不存在事实劳动关系。

· 内部承包 ·

用人单位实行内部承包制，与本单位职工签订承包合同，将本单位的相关业务交由员工具体开展经营的，在劳动关系认定时要把握几个标准，分清不同主体之间的法律关系：

（1）承包职工与用人单位之间。该情况与出租车行业的内部承包相类似，对于出租车行业的内部承包问题已经明确作为劳动争议案件审理，对于其他行业，目前尚无明确规定。依据劳动部[1]《关于履行企业内部承包责任合同的争议是否受理的复函》的相关精神，对于承包职工与用人单位因履行承包合同中与劳动权利义务相关的内容发生争议的，应按照劳动争议案进行处理；若涉及的是非劳动权利义务内容的，不作为劳动争议案件进行处理。承包职工在劳动争议案件中提出的诉讼请求包含了非劳动争议性质的请求的，若该请求亦是基于劳动关系产生的，可以在劳动争议案件中一并解决。

（2）承包职工招录的员工与用人单位之间。如果有充分证据证明该承包职工是以用人单位名义招录，其招录的员工所从事的工作是用人单位业务的一部分，员工也受用人单位的实际用工管理，则可认定该招录员工与用人单位之间存在劳动关系。

如何认定是委托合同关系，还是劳动合同关系？

案例

陆某与投资公司签订《合同书》，明确约定了陆某受聘担任项目公司总经理一职后的工资和奖金构成、发放方式，社会保险及工伤待遇，并约定陆某依法享有节假日、年休假等假期，应遵守公司的各项规章制度。陆某与投资公司发生纠纷。陆某主张其与公司签订的是委托合同，而非劳动合同。该纠纷经仲裁及诉讼程序，法院认为，陆某与投资公司的纠纷为劳动争议。

解析

委托合同是受托人为委托人办理委托事务，委托人支付约定报酬或不支付报酬的

---

① 1998年3月，在中华人民共和国劳动部基础上组建中华人民共和国劳动和社会保障部。2008年3月，劳动和社会保障部又与人事部合并，组成现中华人民共和国人力资源和社会保障部。全书以法律规范颁布时，发文机关的名称为准，下文不再说明。

合同。当事人在履行委托合同的过程中地位是平等的，不具有管理与被管理的特点。而劳动合同是劳动者与用人单位之间确立劳动关系，明确双方权利和义务的协议。根据《劳动法》第19条的规定，劳动合同的必备条款包括劳动合同期限、工作内容、劳动保护和劳动条件、劳动报酬、劳动纪律、劳动合同终止的条件、违反劳动合同的责任等。在劳动关系存续期间，用人单位与劳动者之间存在管理与被管理的隶属关系，这是劳动合同关系与委托合同关系的本质区别。

本案中，《合同书》明确约定了陆某受聘担任项目公司总经理一职后的工资和奖金构成、发放方式，社会保险及工伤待遇，并约定陆某依法享有节假日、年休假等假期，应遵守公司的各项规章制度。《合同书》的内容具备劳动合同的必备要素，体现了当事人之间在合同存续期间的管理与被管理的隶属关系，符合劳动合同的本质特征，故陆某与投资公司之间基于《合同书》形成了劳动关系，因履行《合同书》发生的争议属于劳动争议。

劳务纠纷中双方均无过错，应如何认定损失赔偿？

案例

霍某雇用王某等三人从事房屋装修工作，其后王某工作时猝死。王某家人认为王某在工作中摔倒，因头部受碰撞导致猝死。王某作为雇员在从事雇佣活动中遭受人身损害，作为雇主的霍某应承担赔偿责任。霍某认为，王某与霍某之间的法律关系非雇佣关系，而是承揽合同关系，我方并未雇佣死者帮我方贴瓷砖，我方将贴瓷砖工程发包给张某，与张某之间是承揽关系，不是雇佣关系，张某聘用死者工作，进行具体施工。王某家人要求按照提供劳务者受害的关系请求我方赔偿是错误的。法院根据公平原则，判令霍某承担部分损失。

解析

王某在为霍某提供劳务过程中死亡，《侵权责任法》第35条规定："个人之间形成劳务关系，提供劳务一方因劳务造成他人损害的，由接受劳务一方承担侵权责任。提供劳务一方因劳务自己受到损害的，根据双方各自的过错承担相应的责任。"由此可见，法律对提供劳务一方承担责任的归责原则是一种过错责任原则。根据司法鉴定中心鉴定，排除因机械暴力因素导致的死亡，可检见其患有严重的心脏病。王某发生事故时是蹲在地上铺瓷砖，依常理不可能摔倒而引起心脏病。结合鉴定意见，王某系自身疾病引起死亡，没有证据证明双方在本次事故中存在过错。考虑王某系在为霍某提供劳务过程中死亡，依公平原则，霍某应该对其作出适当补偿。扣除霍某垫付的部分，法院酌情判定补偿金额。

·混合用工·

根据《公司法》相关规定，公司之间的关联关系，是指公司控股股东、实际控制人、董事、监事、高级管理人员与其直接或者间接控制的企业之间的关系，以及可能导致公司利益转移的其他关系。财政部《企业会计准则——关联方关系及其交易的披露》第4条规定，在企业财务和经营决策中，如果一方有能力直接或间接控制、共同控制另一方或对另一方施加重大影响，本准则将其视为关联方；如果两方或多方同受一方控制，本准则也将其视为关联方。第5条规定，本准则涉及的关联方关系主要指：（1）直接或间接地控制其他企业或受其他企业控制，以及同受某一企业控制的两个或多个企业（例如：母公司、子公司、受同一母公司控制的子公司之间）；（2）合营企业；（3）联营企业；（4）主要投资者个人、关键管理人员或与其关系密切的家庭成员；（5）受主要投资者个人、关键管理人员或与其关系密切的家庭成员直接控制的其他企业。

有观点认为，关联公司混同用工的表现形式为，搭建"一套人马，两块牌子"，混淆用工；采用出租经营合同、承包合同等形式，隐蔽用工；利用集团公司旗下不同子公司，交替用工。混合用工导致劳动关系的认定困难，侵犯劳动者签订无固定期限劳动合同的权利、经济补偿金请求权，还侵犯劳动者的仲裁胜诉权，因为劳动者在新用人单位往往也不会去主张拖欠工资、加班费等权利，待发生纠纷时，往往仲裁时效已超过，丧失了仲裁胜诉权。同时还造成劳动者的劳动债权实现困难。

如果两家用人单位同时与劳动者存在用工关系，那么这两家用人单位因混合用工都有可能对劳动者承担责任。详言之，对于有关联关系的用人单位交叉轮换使用劳动者的情况，如已经订立劳动合同，则按劳动合同确认劳动关系；如未订立劳动合同，可以将有关联关系的用人单位列为当事人，并以有关联关系的用人单位发放工资、缴纳社会保险、工作地点、工作内容，作为判断存在劳动关系的因素；在有关联关系的用人单位交叉轮换使用劳动者，工作内容交叉重叠的情况下，对劳动者涉及给付内容的请求，可根据劳动者的主张，由一家用人单位承担责任，或由多家用人单位承担连带责任。

以下被认定为单位恶意规避劳动合同法的行为无效，劳动者工龄应当连续计算。(1) 为使劳动者“工龄归零”，迫使劳动者辞职后重新与其签订劳动合同的；(2) 通过设立关联企业，在与劳动者签订合同时交替变换用人单位名称的；(3) 通过非法劳务派遣的；(4) 其他明显违反诚信和公平原则的规避行为。

混合用工下，如何认定劳动关系？

案例

王某主张，其入职工程技术公司，在职期间的岗位为招商部区域经理，工程技术公司未与其签订书面劳动合同，存在拖欠工资情形。工程技术公司认为，其与王某之间没有劳动关系，王某是技术发展公司招聘入职并为其提供劳动的。王某是通过第三人及职业介绍中心与技术发展公司建立了事实劳动合同关系，相关《员工入职登记表》等资料与技术发展公司有关。从王某起初申请仲裁的事实也可以看出，其认为与之建立劳动关系的是技术发展公司，此申请虽被仲裁委驳回，但不能否认王某自认的事实。王某提供劳动的场所与我公司没有任何关系。法院审理后，判决确认双方存在劳动关系。

解析

法院认为，虽不能排除技术发展公司在王某主张的劳动关系存续期间亦对其有过一些管理行为，但劳动关系建立，需用人单位及劳动者双方具有与对方建立劳动关系的合意，该种合意亦包括对与其建立劳动关系的对方主体的明确认知。鉴于工程技术公司与技术发展公司在业务范围，管理者等诸多方面均存在混同或不明晰之处，作为第三人的劳动者难以对上述两公司之间的关系作出准确判断，故在因此导致劳动者无法准确辨识与其发生法律关系的主体时，应倾向于作出对劳动者有利的认定。因此，在没有证据显示王某明确知悉或应当知悉与其建立劳动关系的系其他企业的情形外，主观上王某有理由认为与其建立劳动关系的用人单位系工程技术公司，故法院依法确认王某与工程技术公司存在劳动关系。

录用条件

· 录用条件设置 ·

用人单位在招聘前应进行岗位需求分析，对岗位的录用条件尽量明确清晰化，具有可操作性。在招聘过程中严格筛选，在录用前认真审查应聘者的背景、经验等，查看是否符合岗位的录用条件。发生劳动争议时，要证明劳动者不符合录用条件，用人单位承担充分的举证责任。如果当初岗位设定的条件很笼统，可能因无法证明劳动者不符合录用条件而难以在试用期内解除劳动合同。录用条件应当包括资质条件、工作能力、职业道德、业绩考核等内容。对于每个岗位自身所需的特殊要求，比如学历要求、技能要求、工作经验、资格证书等，都应详细约定。

以“不符合录用条件”解除劳动合同，如何认定合法性？

案例

电器公司在网络刊登电工招聘信息，岗位要求为：（1）受过电工专业理论培训，持有政府部门颁发的电工操作培训证明，有5年以上工作经验；（2）具有丰富的水电安装、电气、电路设备维修经验；（3）熟悉电工工种技术标准，能读懂电气图纸，能熟练操作电子、电路、机械自动化控制和油压系统；（4）能够执行电工安全规范。王某通过网络向电器公司提交个人简历应聘电工岗位。电器公司招聘王某为电工，同日，双方签订劳动合同，双方约定了试用期。王某工作期间，存在未能在检修中修复送料机、未能判断和修复压塑机温度失控故障、工作时间到整装车间串岗的情况。电器公司以王某在试用期间被证明不符合录用条件为由，解除与王某的劳动合同。王某认为公司解除劳动合同违法，要求恢复劳动关系，继续履行劳动合同。该纠纷经仲裁及诉讼程序，法院判决认定电器公司解除劳动合同合法。

解析

本案主要的争议焦点为电器公司在试用期内解除劳动合同是否属于违法解除。王某认为电器公司违法解除劳动合同，是电器公司未能举证证明其试用期的录用条件以及王某不符合录用条件的事实，且在解除劳动合同时，未向王某说明理由。电器公司主张王某在试用期内不符合录用条件，根据电器公司提供的证人证言，可以证明王某工作期间未能在检修中修复送料机、未能判断和修复压塑机温度失控故障的事实，且王某在庭审中对其未能修复相关机械的事实予以承认。王某系电器公司招聘的电工，维修电气设备属于其工作职责范围。因此电器公司关于王某在试用期内不符合录用条件的主张，可以成立。电器公司向王某发出解除劳动合同通知书，在该通知书中已向王某说明其解除合同的理由为“王某在试用期间被证明不符合录用条件”，王某签收了该通知书，并办理了离职交接手续及工资结算，因此电器公司不存在未向王某说明解除劳动合同理由的情形。综上，电器公司以王某在试用期间被证明不符合录用条件为由解除双方劳动合同，理由正当。

发送聘书后拒绝录取，应承担什么责任？

案例

熊某经由猎头公司推荐，经贸易公司面试，拟正式入职。熊某得到了贸易公司签发的书面聘书。熊某辞去原先的工作，做好工作交接等离职手续。其后贸易公司通知熊某，因熊某没有通过委托给第三方做的背景调查，正式拒绝录取熊某。熊某认为，贸易公司要求其先辞去原单位工作，之后到贸易公司。但在其做好必要准备后，却拒绝与其签订劳动合同，该行为违反了诚信原则，给其造成了收入损失。贸易公司认为，其告知过熊某必须通过公司的背景调查，熊某没有通过背景调查，不具有符合公司要求的工作能力。法院最后判决，贸易公司存在明显的缔约过失，应向熊某支付经济损失。

解析

本案中双方没有成立劳动合同关系。但是因贸易公司在缔约中存在过错，应对造成的损失承担缔约过失责任。《合同法》第42条作出了具体规定，当事人在订立合同过程中有下列情形之一，给对方造成损失的，应当承担损害赔偿责任：（1）假借订立合同，恶意进行磋商；（2）故意隐瞒与订立合同有关的重要事实或者提供虚假情况；(3) 有其他违背诚实信用原则的行为。贸易公司属于合同法规定的有违背诚实信用原则的行为。贸易公司发出的聘书中约定，将对熊某进行背景调查，但贸易公司事后发出的电子邮件，明确要求熊某必须提前与原单位解除劳动合同。熊某基于对贸易公司的合理信赖，根据贸易公司的要求，与原单位办理了解除劳动关系的手续后，贸易公司却仅凭一份报告通知熊某撤销聘书，明显有违诚实信用原则，使熊某的利益受损，应承担缔约过失责任，具体的损失赔偿数额根据实际情况酌情予以确定。

· 录用条件适用 ·

用人单位对劳动者提供虚假信息入职应有预防措施，比如在劳动合同中明确约定，录用条件包括招聘信息的职位要求，劳动者应提交承诺应聘材料真实性的声明函。设计完整的入职登记表，要求劳动者如实填写，用制式表单的形式明确告知其提交虚假材料的法律风险，要求劳动者签字确认。也可把录用条件或招聘需求表格作为劳动合同的附件，约定招聘信息要求或入职登记表是劳动合同不可分割的一部分，对劳动者具有约束力等。

用人单位在录用劳动者时应当向劳动者明确告知录用条件，用人单位在解除劳动合同时应当向劳动者说明理由及法律依据。用人单位证明已向劳动者明确告知录用条件，并且提供证据证明劳动者在试用期间不符合录用条件的，可依法解除劳动合同。劳动者不符合录用条件的情况主要有以下情形：(1) 劳动者违反诚实信用原则对影响劳动合同履行的自身基本情况有隐瞒或虚构事实的，包括提供虚假学历证书、假身份证、假护照等个人重要证件；对履历、知识、技能、业绩、健康等个人情况说明与事实有重大出入的；(2) 在试用期间存在工作失误的，对工作失误的认定以劳动法相关规定、用人单位规章制度以及双方合同约定内容为判断标准；(3) 双方约定属于用人单位考核劳动者试用期不符合录用条件的其他情况。

员工录用审批表是否可以取代书面劳动合同？

案例

单某入职公司，负责员工档案管理工作。双方发生纠纷，单某下班后未再到公司上班，公司多次与其电话联系，其始终没有上班，且未办理请假或离职手续，其后单某给公司相关领导发了一封电子邮件，内容为："因我个人不认同公司的文化，特向各位领导提出辞职。"因公司无法提供与单某订立书面劳动合同的证据，单某要求公司支付未签订劳动合同的二倍工资差额。公司认为，单某入职当日，公司即与其签订了为期3年的劳动合同，该《劳动合同》与《员工录用审批表》等由单某保管。单某利用保管员工档案的便利在离职时将包括《劳动合同》在内的相关资料带走。其间，单某在仲裁庭审质证时出具《员工录用审批表》，否认签订过劳动合同。此案经审理，法院驳回单某要求支付二倍工资差额的请求。

解析

《劳动合同法》第82条关于用人单位未与劳动者订立书面劳动合同的，应当向劳动者每月支付二倍工资的规定，是对用人单位违反法律规定的惩戒。如用人单位与劳动者未订立书面劳动合同，但双方之间签署的其他有效书面文件的内容已经具备了劳动合同的各项要件，明确了双方的劳动关系和权利义务，具有了书面劳动合同的性质，则该文件应视为双方的书面劳动合同，对于劳动者提出因未订立书面劳动合同而要求二倍工资的诉讼请求不应予以支持。本案中员工入职审批表已经基本具备劳动合同的条款，如果再仅仅局限于法律文本规定，局限于有无劳动合同的要式规定，甚至纠结于几个字眼或格式要求，无视《劳动合同法》中具体规定的构成劳动合同成立要件，即存在员工审批表的事实，而认定双方没有订立书面劳动合同，并据此判决公司向单某支付两倍工资差额，从立法本意和公平正义方面考量，这不仅存在明显的不公正情况，并可能导致某些个体通过特殊工作岗位以《劳动合同法》第82条为工具谋取不正当利益，由此可能引发劳动关系方面潜在的道德风险。

欠缺劳动合同的必要条款，该合同是否可视为劳动合同？

案例

李某入职艺术公司处工作，双方未签订劳动合同，双方签订《股份转让协议》，艺术公司认为该股权转让协议可视为劳动合同。其后艺术公司主张依据其规定作出《辞退通知书》。其后李某提起劳动仲裁，仲裁委裁决撤销艺术公司对李某作出的《辞退通知书》，补订无固定期限劳动合同书，支付未签订劳动合同的另一倍工资。艺术公司不服诉至法院。法院审理后判决，艺术公司辞退李某的决定有效。艺术公司支付李某未签订劳动合同的二倍工资，驳回李某的其他诉求。

解析

艺术公司与李某签订的《股权转让协议》不具备劳动合同的必要条款，不能认定为劳动合同。所谓“劳动合同的必要条款”，根据《劳动合同法》第17条的规定，是指：（1）用人单位的名称、住所和法定代表人或者主要负责人；（2）劳动者的姓名、住址和居民身份证或者其他有效身份证件号码；（3）劳动合同期限；（4）工作内容和工作地点；（5）工作时间和休息休假；（6）劳动报酬；（7）社会保险；（8）劳动保护、劳动条件和职业危害防护；（9）法律、法规规定应当纳入劳动合同的其他事项。《股权转让协议》不具备以上条款。同理，如果一份合同具备以上必备条款，即使合同的名称是《股权转让协议》《入职通知书》或者其他名目等，也可能被认定为劳动合同。根据《劳动合同法》第48条之规定，因双方未签订书面劳动合同，艺术公司应支付双倍工资差额。

· 劳动者如实说明 ·

用人单位有权了解劳动者与劳动合同直接相关的基本情况。劳动者的如实说明义务仅限于和劳动合同直接相关的基本情况。劳动者的告知义务是附条件的，只有在用人单位要求了解时，劳动者才有如实说明的义务。如果用人单位招录劳动者时没有做出特别规定，即使劳动者隐瞒和劳动合同不直接相关的情况，用人单位不得因此主张劳动合同无效。

劳动者如实说明与劳动合同直接相关的基本情况，其中必然涉及劳动者自身的隐私保护问题。隐私权作为一种人格利益依法受到法律保护。违反社会公共利益、社会公德侵害他人隐私或者其他人格利益，受害人以侵权为由向人民法院起诉请求赔偿精神损害，人民法院依法予以受理。但是法律对个人隐私的保护也是有限度的。在用人单位知情权范围之内，即使是个人隐私，如果属于与劳动合同直接相关的范畴，劳动者有义务披露。比如教育背景和学历信息涉及工作能力评估、健康状况涉及工作能力和某些行业准入资格、年龄涉及社会保险登记等，如果劳动者未如实披露，就可能构成重大误解，甚至构成欺诈，将影响劳动合同的效力。

· 个人信息与隐私 ·

“与劳动合同直接相关”的信息，主要是指与劳动者任职资格匹配的信息，比如身体状况，有的单位入职前要求提交体检报告，主要考察劳动者是否患有不适宜从事求职岗位的疾病；比如工作经历，对有工作经验的员工，用人单位一般会要求其提交离职证明，主要考察员工是否已经存在劳动关系，规避单位招录的风险。至于与招聘职位无直接关系的信息，如婚姻状况、生活经历、兴趣爱好、与劳动能力无关的生理缺陷等，属于个人隐私，用人单位不能强求披露。如果劳动者拒绝披露，用人单位不能以此为由拒绝录用，否则不仅涉嫌就业歧视，也属于侵犯隐私的违法行为。如果劳动者对此隐瞒，一般认为，用人单位不能以劳动者欺诈为由，终止劳动关系。比如员工隐瞒自身婚育情况，单位不得因此解除劳动关系。

职工入职隐瞒已婚事实，公司能否解除劳动合同？

案例

邱某入职广告公司，双方签订劳动合同，约定邱某在人力资源部从事薪酬主管工作。广告公司向邱某出具《员工辞退通知确认函》，认为邱某入职资料中隐瞒个人已婚已孕事实。在试用期中处于孕期，并没有及时告知公司，同时，在职期间不能胜任岗位的工作内容，以及对公司经营业务工作情况不能准确了解，并且不能独立开展工作；工作期间请假频繁且假期时间较长，不能及时完成本职工作；离职面谈后，向公司在职员工恶意宣扬不实情况，破坏公司团结，煽动在职员工情绪等恶劣行为。综上所述，违反了员工入职基本资料表签署的声明确认，以及严重违反公司规定（《员工手册》）。邱某对广告公司主张的上述违纪情况不予认可。该纠纷经仲裁及诉讼程序，法院撤销广告公司对邱某做出的《员工辞退通知确认函》，双方继续履行劳动合同。

解析

本案的争议焦点是广告公司与邱某解除劳动合同是否合法。首先，根据邱某自认的结婚登记时间，虽然其在广告公司职位申请表、员工入职基本资料表中填写的婚姻状况不属实，但邱某所应聘的工作岗位对其是否已婚并没有直接具体的要求，且是否已婚并非用人单位录用员工的决定因素，用人单位规章制度中的隐瞒、提供虚假信息通常针对的是学历、工作经历等，而劳动者的婚姻状况不能作为解除劳动关系的约定条件，且婚姻状况属于个人隐私，故广告公司不能依据邱某在职位申请表、员工入职基本资料表中没有如实填写婚姻状况与其解除劳动合同。广告公司未就《员工辞退通知确认函》中记载的邱某在职期间不能胜任岗位的工作内容，对公司经营业务工作情况不能准确了解，并且不能独立开展工作；不能及时完成本职工作；离职面谈后，向公司在职员工恶意宣扬不实情况，破坏公司团结，煽动在职员工情绪的违纪事实提交相应证据予以证明。因此法院判决双方继续履行劳动合同。

· 刑事处罚记录 ·

有些信息是否属于个人隐私，需要判定该信息的形成时间。比如刑事处罚记录，求职中一般而言不构成个人隐私，如果法律规定或者用人单位在录用条件中要求披露的，该信息是用人单位对劳动者做出是否录用的评价因素之一。基于诚实信用原则，劳动者无权隐瞒。

但是，有的刑事处罚记录是在劳动者未成年时期形成的，根据法律规定相关资料应予以封存而不应披露。根据《刑法》第100条的规定，依法受过刑事处罚的人，在入伍、就业的时候，应当如实向有关单位报告自己曾受过刑事处罚，不得隐瞒。犯罪的时候不满十八周岁被判处五年有期徒刑以下刑罚的人，免除前款规定的报告义务。《刑事诉讼法》第286条规定，犯罪的时候不满十八周岁，被判处五年有期徒刑以下刑罚的，应当对相关犯罪记录予以封存。犯罪记录被封存的，不得向任何单位和个人提供，但司法机关为办案需要或者有关单位根据国家规定进行查询的除外。依法进行查询的单位，应当对被封存的犯罪记录的情况予以保密。

劳动者符合法定情形，有权不予披露犯罪记录。即使用人单位通过一定渠道查询得知，主张劳动者提供虚假信息构成欺诈从而导致合同无效，用人单位这种主张也不会被仲裁委或法院支持。

· 失信者名单 ·

社会发展进步导致个人信息内涵的扩大。比如，劳动者被列入失信者名单，该信息不应认定为个人隐私。该信息属于劳动者应向用人单位如实说明的与劳动合同相关的基本情况。法院公布失信被执行人，失信人被依法限制乘坐飞机高铁等高消费行为。如果公司安排该员工乘坐飞机、高铁等，其显然无法胜任工作要求，导致用人单位工作无法安排，劳动合同无法履行。用人单位以员工隐瞒其失信者身份欺诈为由，终止劳动关系的，并无不当。

· 不如实说明的后果 ·

劳动者不履行如实说明义务引起的纠纷，招聘入职阶段时有发生。最为常见的是提供虚假学历、伪造工作经历、履职证明等。入职时劳动者提供虚假信息，用人单位是否可以受欺诈或劳动者严重违反制度为由，单方解除劳动合同，对此不能一概而论。一般而言，招聘入职时劳动者向用人单位提供虚假资料，包括伪造学位学历、工作履历等，单位以受到欺诈为由主张劳动合同无效，或以劳动者严重违反制度规章为由辞退劳动者，该单方解除劳动合同的行为有效，单位不需要支付任何经济补偿。

用人单位招聘一般会设置具体的工作岗位，对岗位提出明确的工作要求，包括学位学历、专业技能、行业经验等诸多条件。如果劳动者向单位提供虚假的学历或履历，单位在错误判断下与劳动者订立了劳动合同，劳动者的行为构成欺诈。即使入职之后劳动者的表现优异，符合考核标准，不能改变其最初入职欺诈的事实。

但是司法实践中不排除基于具体案例的特殊情形，有的法院持有不同看法。比如员工入职多年，一直完成工作任务和达到考核标准，没有导致用人单位受到实际损失，而在工作中发生工伤。此时如果一律允许用人单位以个人信息欺诈为由，解除劳动合同而不支付经济补偿，可能导致实质上的严重不公平。

员工虚构工作经历，公司解除劳动合同是否一定合法?

案例

王某入职通信设备公司任财务经理，入职公司两年后，发生事故被认定为工伤，鉴定为伤残级别九级。王某因病情请假事宜，与通信设备公司发生纠纷。通信设备公司主张因王某虚构工作经历，系明显的欺诈行为，提出与王某解除劳动关系。公司认为根据签订的劳动合同，王某以欺诈、胁迫的手段或乘人之危，使公司在违背真实意思的情况下订立或者变更劳动合同，因此公司可以解除合同，无须给予经济补偿。王某提交的简历、员工信息表和面试申请表显示王某曾任职商贸公司，但王某实际没有在商贸公司工作过。王某认为公司解除劳动合同违法，主张赔偿金。法院支持了王某的请求。

解析

通信设备公司主张王某虚构工作经历构成欺诈，故与其解除劳动关系。法院认为，其一，双方的劳动合同并未明确约定虚构工作经历属欺诈，且公司并未举证证明王某工作能力不胜任，再结合王某提供的学历、专业等信息均属真实等因素综合考量，通信设备公司提出的“王某虚构工作经历即构成双方劳动合同中约定的欺诈”之主张，理由尚不充分。其二，从保护劳动者合法权益的角度出发，若认为员工简历造假，公司应当在员工就职前、试用期内或合理的就职期间内提出；而本案中，王某入职通信设备公司两年后，员工发生工伤事故，公司以虚构工作经历为由提出解除劳动合同，时间跨度过长，有失公允。虽然王某自述的工作经历与事实不符，其行为存在不当之处，有违诚实信用原则，但通信设备公司以此为由提出与王某解除劳动合同，依据尚不够充分，属于违法解除劳动合同，通信设备公司应依据王某的工作年限及工资标准向其支付违法解除劳动合同赔偿金。

·用人单位如实告知·

劳动者在应聘时，可能对用人单位的情况并不十分清楚，某些情况下劳动者因自身条件或外在环境等限制，缺乏有效途径对用人单位进行全面了解。用人单位招用劳动者时，应当如实告知劳动者工作内容、工作条件、工作地点、职业危害、安全生产状况、劳动报酬以及劳动者要求了解的其他情况。

劳动者要求了解的其他情况，一般是指用人单位的考勤制度、休假制度、请假制度、劳动纪律、处罚制度等，对此用人单位应进行详细说明。用人单位提供的岗位信息、就业环境等必须是真实的，应当在订立劳动合同前，而不是订立劳动合同之后告知劳动者。用人单位未依法履行此项义务，很可能构成欺诈，导致双方订立的劳动合同无效或部分无效，给劳动者造成损失的，用人单位应当承担赔偿责任。

·电子证据作为证据·

入职之初，用人单位可以要求劳动者提供电子邮件等个人信息，以便有关通知和资料的送达。实践中常见问题是，劳动纠纷发生之后，用人单位邮寄给员工的相关通知经常被员工拒收，或者因地址不详而退回导致无法送达。用人单位在劳动合同中可以约定，员工提供的邮箱作为送达的地址，按此邮箱发送电子邮件即视为送达。员工主张没有使用或者变更自身提供电子邮箱，但未以书面形式告知用人单位，其法律后果是不发生联系地址变动的法律效力，推定为用人单位已经送达。

信息时代下证据形式的发展日新月异，相关法律已把电子证据列入证据范围，电子证据包括电子邮件、QQ 聊天记录、微博、微信、博客、手机短信、电子签名、域名等存储在电子介质中的信息。仲裁或司法机构在审查此类证据时应围绕电子证据的关联性、真实性、合法性三方面进行。如果电子证据未经有权部门确认，不能单独作为认定案件事实的依据。对微信或

QQ 等虚拟聊天记录要确认对方主体的真实性，聊天记录是否原始完整。电子证据除对方完全确认或经有权部门确认外，当事人必须提供其他证据予以佐证形成有效证据链。如果不能形成证据链，则是孤立单一的证据，不能认定为有效证据。

录用管理

订立书面合同

· 用工之日应订立书面合同 ·

自首次用工当日起，用人单位应与劳动者订立书面合同，最多可迟延一个月订立，否则将承担“二倍工资”的惩罚性处罚。有的用人单位误以为不订立劳动合同可以规避和免除法定义务，有的劳动者认为订立劳动合同容易束缚就业流动性和择业自主权，因此以口头协议的形式约定用工事项，这些认识都是错误的。不订立书面劳动合同的做法必然给用人单位带来用工风险。实践中用人单位订立劳动合同后保管不严，导致劳动合同丢失，甚至有的被离职劳动者窃取隐匿，用人单位因举证不能而承担相应败诉后果，类似案例时常发生。订立劳动合同后，用人单位应对劳动合同进行妥善保管。

用人单位不提供与劳动争议有关的证据，应承担什么责任？

案例

吕某主张其在乳业公司处工作，双方未签订劳动合同。吕某离职后主张未签订劳动合同的二倍工资差额。为证明其主张，吕某提交其名片、经销合同、收据、电子邮件、市场支持提案、证人证言、快递单及录音为证。乳业公司认可经销合同及收据上公章及财务章真实性，认可快递单地址为其公司地址，对其他证据真实性均不予认可，在规定时间内未提出对录音的鉴定申请。吕某提起劳动仲裁，要求乳业公司支付未签劳动合同双倍工资的另一倍。仲裁委裁决乳业公司支付未签劳动合同双倍工资差额。

解析

《民事诉讼法》第 64 条第 1 款规定的举证责任分担的基本原则是“谁主张，谁举证”，但由于劳动争议案件直接关系到企业和职工的合法权益和劳动关系，不同于一般的民事诉讼案件，具有行政强制性质，简单套用举证责任的基本原则，不利于保护劳动者的合法权益。因此，《最高人民法院关于审理劳动争议案件适用法律若干问题的解释》第 13 条规定，因用人单位作出的开除、除名、辞退、解除劳动合同等决定而发生的劳动争议，用人单位负举证责任。发生劳动争议，当事人对自己提出的主张，有责任提供证据。与劳动争议事项有关的证据属于用人单位掌握管理的，用人单位应当提供；用人单位不提供的，应当承担不利后果。

本案中乳业公司主张因双方就签订劳动合同未达成一致，未聘用吕某，双方未建立劳动关系。但是，乳业公司并没有提供任何证据证明未聘用吕某，而吕某提供的诸多证据可以形成证据链，能够证明乳业公司与吕某之间的实际用工事实。因此乳业公司应承担不利的法律后果，这个不利的法律后果即用人单位与劳动者之间的劳动关系得以确认，乳业公司支付未签劳动合同双倍工资差额。

·用工之日起一个月订立·

自用工之日起，用人单位与已建立劳动关系，未同时订立书面劳动合同的劳动者，应当自用工之日起一个月内订立书面劳动合同。用工之日起一个月内，只要用人单位与劳动者没有订立劳动合同，用人单位最合规的做法是，支付劳动者实际工作时间的劳动报酬，同时书面通知终止劳动关系。《劳动合同法》第10条规定，已建立劳动关系，未同时订立书面劳动合同的，应当自用工之日起一个月内订立书面劳动合同。由此可见，一个月的宽限期内劳动者不愿意签订，用人单位合法选择是终止劳动关系，且不需支付经济补偿金。有的用人单位既不终止劳动关系，也不积极签订劳动合同，仍然持续用工，这样做存在极大的法律风险。该情形下即使员工出具不签订劳动合同的书面声明，用人单位违法用工的法律责任可能也无法免除。

公司能否以劳务协议替代劳动合同？

案例

韩某在大厦公司工作，其工作时间、地点、岗位均未变化过。工作多年后，韩某与大厦公司签订《劳动合同》。各方当事人对签有《劳动合同》期间的劳动关系均无异议。但大厦公司提交订立劳动合同之前的与韩某签订的两份劳务协议，主张之前与韩某属于劳务关系。上述劳务协议主要内容包括韩某的劳务费按时计算，每天总工作时间不超过11小时，韩某自行办理社会保险，以及劳动管理和协议的变更、解除、终止条件等。大厦公司亦表示签订劳务协议期间，按计时工资支付固定劳务报酬给韩某，韩某有调休，每月有休息日。该纠纷经仲裁及诉讼程序，法院判决确认，双方在订立书面劳动合同之前亦属劳动关系。

解析

法院审理认为，韩某在大厦公司的工作时间、地点、岗位一直没有发生过变化，大厦公司亦按计时工资支付固定报酬给韩某，有调休，每月有休息日，且劳务协议中约定对韩某的管理亦带有明显的劳动关系才具有的人身依附性特点，故认定韩某与大厦公司属于劳动关系。虽然用人单位与劳动者签订劳务协议来代替劳动合同，如双方的用工情况符合劳动关系的主要特征，法院仍会依照法律规定，认定双方之间属于劳动关系。

员工无法提供劳动合同原件，能否证明与公司存在劳动关系？

案例

郭某入职体育公司，担任体育教练工作。为证明与体育公司存在劳动关系，郭某提供了以下证据：双方签订的《劳动合同》复印件、医疗保险手册，载明郭某的工作单位为体育公司，参保人员类别为在职职工。劳动合同履行期间，郭某向体育公司寄出一份《通知函》，称由于体育公司长期以来拖欠工资，造成郭某无法维持基本的日常生活，因此郭某向体育公司提出辞职，但体育公司一直没有出具解除劳动关系的书面证明，现郭某再次请体育公司向其出具书面形式的解除劳动关系证明书。郭某提供了国内特快专递邮件查单，证明其向体育公司的注册地址邮寄了上述函件。郭某提起劳动仲裁申请，要求体育公司向其支付未签订劳动合同的双倍工资差额，拖欠工资，解除劳动合同经济补偿金。仲裁委以郭某的证据不足以证明与体育公司存在劳动关系为由裁决驳回了郭某的仲裁请求。郭某不服诉至法院，法院判决双方存在劳动关系，支持了郭某的诉讼请求。

解析

如何确认劳动者与用人单位存在劳动关系，根据劳动和社会保障部《关于确立劳动关系有关事项的通知》，有三个识别标准可供参考。简言之，即主体适格、接受管理和提供劳动。具体来说，仲裁委或法院会综合考虑下列因素：（1）用人单位和劳动者是否符合劳动法规定的主体资格。劳动关系的成立首先是主体符合法律的规定，主体不合格，则不受法律的保护。（2）用人单位依法制定的各项规章制度适用于劳动者，劳动者受用人单位的劳动管理，从事用人单位安排的有报酬的劳动。（3）劳动者提供的劳动是用人单位工作的组成部分。对于用人单位与劳动者未签订劳动合同，劳动者主张事实劳动关系的存在，如果有下列证据的存在，一般可以认定为双方存在劳动关系。

用人单位未与劳动者签订劳动合同，认定双方存在劳动关系时可参照下列凭证：（1）工资支付凭证或记录（职工工资发放花名册）、缴纳各项社会保险费的记录；（2）用人单位向劳动者发放的“工作证”“服务证”等能够证明身份的证件；（3）劳动者填写的用人单位招工招聘“登记表”、“报名表”等招用记录；（4）考勤记录；（5）其他劳动者的证言等。其中，（1）、（3）、（4）项的有关凭证由用人单位负举证责任。法院认为，本案郭某虽未能提供劳动合同的原件，但结合其提交的医疗保险手册及银行交易明细等，可以认定郭某与体育公司存在劳动关系。鉴于体育公司未出庭应诉，亦未提交相应证据，法院对郭某陈述的离职时间、月工资数额、发放工资等事实予以采信，判决支持郭某的诉讼请求。

· 二倍工资 ·

用人单位自用工之日起超过一个月不满一年未与劳动者订立书面劳动合同的，应当向劳动者每月支付二倍的工资。未订立书面劳动合同的二倍工资计算的起止日，是自用工之日起超过一个月不满一年。用人单位向劳动者每月支付两倍工资的起算时间为用工之日起满一个月的次日，截止时间为补订书面劳动合同的前一日。二倍工资计算的最长期限不超过11个月。

劳动者未在合同落款处签名，用人单位是否支付二倍工资？

案例

陈某入职机械公司工作，某日单方离职。其后陈某申请仲裁，要求机械公司支付未签订劳动合同的双倍工资差额。机械公司提供的劳动合同文本的第一页个人信息中，有陈某填写的自己的姓名及身份证号等信息。机械公司认为双方签订了书面劳动合同，劳动合同落款处由于疏忽没有要求陈某签字。陈某认为，其未在劳动合同落款处签名，劳动合同无效，应视为机械公司未与其签订劳动合同。仲裁委裁决，机械公司支付陈某未签订劳动合同的双倍工资差额。机械公司与陈某均不服裁决，向法院提出起诉。法院审理后，认为双方已签订劳动合同，对陈某的诉讼请求不予支持。

解析

《劳动合同法》中规定用人单位必须与劳动者签订书面劳动合同。劳动合同的成立是基于双方的意思表示一致。劳动合同依法订立即具有法律约束力。劳动合同的生效时间一般应从劳动合同签订时，双方当事人在劳动合同文体上签字之日起计算。签字日期与合同约定的日期应是同样的。如果双方当事人在签订劳动合同时，在合同中明确约定合同生效的日期，则应从合同生效日期计算。本案中，机械公司与陈某双方均持有劳动合同。但陈某认为，公司曾要求与陈某签订该劳动合同，当时该劳动合同陈某信息栏、工资、合同期限内容均系空白。因双方对工资待遇等未协商一致，故陈某不同意签订，未在合同落款处签名，该合同属未成立。但陈某为表示签订劳动合同的诚意，在该合同文本第一页个人信息中填写了自己的姓名及身份证号等。法院认为，公司提供的上述劳动合同文本为打印件，有文字打印内容和填项内容。陈某在该劳动合同上书写了自己的姓名、身份证号码等，合同内容反映了具备劳动合同的基本条款，最后陈某落款了时间。尽管双方签字、盖章的位置造成认识方面的问题，但法院最终认定双方签订了劳动合同。

劳动者求职不提供离职证明，用人单位不签劳动合同是否支付二倍工资？

案例

李某入职于广告公司处，担任销售部总监一职，双方建立劳动关系，但未签订书面劳动合同。李某离职提出未签订劳动合同的二倍工资差额。广告公司称系因李某未及时提供离职证明才未及时签订书面劳动合同，李某否认，称广告公司没有提供劳动合同，一直和公司谈。期间，广告公司通过发通知等方式与李某联系，要求签署劳动合同，但双方未能就劳动合同签署达成一致意见。李某提起劳动仲裁，仲裁委裁决，广告公司支付李某未签劳动合同的另一倍工资。

解析

根据《劳动部关于实行劳动合同制度若干问题的通知》第 17 条规定：“用人单位招用职工时应查验终止、解除劳动合同证明，以及其他能证明该职工与任何用人单位不存在劳动关系的凭证，方可与其签订劳动合同。”公司管理人员往往存在这种误解，即认为公司尽到了催促劳动者签合同的义务，劳动者不配合提供有效的离职证明，导致公司无法与劳动者签订书面劳动合同，劳动者没有签订劳动合同的责任不在单位。这种理解是不符合劳动法规定的。

《劳动合同法》第82条第1款规定，用人单位自用工之日起超过一个月不满一年未与劳动者订立书面劳动合同的，应当向劳动者每月支付二倍的工资。在该种情形下，法律赋予用人单位灵活处理的空间相当有限，要么自用工之日起一个月内签订劳动合同，要么及时书面通知终止劳动关系。继续留用劳动者而不签订合同的后果只有两种，一是不签劳动合同期限达到一年，劳动合同自动转变为无固定期限劳动合同。二是法定期限内，单位承担支付劳动者二倍工资差额的责任。

另外，用人单位应尤其注意，《劳动合同法》第91条规定，用人单位招用与其他用人单位尚未解除或者终止劳动合同的劳动者，给其他用人单位造成损失的，应当承担连带赔偿责任。所以用人单位最稳妥的办法，是及时书面通知不提供离职证明的劳动者，终止劳动关系。

用人单位未与公司高级管理人员签订劳动合同，是否支付二倍工资？

案例

朱某入职智能家居公司担任生产总监职务。智能家居公司出具任免书一份，任命朱某“为智能家居公司技术总监职务，全面负责公司设计、制作、资料、IQC、QC、QA部门之管理”。智能家居公司人事调整，在任命新一任公司管理人员时，未对朱某进行任命。朱某在智能家居公司工作双方从未签订书面劳动合同。智能家居公司未给朱某缴纳社会保险。朱某因工作纠纷被智能家居公司停职。其后，朱某以智能家居公司未与其签订书面劳动合同等申请劳动仲裁，请求智能家居公司支付其二倍工资等。该纠纷经仲裁及诉讼程序，法院判决，智能家居公司与朱某补订无固定期限劳动合同，由智能家居公司支付未订立劳动合同的双倍工资差额。

解析

智能家居公司主张其不应支付二倍工资的理由主要为朱某利用主管人事职权故意不签订劳动合同。对此，法院认为，签订书面劳动合同系用人单位的法定义务，用人单位未与劳动者依法签订书面劳动合同，应支付二倍工资。除非用人单位有充分证据证明未签订书面劳动合同系不可归责于用人单位的原因。本案中，智能家居公司提供的证据不足以证明朱某具有人事管理权。因智能家居公司提供的任免书载明：任命朱某为智能家居公司技术总监职务，全面负责公司设计、制作、资料、IQC、QC、QA部门之管理。从任免书内容看，具有人事管理权职责的为其他人而非朱某。智能家居公司主张公司人事主管离职后，由朱某负责人事管理，但未提供充分有效证据证明，朱某亦不予认可，智能家居公司应承担举证不能的不利后果。智能家居公司未及时履行签订书面劳动合同义务，应依法支付二倍工资，智能家居公司应与朱某补签无固定期限劳动合同。

· 未续订劳动合同的二倍工资 ·

劳动合同期满，除法定的顺延情形外（患职业病或医疗期、女职工产假等），劳动者仍在原用人单位工作，双方未续订劳动合同，劳动者有权要求支付二倍工资。一般认为，在劳动合同期满续订的情形下，用人单位并非首次用工，不再享有一个月的宽限期。二倍工资起算点是应当续签劳动合同之日。法定的顺延情形下劳动者不得要求未签订书面合同的二倍工资。

应签订无固定期限劳动合同而未签订，用人单位是否应支付二倍工资？

案例

陈某到贸易公司工作，与公司订立了劳动合同。之后双方续签一次固定期限劳动合同，最后一份劳动合同约定合同期限到期后，陈某在贸易公司连续工作已超过10年。陈某向贸易公司提交书面申请，要求与公司订立无固定期限劳动合同，被贸易公司拒绝。贸易公司随即向陈某送达终止劳动合同通知书，告知陈某不必再来公司上班，来公司办理相关离职手续。接到通知后，陈某申诉至劳动仲裁委，请求撤销贸易公司解除与其劳动关系的决定，贸易公司与其订立无固定期限劳动合同，并支付未订立无固定期限劳动合同的双倍工资。仲裁委没有支持陈某的二倍工资诉求。陈某起诉至法院。经审理法院判决恢复劳动关系，判令公司支付未订立无固定期限劳动合同的二倍工资。

解析

根据《劳动合同法》的相关规定，劳动者在用人单位连续工作满10年的，劳动者提出或者同意续订、订立劳动合同的，除劳动者提出订立固定期限劳动合同外，应当订立无固定期限劳动合同。用人单位违反本法规定不与劳动者订立无固定期限劳动合同的，应当自劳动者提出订立无固定期限劳动合同之日起至订立无固定期限劳动合同之日止，向劳动者每月支付二倍的工资。由于不订立书面无固定期限劳动合同属于不订立书面劳动合同的一种，因此，支付二倍工资的期限应不超过11个月。本案中，陈某符合订立书面无固定期限劳动合同的条件，而贸易公司未依法与陈某订立书面无固定期限劳动合同，故贸易公司应当自上一份劳动合同期满后第一日起向陈某每月支付二倍工资差额，支付期限计算到11个月后止。之后，由贸易公司按照陈某的月工资数额支付陈某工资。

订立两次劳动合同后，续订固定期限劳动合同，劳动者是否可以主张二倍工资?

案例

牛某入职科技公司，担任硬件工程师一职。双方解除劳动关系，就离职交接、工资与离职补偿事宜进行确认。科技公司与牛某一共签订三份固定期限劳动合同。牛某主张双方第二次劳动合同到期后，双方再次续签劳动合同应签订无固定期限劳动合同。牛某表示该次续签时科技公司并未与其协商，但因其怕丢工作，故公司让其签字其就签字了，并未仔细看内容，且当时其对于固定期限和无固定期限劳动合同也没有概念。牛某要求科技公司向其支付未签订无固定期限劳动合同二倍工资差额，向仲裁委员会提出申诉，仲裁委裁决驳回了牛某的申诉请求。牛某不服该裁决，向法院提起诉讼。法院审理后驳回了牛某的诉讼请求。

解析

本案的争议焦点是科技公司应否向牛某支付未签订无固定期限劳动合同的二倍工资差额。当事人对自己提出的诉讼请求所依据的事实或者反驳对方诉讼请求所依据的事实有责任提供证据加以证明。没有证据或者证据不足以证明当事人的事实主张的，由负有举证责任的当事人承担不利后果。根据本案查明的事实及科技公司提交的、牛某认可真实性的劳动合同显示，在劳动合同续签栏中载有科技公司的相关印鉴与牛某的签字，表明双方已就续签劳动合同事宜达成合意，该劳动合同经科技公司与牛某盖章及签字生效。虽牛某主张科技公司在续签劳动合同时未与其协商，其亦未仔细看内容即签字，但其作为完全民事行为能力人，应当知晓并须对其上述签字行为承担相应的法律后果。现牛某未就续签劳动合同时科技公司存在欺诈、胁迫等情形或者其曾提出要求签订无固定期劳动合同提交证据予以佐证，应当承担举证不能的法律后果。牛某的理由不能成立，对其要求科技公司支付未签订无固定期劳动合同二倍工资差额的请求，法院不予支持。

· 人事经理不签书面合同 ·

司法实务中对劳动合同签订期限要求，对特殊的劳动者有所变通。职责范围包括管理订立劳动合同内容的高级管理者，在缔约能力上比一般劳动者要强。这类劳动者不签订劳动合同，法律不会一概认为用人单位应承担二倍工资差额的处罚。但用人单位应证明是高级管理人员自身而非用人单位之过错而没有签订，对此承担举证责任。另一方面，高管人员职责范围包括管理订立劳动合同内容，而其没有签订的，可视为该主管人员的失职，从法理上而言，任何人不应就自己的过错行为而获取利益。

对用人单位法定代表人、高管人员、人事管理部门负责人或主管人员未与用人单位订立书面劳动合同主张二倍工资的情形，根据《北京市高级人民法院、北京市劳动争议仲裁委员会关于劳动争议案件法律适用问题研讨会会议纪要（二）》第 31 条规定：

（1）用人单位法定代表人依据《劳动合同法》第 82 条规定向用人单位主张二倍工资的，一般不予支持。

（2）用人单位高管人员依据《劳动合同法》第 82 条规定向用人单位主张二倍工资的，可予支持，但用人单位能够证明该高管人员职责范围包括管理订立劳动合同内容的除外。对有证据证明高管人员向用人单位提出签订劳动合同而被拒绝的，仍可支持高管人员的二倍工资请求。

（3）用人单位的人事管理部门负责人或主管人员依据《劳动合同法》第 82 条规定向用人单位主张二倍工资的，如用人单位能够证明订立劳动合同属于该人事管理部门负责人的工作职责，可不予支持。有证据证明人事管理部门负责人或主管人员向用人单位提出签订劳动合同，而用人单位予以拒绝的除外。

用人单位未与人事经理签订劳动合同，是否支付二倍工资？

案例

周某入职化工公司工作，担任行政人事经理，双方之间未签订书面劳动合同。合同履行期间，化工公司出具公告，以周某不适应现有职务为由解除劳动关系，双方办理工作交接手续。周某申请劳动仲裁，要求化工公司支付未签订书面劳动合同二倍工资差额、年休假工资、违法解除劳动合同赔偿金及报销出差费用等。仲裁委裁决后双方均不服，先后诉至法院。法院审理后判决，化工公司支付周某拖欠工资、休息日加班工资差额、违法解除劳动合同赔偿金。驳回周某要求化工公司支付未签订书面劳动合同二倍工资差额、年休假工资及报销费用的诉讼请求。

解析

用人单位与劳动者建立起劳动关系，应签订书面劳动合同，明确双方劳动权利义务，否则由用人单位承担相应法律责任。周某担任化工公司人事主管，全面管理企业员工的人事工作，包括代表化工公司与员工签订劳动合同，并掌控着员工的劳动合同。周某从事劳动人事管理工作，谙熟劳动法律、法规的规定，即使化工公司没有提出要求签订劳动合同，作为主管人力资源的周某也应主动与化工公司之领导提及签约事宜，在没有证据证明化工公司拒绝与周某签订劳动合同的情况下，周某对双方未签订书面劳动合同具有不可推卸的责任，应视为周某不愿意与化工公司签订劳动合同，化工公司无须承担支付双倍工资的责任。

劳动合同到期没有续签，用人单位仍用工的，是否支付二倍工资差额?

案例

投资公司与龚某签订固定期限劳动合同，职务为董事总经理。劳动合同到期后，投资公司并未作出终止劳动合同的意思表示，龚某还在从事原工作。其后，投资公司向龚某发函，称鉴于龚某无法接受投资公司的业绩激励方案，继而无法正常开展工作，公司决定给以其带薪休假两个月，此期间若龚某仍无法接受业绩激励方案公司将与其协商解除劳动合同，休假期间停止日常工作，与公司业务、经营有关文件均上交，保持联系畅通。因双方没有就业绩激励方案达成一致，公司发函解除劳动合同，并发放了协商期间的工资。龚某提起劳动仲裁，主张双倍工资差额、违法解除劳动关系赔偿金。该纠纷经仲裁及诉讼程序，法院判决投资公司支付双倍工资差额和赔偿金。

解析

劳动合同期满后，劳动合同自然终止。从管理的规范化和对员工的人性化来考虑，劳动合同不续签，用人单位提前通知劳动者是有必要的，这样便于在不续订劳动合同的情况下，劳动者能够有比较充足的时间进行工作交接，着手准备寻找工作。劳动合同期满后未续签劳动合同，用人单位应及时为劳动者办理终止劳动合同手续。如果用人单位没有在规定的时间内办理终止手续，劳动者还在原用人单位提供劳动，劳动关系很可能视为延续，劳动者与用人单位建立事实劳动关系。有的人力资源部门员工认为，对新招录的劳动者应及时签订书面劳动合同。而对已经在公司工作的固定期限合同的老员工，在续签书面劳动合同上不用着急，这种看法其实是一种误解。劳动法对续签书面劳动合同，比首次签订书面合同的更为严格。首次签订书面合同，在用工之日起30日内签订书面合同，不承担二倍工资差额的责任。但是续订劳动合同，则没有30日的“宽限期”。用人单位应牢固树立规范用工意识：只要建立用工关系，就应签订相应的书面劳动合同。

· 实习生未订立书面合同 ·

《劳动部关于贯彻执行〈中华人民共和国劳动法〉若干问题的意见》第12条规定，在校生利用业余时间勤工助学的，不视为就业，未建立劳动关系，可以不签订劳动合同。实习生与用人单位之间未建立劳动关系，不能向用人单位主张基于劳动关系而计算的二倍工资。一般而言，实习生与用人单位之间不存在劳动关系。

但需注意，并非实习生到实习单位实习，一律不予认定为劳动关系。如果实习生符合劳动关系的实质要件，用工关系符合劳动关系的本质特征，实习生就具有劳动法下的劳动者资格。比如某些职业技术学校学生，毕业季到工厂实习近一年，毕业前与工厂签订劳动合同，此时学生发生工伤，若以无劳动关系为由而对工伤不予认定，显然有悖公平正义原则。

在校生是否一律不能与用人单位签订劳动合同?

案例

郭某是高校即将毕业的学生，年满18周岁。在学校规定的毕业年进行实习。经协商一致，郭某与实习的科技公司签订劳动合同。劳动合同签订一年后，郭某取得学校颁发的毕业证书。其后双方因劳动合同履行发生争议诉至法院。科技公司认为签订劳动合同时，郭某身份属于在校学生，在校生利用业余时间勤工助学，不视为就业。因此劳动合同无效。而郭某主张双方之间是劳动关系。法院最终判决劳动合同有效。

解析

郭某与公司签订劳动合同时已年满18周岁，符合《劳动法》规定的就业年龄，具备与用工单位建立劳动关系的行为能力和责任能力。《劳动部关于贯彻执行〈中华人民共和国劳动法〉若干问题的意见》第4条仅规定了公务员和比照实行公务员制度的事业组织和社会团体的工作人员，以及农村劳动者、现役军人和家庭保姆不适用劳动法，并未将在校学生排除在外，学生身份并不当然限制郭某作为普通劳动者加入劳动力群体。该意见第12条规定："在校生利用业余时间勤工助学，不视为就业，未建立劳动关系，可以不签订劳动合同。"该条规定仅适用于在校生勤工助学的行为，并不能由此否定在校生的劳动权利，推定出在校生不具备劳动关系的主体资格。

郭某于公司处劳动的行为不属于意见第12条规定的情形。该条规定针对的是学生仍以在校学习为主，不以就业为目的，利用业余时间在单位进行社会实践打工补贴学费、生活费的情形。勤工助学和实习时，学生与单位未建立劳动关系，可以不签订劳动合同，不需要明确岗位、报酬、福利待遇等。本案中，郭某在登记求职时，已完成了全部学习任务，明确向公司表达了求职就业愿望，双方签订了劳动合同书。郭某在与公司签订劳动合同后，亦按照规定内容为公司付出劳动，公司向郭某支付劳动报酬，并对其进行管理，这完全符合劳动关系的本质特征。

郭某签约时虽不具备公司要求的录用条件，但郭某在填写公司求职人员登记表时，明确告知了公司其身份，公司对此情形完全知晓，双方在此基础上就应聘、录用达成一致意见，签订劳动合同。因此，劳动合同的签订是双方真实意思的表示，不存在欺诈、隐瞒事实或胁迫等情形，并没有违反法律、行政法规的规定，且郭某已取得毕业证书。综上，即将毕业的大专院校在校学生以就业为目的与用人单位签订劳动合同，且接受用人单位管理，按合同约定付出劳动；用人单位在明知求职者系在校学生的情况下，仍与之订立劳动合同并向其发放劳动报酬的，该劳动合同合法有效，应当认定双方之间形成劳动合同关系。

· 二倍工资计算基数 ·

一般认为，二倍工资计算基数为当月应得工资。对当月应得工资的范围，各地认识不一。比如北京司法实践中，劳动合同期满后，劳动者仍在用人单位工作，用人单位超过一个月未与劳动者订立书面劳动合同的，应当依照《劳动合同法》第 82 条的规定，向劳动者支付双倍工资。双倍工资的计算基数应以相对应的月份的应得工资为准。计算“二倍工资”的工资标准时，因基本工资、岗位工资、职务工资、工龄工资、级别工资等按月支付的工资组成项目具有连续性、稳定性特征，金额相对固定，属于劳动者正常劳动的应得工资，应作为未订立劳动合同二倍工资差额的计算基数，不固定发放的提成工资、奖金等一般不作为未订立劳动合同二倍工资差额的计算基数。

有的地方司法实践是，双倍工资的计算基数应按照双方约定的正常工作时间月工资来确定。双方对月工资没有约定或约定不明的，应按《劳动合同法》第 18 条规定来确定正常工作时间的月工资，并以确定的工资数额作为双倍工资的计算基数。如按《劳动合同法》第 18 条规定仍无法确定正常工作时间工资数额的，可按劳动者实际获得的月收入扣除加班工资、非常规性奖金、福利性、风险性等项目后的正常工作时间月工资确定。如月工资未明确各构成项目的，由用人单位对工资构成项目进行举证，用人单位不能举证或证据不足的，双倍工资的计算基数按照劳动者实际获得的月收入确定。按上述原则确定的双倍工资基数均不得低于本市月最低工资标准。

有的地方规定，二倍工资差额的计算基数为劳动者当月应得工资，但不包括以下两项：（1）支付周期超过一个月的劳动报酬，如季度奖、半年奖、年终奖、年底双薪以及按照季度、半年、年结算的业务提成等；（2）未确定支付周期的劳动报酬，如一次性的奖金，特殊情况下支付的津贴、补贴等。

· 二倍工资仲裁时效 ·

一般认为，未订立劳动合同二倍工资中的一倍不属于劳动报酬，而是对用人单位违反法律规定的一种惩罚。因此二倍工资不应适用《劳动争议调解仲裁法》第 27 条第 4 款关于劳动关系存续期间因拖欠劳动报酬发生争议的仲裁时效的特别规定，而应适用第 27 条第 1 款关于仲裁时效的一般规定，即仲裁时效为一年。期间从当事人知道或应当知道权利被侵害之日起计算。有意见认为，用人单位支付劳动者未订立劳动合同二倍工资的责任，可视为同一合同项下约定的具有整体性和关联性的定期给付之债，不应分段计算，仲裁时效期间从最后履行期限届满之日起算。

《北京市高级人民法院 2014 年部分劳动争议法律适用疑难问题研讨会会议纪要》中明确，对未签订书面劳动合同、未续签书面劳动合同、未签订无固定期限劳动合同的二倍工资时效，应如何确定起算和截止时间点？是否主动适用仲裁时效？研讨意见：二倍工资仲裁时效按天起算，不再按整段起算，时效可从劳动者主张权利之日起向前计算一年，据此实际给付的二倍工资不超过 12 个月。

· 劳动合同期限 ·

固定期限

劳动合同期限分为固定期限、无固定期限和以完成一定工作任务为期限三种。固定期限劳动合同，是指用人单位与劳动者约定合同终止时间的劳动合同。劳动者可以与用人单位订立较长期限的劳动合同，而不用担心因订立较长期限的劳动合同束缚到以后的再次择业。劳动者的辞职权受到法律的保护，只要劳动者提前一个月书面通知用人单位就可以解除劳动合同，不需要经过用人单位的批准。劳动法立法的意图是保证劳动者的自主择业的权利。

固定期限合同适用范围比较广，有利于用人单位考察劳动者，发挥用工自主权，如到期后不满意劳动者可直接不予续签合同。固定期限劳动合同存在的弊端是：第一，合同到期用人单位一般要支付经济补偿。《劳动合同法》第46条规定，除用人单位维持或者提高劳动合同约定条件续订劳动合同，劳动者不同意续订的情形外，用人单位要支付经济补偿。第二，签订次数有两次的限制。根据《劳动合同法》第14条规定，用人单位与劳动者连续订立二次固定期限劳动合同，且劳动者没有本法第39条（存在过错，比如欺诈或严重违纪、追究刑事责任等）和第40条第1项（患病或者非因工负伤无法工作）、第2项（不能胜任工作）规定的情形，续订劳动合同的。劳动者提出签订无固定期限劳动合同，用人单位应当与劳动者签订无固定期限劳动合同。

《劳动部关于贯彻执行〈中华人民共和国劳动法〉若干问题的意见》第21条规定，从事矿山井下以及在其他有害身体健康的工种、岗位工作的农民工，实行定期轮换制度，合同期限最长不超过八年。该规定是为了保护职工的身体健康，减少或预防职业病的发生，属于双方完全协商确定劳动合同期限的例外情况。

用人单位与劳动者提供的劳动合同文本不一致，应如何认定？

案例

陈某入职科技发展公司，主张公司未给出任何理由将其辞退。科技发展公司在诉讼中提交陈某签名、科技发展公司盖章的劳动合同，其中约定劳动合同期限为三年，试用期为三个月。陈某提供的双方签订的劳动合同期限为一年，因此陈某主张用人单位应支付超试用期经济赔偿金及其工资差额。法院委托司法鉴定所鉴定，陈某的签名与比对样本的签名一致。陈某主张该文本只有半页纸，是科技发展公司从别的文本中截取的，未举证。该案经仲裁和诉讼程序，法院根据证据规则，认定陈某提供的劳动合同的证明力大于科技发展公司提供的劳动合同，判决科技发展公司支付陈某超过试用期工资差额。

解析

关于双方劳动合同的期限是一年还是三年，双方各提供了一份认可彼此签名真实性，但劳动期限截然不同的劳动合同。根据《最高人民法院关于民事诉讼证据的若干规定》第73条规定，双方当事人对同一事实分别举出相反的证据，但都没有足够的依据否定对方证据的，人民法院应当结合案件情况，判断一方提供证据的证明力是否明显大于另一方提供证据的证明力，并对证明力较大的证据予以确认。因证据的证明力无法判断导致争议事实难以认定的，人民法院应当依据举证责任分配的规则作出裁判。

法院衡量两份合同的证明力，陈某持有的劳动合同的格式和内容均系科技发展公司制定，科技发展公司可以选择加盖骑缝章的形式对合同内容予以固定，但科技发展公司并未采用此种方式。本案中，科技发展公司主张陈某擅自更改了自己持有的合同，但并未提供有效证据予以证明。而科技发展公司持有的劳动合同均系本公司工作人员填写，并且一直由其掌控，因此法院认为陈某提供的劳动合同的证明力大于科技发展公司提供的劳动合同，并对于陈某提供合同的效力予以采信。依法律规定，劳动合同期限1年以上不满3年的，试用期不得超过2个月，故科技发展公司应支付陈某超过试用期工资差额。

无固定期限

无固定期限劳动合同，是指用人单位与劳动者约定不确定终止时间的劳动合同。无固定期限劳动合同可以使员工获得职业稳定感，提高员工的职业忠诚度，一定程度上减轻劳动合同管理的负担。其弊端是给员工带来惰性心理、隐性成本比较高，可能带来用工机制的僵化，导致企业用工部分失去活力。

无固定期限劳动合同不等于铁饭碗，对于无固定期限的劳动合同，用人单位虽不能用合同到期来终止合同，但只要具备解除劳动合同的法定情形，履行解除的法定程序，无固定期限劳动合同和固定期限劳动合同一样可以解除。客观而言，无固定期限合同解除相对较难，需要用人单位完善规章制度，细化劳动合同解除的条件，提高人力资源管理的水平。

· 完成一定工作任务为期限 ·

以完成一定工作任务为期限的劳动合同，是指用人单位与劳动者约定以某项工作的完成为合同期限的劳动合同。如果用人单位与劳动者订立的是以完成一定生产工作任务为期限的劳动合同，合同终止时，用人单位也要向劳动者支付经济补偿。完成一定工作任务为期限的劳动合同，适用范围比较狭窄，适合临时性、季节性用工或者项目工程形式的用工，根据《劳动合同法》第 19 条规定，不得约定试用期。

在实践中，建筑施工行业多采用以完成一定工作任务为期限的劳动合同，通常以某一建设项目竣工为终止期限；培训行业，以完成某期培训或完成某个培训项目为终止日期；技术研发行业，以完成某项技术开发为终止日期，以及一些具有季节性、非常规性、订单性用工的行业，也可以采用以完成一定工作任务为期限的劳动合同。

· 试用期 ·

试用期是指用人单位和劳动者为相互了解，选择在劳动合同中约定的一定期限的考察期。试用期是供用人单位考察劳动者是否适合其工作岗位的一项制度，给用人单位考察劳动者是否与录用要求相一致的时间，避免用人单位遭受不必要的损失。

以下三类劳动合同不得约定试用期：（1）短期劳动合同，即合同期限不满三个月的劳动合同；(2) 以完成一定工作任务为期限的劳动合同，即用人单位与劳动者约定以某项工作的完成为合同期限的劳动合同；(3) 非全日制用工劳动合同。非全日制用工是指以小时计酬为主，劳动者在同一用人单位一般平均每日工作时间不超过四小时，每周工作时间累计不超过二十四小时的用工形式。

试用期没有包含在劳动合同期限内，是否视为劳动合同期限？

案例

欧某填写求职登记表应聘科技公司电子维修工作岗位，欧某按照科技公司的要求，在银行支行开立了工资专用银行账户，科技公司通过转账方式向欧某支付工资。双方口头约定三个月的试用期。工作三个月后，欧某与科技公司签订一年固定期限劳动合同，该劳动合同约定试用期一个月，劳动者享有基本工资，一个月试用期满后，确定实行“月薪+其他”工资形式。欧某主张其实际用工过程中，有被科技公司两次试用的事实，因此要求未订立书面劳动合同的双倍工资差额。该纠纷经仲裁及诉讼程序，法院判决认为，科技公司应向欧某支付“试用期”未订立书面劳动合同的双倍工资差额。

解析

《劳动合同法》第19条第4款规定，试用期包含在劳动合同期限内，劳动合同仅约定试用期的，试用期不成立，该期限为劳动合同期限。本案中，从双方签订的劳动合同期限和试用期工资标准的约定来看，试用期并没有包含在签订的劳动合同期限内。因此，该试用期不成立，在所谓三个月“试用期”内，科技公司实际用工而没有与欧某签订书面劳动合同，应支付二倍工资差额。

· 试用期期限 ·

根据《劳动合同法》的具体规定，劳动合同期限3个月以上不满1年的，试用期不得超过1个月；劳动合同期限1年以上不满3年的，试用期不得超过2个月；3年以上固定期限和无固定期限的劳动合同，试用期不得超过6个月。也就是说，试用期最长不得超过6个月。

试用期包含在劳动合同期限内。劳动合同仅约定试用期的，试用期不成立，该期限为劳动合同期限。同一用人单位与同一劳动者只能约定一次试用期，并无例外规定。劳动者与用人单位解除劳动合同后，又重新与该用人单位建立劳动关系，此时双方是不能再次约定试用期的。劳动者转岗或升职后，也不能再次约定试用期。用人单位此时可以与劳动者约定转岗考察期之类的期限，在该期限内，如果劳动者能够胜任新岗位工作的话，则予以转正；如果不能胜任的话，则可以回到原先的岗位。

违法约定试用期，劳动者是否可以主张赔偿金？

案例

薛某与民办学校签订为期两年的《教师聘用合同书》，合同约定试用期为6个月。其后双方发生纠纷，劳动关系终止。薛某要求学校支付违法设定试用期赔偿金。学校认为，薛某在职期间，其始终按照劳动合同约定向薛某支付工资，薛某入职起的工资福利待遇未曾有过变化，也即试用期并未实际履行。试用期的工资福利通常低于转正后的工资待遇。该民办学校未对薛某实际履行和执行试用期。该纠纷经仲裁及诉讼程序，法院判决民办学校支付违法设定试用期的赔偿金。

解析

民办学校与薛某签订的期限为二年的《教师聘用合同书》约定试用期为6个月，该约定内容违反了《劳动合同法》第19条中“劳动合同期限一年以上不满三年的，试用期不得超过二个月”的规定，应属无效。薛某已经履行学校违法约定的服务期，薛某要求学校支付该期间赔偿金的诉讼请求，于法有据，法院予以支持；学校提出双方实际未履行服务期的辩驳意见，因无相关证据予以佐证，法院不予采信。薛某主张其月工资标准为基本工资和奖金，对此学校否认薛某享有每月奖金，在薛某未能提供相应证据证明其主张的情形下，法院没有认定奖金。法院判决认为，薛某转正后月工资标准与试用期工资存在差额，学校应支付薛某违法设定试用期的赔偿金。

· 试用期工资标准 ·

劳动者在试用期的工资不得低于本单位相同岗位最低档工资或者劳动合同约定工资的80%，并不得低于用人单位所在地的最低工资标准。用人单位违反本法规定与劳动者约定试用期的，由劳动行政部门责令改正；违法约定的试用期已经履行的，由用人单位以劳动者试用期满月工资为标准，按已经履行的超过法定试用期的期间向劳动者支付赔偿金。

试用期约定是否可以约定无底薪？

案例

林某入职公关公司工作，任客户主任。林某入职初期与公关公司签订劳动合同，其中约定试用期3个月期间，公关公司不发放薪酬，员工转正后按照正常待遇发放薪酬。其后林某离职，主张公关公司试用期不发送薪酬的行为违法，要求公关公司支付其试用期内的工资，工资标准按照转正后的标准80%进行支付。公关公司不同意林某的请求，认为劳动合同约定试用期无底薪，是双方协商一致的真实意思表示。公关公司无欺诈胁迫等行为，劳动合同约定合法有效。该纠纷经仲裁及诉讼程序，法院判决公关公司按照劳动合同约定工资的80%支付林某试用期的工资。

解析

《劳动合同法》第26条第1款规定，下列劳动合同无效或者部分无效：（1）以欺诈、胁迫的手段或者乘人之危，使对方在违背真实意思的情况下订立或者变更劳动合同的；（2）用人单位免除自己的法定责任、排除劳动者权利的；（3）违反法律、行政法规强制性规定的。该条款对劳动合同的无效或部分无效作了具体规定。违反效力性强制规定的劳动合同的约定，应归于无效。《劳动合同法》第20条规定，劳动者在试用期的工资不得低于本单位相同岗位最低档工资或者劳动合同约定工资的80%，并不得低于用人单位所在地的最低工资标准。用人单位与劳动者虽然有3个月无薪试用期的约定，但该款约定显然不符合劳动法，违反法律的强制性效力性规范，属于无效条款。即使劳动者愿意接受试用期无底薪的条件，该约定也不被法律所允许，因此是无效的。

试用期对员工不满意，公司如何解除劳动合同?

案例

徐某进入传播公司工作，双方签订期限劳动合同，其中试用期3个月；约定徐某任企划培训专员。岗位合同书同时附有《岗位说明书》，明确了徐某岗位的八项职责：企业品牌的建立与维护、企业内部文化建设、制定培训制度、员工关系的维护、市场宣传配合、政府关系奖励及维护、媒体关系建立与维护、公关活动策划及每项职责的衡量角度。试用期满前，传播公司出具“员工试用期考核结果”，企划部经理对徐某作出“予以辞退”的考评，其中认定徐某不能正确理解交代的工作，完成的工作与所要求的出入很大；工作积极性不高；团队配合不好等多方面原因。传播公司认为，徐某在试用期间的工作表现没有达到公司的岗位要求，并未能通过《试用期员工考评》，已不适合继续在本岗位工作。徐某提起劳动仲裁，主张传播公司撤销解除劳动合同通知、恢复双方劳动关系、支付劳动关系终止至恢复劳动关系日止的工资。该纠纷经仲裁及诉讼程序，法院判决，驳回徐某的诉讼请求。

解析

岗位职责是用人单位针对不同岗位所要聘用的劳动者自行制订的需求标准。用人单位应尽量制定和完善各个岗位的录用条件和职责，注重对能力的考核，使具有可操作性。岗位职责（录用条件）是用人单位在试用期内考核劳动者的标准。用人单位通过试用期考核，对不符合录用条件的劳动人员可以解除劳动关系。本案中，传播公司签订的劳动合同及岗位合同书，是双方的真实意思表示，岗位合同书明确了徐某的岗位职责。徐某的岗位能力及团队精神，其他同事的认同度均未得到传播公司的认可。传播公司对徐某的解约，符合劳动法律的规定，故法院没有支持徐某的诉讼请求。

劳动合同条款

· 工作岗位 ·

工作岗位由工种、职位、职务和职能等组成。工种是指根据劳动管理的需要，按照劳动的性质、特征或服务的特点而划分的工作种类，例如制造业的工种有电工、车工、铸工、锅炉工等；职位是执行一定任务的位置，也称岗位，比如销售岗位、业务岗位、后勤岗位、财务岗位等；职务是指决策管理工作、日常行政管理工作等；职能指的是知识、技能、行为与态度的组合。

岗位设置应当科学合理，遵循明确任务目标、合理分工协作、责任权利相对应等原则。对于岗位的约定，范围上过粗或者过细，均有弊端。设置岗位过于宽泛，比如职员、工人等，等于没有约定岗位。如果设置过细，则非常不利于对劳动者进行调岗管理。比如约定为文印助理，将其调整为人事专员，则可能涉及岗位的变动而需要双方履行协商一致程序。

· 工作地点 ·

工作地点的约定是《劳动合同法》比《劳动法》新增的劳动合同的必备内容之一，劳动法规定劳动合同中必须包含工作地点，但是没有对工作地点如何约定进行进一步规范，劳动合同中填写某一个区域或某一个或几个城市、用人单位经营注册地或项目所在地、用人单位的总部或分支机构等都是可以的。

对于用人单位来说，工作地点的约定尽量宽泛，不能过于具体。如果具体到很详细的地址，将来调整到另一办公区域，严格地说属于对劳动合同的变更（工作地点变更）。而劳动法的规定非常严格，变更劳动合同，应双方协商一致，采取书面形式。对于劳动者来说，工作地点约定具体有利于更好地维护自身权益。如果用人单位在订立劳动合同之初，明确与劳动者约定，工作地点在某个区域，或者用人单位的分支机构所在的城市，或者因客户的要求需要派驻的地点等，这些不宜视为对工作地点约定不清或者对工作地点的变更。

用人单位与劳动者在劳动合同中宽泛地约定工作地点是“全国”“北京”等，用人单位在履行劳动合同过程中调整劳动者的工作地点，劳动者不同意，用人单位依据规章制度作出解除劳动合同决定是否支持？对此，司法实践的做法是，用人单位与劳动者在劳动合同中宽泛地约定工作地点是“全国”“北京”等，如无对用人单位经营模式、劳动者工作岗位特性等特别提示，属于对工作地点约定不明。劳动者在签订劳动合同后，已经在实际履行地点工作的，视为双方确定具体的工作地点。用人单位不得仅以工作地点约定为“全国”“北京”为由，无正当理由变更劳动者的工作地点。

公司变更工作地点，员工不来上班，公司予以辞退是否合法？

案例

科技公司向黄某发出一份录用函，主要内容为：黄某被录用为区域销售经理职位，并约定安排黄某在某省销售管理部门区域经理岗位工作。其后，科技公司向黄某发出一份调职通知函，其主要内容为：黄某自入职以来，负责某省销售业务。由于目前公司整体销售网络的重新规划及资源的整合，公司决定将黄某调任其他城市。要求黄某接受职务调动及新岗位培训事宜。其后，公司主张，因黄某收到函件后至今未到公司报到，无任何书面及其他形式的回复，黄某行为属于旷工，根据公司相关规定及双方劳动合同，公司决定与黄某解除劳动合同。黄某认为公司变更劳动地点违法，要求解除劳动合同的赔偿金。该纠纷经仲裁及诉讼程序，法院支持了黄某的请求。

解析

黄某自进入科技公司处工作起至科技公司发出调职通知函止，其工作地点一直在某省省会城市，且黄某职务为该省份销售经理，科技公司出具的调职通知函上亦载明黄某常驻地为该省会城市，故对黄某主张其与科技公司的劳动合同履行地在该省省会城市，法院予以采纳。科技公司在未与黄某协商一致的情况下，以公司整体销售网络调整为由，单方面决定将黄某的工作地点调至其他省市，系单方对劳动合同作出重大变更。虽然黄某未按照调职通知函的要求至新岗位报到，但系因科技公司单方面变更劳动合同的行为引起，故科技公司以黄某旷工为由解除劳动合同，违反了《劳动合同法》的相关规定，科技公司应按照黄某在科技公司处的工作年限及劳动合同解除前正常出勤的月平均工资，支付黄某违法解除劳动合同的赔偿金。

· 工作地点调整 ·

目前某些大型跨国公司或大型集团公司，规定劳动者应当服从集团总部的调动，用人单位有权指派其到境内外的分支机构进行办公。某些大型律师事务所或会计师事务所、基金会、社会团体等，出于业务发展和客户要求，也需要安排劳动者到项目的所在地长期进驻办公。如果用人单位事先已就这一情况公示或告知劳动者，而劳动者在订立劳动合同时也没有表示异议，或者用人单位根据单位内部合法有效的规章制度对劳动者进行管理，比如大型的企业集团在内部实行高级管理人员的轮岗制等，可以认为用人单位与劳动者就工作地点及其调整的约定已经协商一致，用人单位有权根据实际情况单方调整劳动者的工作地点。如果双方没有明确约定工作地点，就调整工作地点发生劳动争议时，应以劳动者实际履行职务、提供劳动的地方为其工作地点。

用人单位与劳动者在劳动合同中明确约定用人单位可以单方变更工作地点的，仍应对工作地点的变更进行合理性审查。具体审查时，除考虑对劳动者的生活影响外，还应考虑用人单位是否采取了合理的弥补措施（如提供交通补助、班车）等。

劳动合同约定用人单位可以调整工作地点，劳动者拒不服从合法吗？

案例

闫某与光电股份公司签订书面劳动合同。闫某的工作岗位为销售岗位，在劳动合同期限内，光电股份公司可根据工作需要和闫某工作能力，变动闫某的岗位以及合同履行地，闫某服从光电股份公司的安排，并相应变更劳动合同。当天，闫某还签署了入职承诺书和光电股份公司员工培训记录单，闫某在员工培训记录中确认：本人确已收到公司《员工手册》，并且参加了公司的《员工手册》培训，对《员工手册》各项内容已清楚了解并认可，本人将依从遵守《员工手册》各项政策及规章制度。光电股份公司作出调职通知，内容为：经公司研究决定，现将闫某调至另一城市，请接到本通知单后将现有工作进行交接，到新部门报到，逾期不报到按旷工处理。因闫某未能到新的部门报到，光电股份公司以旷工为由，解除劳动合同。闫某认为光电股份公司解除劳动合同违法。该纠纷经仲裁及诉讼程序，法院判决光电股份公司解除劳动合同违法，支付闫某赔偿金。

解析

本案焦点是光电股份公司单方变更闫某的工作地点，闫某未按通知到新的工作地点报到，光电股份公司以旷工为由解除劳动合同是否符合法律规定。《劳动法》第17条规定，订立和变更劳动合同，应当遵循平等自愿、协商一致的原则，不得违反法律、行政法规的规定。本案中，双方在劳动合同中虽未明确约定工作地点，但闫某工作地点一直固定在某省省会城市，表明闫某是接受光电股份公司在该省省会城市的岗位，现光电股份公司要求闫某到异地工作，势必带来生活环境和工作条件的变化，而光电股份公司又未就工作内容、劳动条件、劳动报酬等事项与闫某协商一致，就单方作出工作地点的变动决定，不具有合理性和正当性，闫某未能按通知报到上班，不能以此归责于闫某，光电股份公司以旷工3日以上，严重违反公司规章制度为由单方解除劳动合同，缺乏事实根据和法律依据，应认定为违法解除，闫某主张光电股份公司支付违法解除劳动合同赔偿金的请求，法院予以支持。

· 工作时间 ·

标准工时制

工时制度，即工作时间制度。我国目前实行三种工作时间制度，即标准工时制、综合计算工时制和不定时工时制。标准工时制是我国运用最为广泛的一种工时制度。虽然《劳动法》第36条规定了平均每周工作时间不超过44小时的工时制度。但国务院《关于职工工作时间的规定》第3条规定，职工每日工作8小时，每周工作40小时，对此应加以注意。

标准工时制有以下特点：（1）用人单位应当保证劳动者每周至少休息一日；（2）因生产经营需要，经与工会和劳动者协商，一般每天延长工作时间不得超过1小时；（3）特殊原因每天延长工作时间不得超过3小时；（4）每月延长工作时间不得超过36小时。根据标准工时制的规定，工作时间比较固定，且延长工作时间有明确严格的限制条件。

综合计算工时制

综合计算工时制是以标准工时制为基础，以一定的期限为周期，综合计算工作时间的工时制度。该类工时制度有以下的特点：首先，一般以月、季、年为周期综合计算工作时间。其次，其平均日工作时间和平均周工作时间应当与法定标准工作时间基本相同，也就是说，在综合计算周期内，某一具体日（或周）的实际工作时间可以超过八小时（或四十小时），但综合计算周期内的总实际工作时间不能超过总法定标准工作时间。最后，实行综合计算工时制的，无论劳动者平时工作时间数为多少，只要在一个综合工时计算周期内的总工作时间数不超过以标准工时制计算的应当工作的总时间数，即不视为加班。若超过，则超过部分视为延长工作时间，并按劳动法的规定支付劳动报酬，且延长时间的小时数，平均每月不得超过三十六小时。从综合工时制的特点来看，其基础仍然是标准工时制，虽然允许一定周期范围内劳动者工作时间综合计算，允许具体的某日（或某周）可以超过法定标准工时，但是仍然要坚持一定周期内总的工作时间及平均工作时间都不能违反法定的标准。

《劳动部关于企业实行不定时工作制和综合计算工时工作制的审批办法》第5条规定，企业对符合下列条件之一的职工，可实行综合计算工时工作制，即分别以周、月、季、年等为周期，综合计算工作时间，但其平均日工作时间和平均周工作时间应与法定标准工作时间基本相同：（1）交通、铁路、邮电、水运、航空、渔业等行业中因工作性质特殊，需连续作业的职工；（2）地质及资源勘探、建筑、制盐、制糖、旅游等受季节和自然条件限制的行业的部分职工；（3）其他适合实行综合计算工时工作制的职工。

综合计算工时制下是否存在休息日加班？

案例

夏某与物业公司签订劳动合同，夏某从事安全部保安工作（即安全员工作）。劳动合同第五条约定，公司安排员工执行综合计算工时工作制度。据查，物业公司所在地的区人力资源和社会保障局作出了《关于同意物业公司部分工作岗位实行非标准工时制度的复函》，该函确定物业公司关于安全员、维修工、厨师、项目经理、项目副经理、客服人员、绿化工、清洁工岗位上人员实行以年为周期的综合计算工时工作制。工作一段时间后，夏某填写了离职申请书，载明自身系主动离职。公司支付了夏某的工资薪酬。离职之后，夏某申请仲裁称，公司拖欠其加班费用，要求公司支付加班工资（含延时加班、周末加班）、绩效工资，违法解除劳动合同的赔偿金。公司认为夏某主动离职，不存在违法解除的情形。公司对夏某实行综合工作制，不存在夏某休息日加班工资的情况。绩效工资属于公司根据实际经营情况自主发放，因公司亏损故没有向任何员工发放。该纠纷经仲裁及诉讼程序，法院判决公司解除劳动合同合法，不支付加班费和绩效工资。

解析

本案中劳动合同约定，公司安排员工执行综合计算工时工作制度。《劳动部关于贯彻执行〈中华人民共和国劳动法〉若干问题的意见》第62条规定，实行综合计算工时工作制的企业职工，工作日正好是周休息日的，属于正常工作；工作日正好是法定节假日时，要依照劳动法第44条第（3）项的规定支付职工的工资报酬。因此，即使夏某的工作时间存在休息日上班的事实，夏某也不能请求物业公司支付休息日加班工资。故夏某要求物业公司支付休息日加班工资，没有法律依据。

综合计算工时工作制采用的是以周、月、季、年等为周期综合计算工作时间，但其平均日工作时间和平均周工作时间应与法定标准工作时间基本相同。也就是说，在综合计算周期内，如果劳动者的实际工作时间总数超过了该计算周期的法定标准工作时间总数，超过部分应视为延长工作时间，应按《劳动法》第44条第1款的规定支付工资报酬。物业公司在夏某离职时已支付超出工作小时的加班工资。故夏某主张物业公司应另行支付延时加班工资请求缺乏相应事实依据。

不定时计算工时制

不定时工作制度是指，每一工作日没有固定的上下班时间限制的工作时间制度，是针对因生产特点、工作特殊需要或职责范围的关系，无法按标准工作时间衡量或需要机动作业的职工所采用的一种工时制度。该类工时制度有以下的特点：（1）经批准实行不定时工作制的职工，不受《劳动法》第41条规定的日延长工作时间标准和月延长工作时间标准的限制。（2）实行不定时工作制的职工，用人单位应采取适当的休息方式，确保职工的休息休假权利。（3）实行不定时工作制，除法定节假日工作外，其他时间工作不算加班。

《劳动部关于企业实行不定时工作制和综合计算工时工作制的审批办法》第4条规定，企业对符合下列条件之一的职工，可以实行不定时工作制：（1）企业中的高级管理人员、外勤人员、推销人员、部分值班人员和其他因工作无法按标准工作时间衡量的职工；（2）企业中的长途运输人员、出租汽车司机和铁路、港口、仓库的部分装卸人员以及因工作性质特殊，需机动作业的职工；（3）其他因生产特点、工作特殊需要或职责范围的关系，适合实行不定时工作制的职工。

对不定时工时制的适用，有的地方在部门规章基础上作出细化规定。例如上海市劳动局《关于贯彻实施〈关于企业实行不定时工作制和综合计算工时工作制的审批办法〉若干具体问题的说明》第3条规定，本市实行不定时工作制度和综合计算工作制的职工，除劳动部在劳发〔1994〕503号文规定的范围外，因生产特点、工作特殊需要或职责范围的关系，如企业的消防和化救值班人员，以及值班驾驶员等，可实行不定时工时工作制；因受季节条件限制，淡旺季节明显的瓜果、蔬菜等食品加工单位和服装生产，以及宾馆、餐馆的餐厅和娱乐场所的服务员等，可实行综合计算工时工作制。

江苏省劳动和社会保障厅《关于加强对企业实行综合计算工时工作制和不定时工作制管理的通知》第5条规定，不定时工作制适用范围：（1）国有企业中的高级管理人员（指企业领导班子成员）；（2）非国有企业中经营管理人员事先约定实行年薪制的；（3）从事下列工种或者岗位的职工：①无法按标准工作时间衡量的外勤人员；②实行工作量与工资挂钩的推销人员、长途运输人员、押运人员；③实行工作量与工资挂钩的铁路、港口、仓库的部分装卸人员；④实行承包经营出租车的驾驶员；⑤非生产性值班人员。

如何认定不定时工作制适用的范围？

案例

刘某与保险公司存在劳动关系。合同到期后，保险公司不再与刘某续签劳动合同。劳动合同中约定，雇员同意执行不定时工作制。员工手册规定，因业务需要确需加班，应事先征得部门负责人及分管负责人的同意，经劳动行政部门批准实行不定时工作制的员工，仅可在法定节假日加班享受加班费。刘某在员工手册遵守声明中签名，同意其全部规定并承诺将严格遵守该员工手册的全部规定。公司所在区人力资源和社会保障局同意该公司高级管理人员实行不定时工作制。工作期间刘某被调至外地支公司工作，职务为运营支持主任。离职后，刘某主张加班费，公司拒绝其适用不定时工作制而拒绝支付。该纠纷经仲裁及诉讼程序，法院判决公司不支付加班费。

解析

保险公司所获不定时工作制许可系由当地市劳动行政部门批准，从效力范围上看，应审查该行政许可是否对该公司在外地分支机构工作的刘某产生效力。《行政许可法》第41条规定，法律、行政法规设定的行政许可，其适用范围没有地域限制的，申请人取得的行政许可在全国范围内有效，可见，法律、行政法规规定的取得有关行政许可的条件、标准应当是全国统一的，只要申请人取得的行政许可的适用范围依法没有地域限制，被许可人在一个地方取得了行政许可，就可以在全国范围内从事被许可的活动。从设定不定时工作制的法律规定来看，《劳动合同法》第39条在设定不定时工作制行政许可时并未作出适用地域范围限制；从保险公司获得的许可批文内容来看，该许可也未对适用的地域范围作出限制；从该省份不定时工作制审批规定来看，对已获外省劳动行政部门许可实行不定时工作制的外省企业，其分支机构实行不定时工作制的，该省份劳动行政部门不要求再行进行许可申报，仅要求进行备案登记，也体现出该许可应无地域限制。故从效力维度上看，保险公司在公司总部所在地获得的不定时工作制许可，对刘某适用不定时工作制并不构成妨碍。

·非标准工时制的争议处理·

劳动者与用人单位对适用不定时工作制或综合计算工时工作制产生争议的，处理原则如下：对于不定时工作制和综合计算工时工作制的认定应当依据劳动者实际从事的岗位特点、双方劳动合同约定，以及用人单位对该职位是否进行申报并获得了行政许可等情况综合认定。

（1）有约定有许可。如果双方劳动合同约定标准工时制，而用人单位有证据证明其对该职位申报了不定时工作制或综合计算工时工作制并获得了行政许可，应当依据劳动者的岗位特点、工作性质等情况判决该岗位是否适用不定时工作制或综合工时工作制；但若双方劳动合同签订的时间晚于用人单位就该岗位获得行政许可时间的，原则上以双方劳动合同中的约定为准。

（2）有约定无许可。如果双方劳动合同中约定为不定时工作制或综合计算工时工作制，但用人单位并没有获得相关劳动行政部门的许可，可按照《劳动法》第 39 条的规定，并参照《劳动部关于企业实行不定时工作制和综合计算工时工作制的审批办法》的规定，视其工作特点、工作性质等判断该劳动者是否适用不定时工作制或综合计算工时工作制。

（3）无约定有许可。如果双方劳动合同中对于工时制度没有约定，而用人单位有证据证明其对该职位申报了不定时工作制或综合计算工时工作制并获得了行政许可，且劳动者的工作特点和工作性质也能够体现不定时工作制或综合计算工时工作制的特征，则用人单位有权主张该劳动者适用不定时工作制或综合计算工时工作制。

（4）无约定无许可。如果双方劳动合同中对于工时制度没有约定，用人单位也未对该职位申报不定时工作制或综合计算工时工作制，但是依据双方提交的证据能够证明劳动者的工作特点和工作性质确实符合不定时工作制或综合计算工时工作制的特征（如电梯员、保安等），则用人单位有权主张该劳动者适用不定时工作制或综合计算工时工作制。

·违约金条款·

只有专业技术培训服务期和竞业限制才能约定违约金，除此两种情形外，用人单位不得与劳动者约定由劳动者承担违约金。某些特殊行业有专门的规定，比如说军工企业涉密职位的技术人员、航空用人单位的飞行员、从事演艺活动的艺人等，用人单位对劳动者的自由流动做出了限制，往往在劳动合同中设置高额的违约金条款和服务期约定，这种限制如与现行法律抵触，都是无效的。

劳动法对用人单位承担违约金的情形，没有禁止规定。详言之，用人单位与劳动者在劳动合同中约定违约金条款的，除非符合《劳动合同法》第22条（专业技术培训）和第23条（竞业限制）规定的情形，否则该违约金条款对劳动者不具有约束力，但是对用人单位仍具有约束力。如果用人单位违约的，劳动者可以要求其承担相应的违约责任。

关于违约金的金额，原则上应尊重双方约定；对于违约金数额约定过高，明显不合理，当事人主张调整的，可参照《合同法》关于违约金调整的相关规定，根据劳动合同约定、当事人的过错程度及损失大小等因素，并结合具体案件情况综合确定。

劳动合同约定无故离职的违约金，是否有效?

案例

王某与投资公司签订投资公司聘任合同，合同约定：公司聘任王某担任投资公司核心高管常务副总裁职务，王某在公司工作前5年内不经公司书面同意离职的（不考虑客观原因，因身体健康问题确实不能工作除外），王某赔偿公司500万元，公司不经王某同意无故辞退，公司赔偿王某500万元。劳动合同履行期间，王某因家庭原因经公司董事会批准同意请事假两个月，之后回公司协商解除劳动关系相关事宜，协商未果后，王某既未履行请假审批手续，也一直不到公司上班，连续旷工超过3天。根据国家相关劳动法规和《投资公司考勤管理办法》，经公司董事会研究，决定对王某予以除名处理，解除其与公司的劳动关系。公司诉至法院，要求王某赔偿公司500万元。最终法院驳回公司请求。

解析

《劳动合同法》第22条和第23条规定了用人单位可以与劳动者约定违约金的情形，即用人单位可因劳动者违反服务期限的约定而根据专项培训费用主张违约金，或者因劳动者违反竞业禁止的规定而主张违约金。但该法第25条同时规定，除上述两种情形外，用人单位不得与劳动者约定违约金。因此，尽管双方签订的合同明确约定，王某无故离职的，王某应赔偿公司500万元人民币，公司不经王某同意辞退的，公司赔偿王某500万元人民币。该劳动合同条款是双方的真实意思表示，无欺诈胁迫、乘人之危或重大误解等情形，但是该约定违反劳动法禁止性规定。用人单位与劳动者之间关于因劳动者违约即承担500万元赔偿金的规定属无效条款。因此，投资公司要求王某向其支付合同约定的赔偿金500万元，法院不予支持。

劳动合同约定单方终止合同应支付赔偿金和违约金，是否有效?

案例

美发公司与许某签订劳动合同书。该合同第6条约定：“单方终止合同，一切责任和后果由违约方承担，违约方需支付2万元给另一方作为补偿金。”工作一段时间后，许某即不到美发公司工作，并到其他单位工作。之后许某再次来到美发公司工作，双方未签订劳动合同。其后双方解除劳动关系。许某申请劳动仲裁，要求美发公司支付解除劳动合同赔偿金、违约金、返还被扣的工资及经济补偿金、加班费、保险赔偿金等。仲裁委裁决，美发公司支付许某违法解除劳动合同赔偿金、违约金，驳回许某的其他请求。

解析

《劳动合同法》第22条规定，用人单位为劳动者提供专项培训费用，对其进行专业技术培训的，可以与该劳动者订立协议，约定服务期。劳动者违反服务期约定的，应当按照约定向用人单位支付违约金。第23条规定，对负有保密义务的劳动者，用人单位可以在劳动合同或者保密协议中与劳动者约定竞业限制条款，并约定在解除或者终止劳动合同后，在竞业限制期限内按月给予劳动者经济补偿。劳动者违反竞业限制约定的，应当按照约定向用人单位支付违约金。第25条规定，除本法第22条和第23条规定的情形外，用人单位不得与劳动者约定由劳动者承担违约金。本案中双方签订的《劳动合同》第6条“单方终止合同，一切责任和后果由违约方承担，违约方需支付2万元给另一方作为补偿金”的条款，对于劳动者而言是无效的。换言之，即使劳动者违反约定，也没有任何法律义务支付用人单位违约金。但该条款对用人单位具有法律约束力。这是因为劳动法仅允许劳资双方专业技术培训服务期和禁业限制这两种情形约定违约金，其他情形下约定由劳动者承担违约金都是违反劳动法的，因而也是无效的。

续订书面合同

· 劳动合同变更 ·

变更劳动合同，应当经当事人双方协商一致，并采用书面形式。如果双方经过协商最后仍然无法就变更劳动合同达成协议，一是按原劳动合同继续履行，当然这是在劳动合同可以实际履行的情况下；二是依法解除劳动合同，双方按解除劳动合同的约定办理有关手续。如果就劳动合同的变更双方无法协商一致，用人单位违法解除劳动合同，除劳动者要求继续履行劳动合同或者劳动合同能够继续履行的情形之外，用人单位应当支付违法解除劳动合同的赔偿金。

劳动合同法对劳动合同变更的规定必须采取书面形式的标准非常严苛，在一定程度上不能适应实务中劳动纠纷的具体情况，《最高人民法院关于审理劳动争议案件适用法律若干问题的解释（四)》第 11 条规定，变更劳动合同未采用书面形式，但已经实际履行了口头变更的劳动合同超过一个月，且变更后的劳动合同内容不违反法律、行政法规、国家政策以及公序良俗，当事人以未采用书面形式为由主张劳动合同变更无效的，人民法院不予支持。劳动合同的变更还是应协商一致，但不都是必须采取书面形式。口头变更的劳动合同已经实际履行超过一个月，在符合法律政策和公序良俗的情形下，劳动合同变更是有效的。变更劳动合同没有采用书面形式，并不意味着劳动合同变更必然无效。

变更劳动合同未采取书面形式，是否有效?

案例

高某与机械厂签订劳动合同。合同履行期间，机械厂成立破产清算组，进行破产程序。高某以其家庭条件及身体状况为由向机械厂提出内退申请。机械厂根据公司内部文件批准其内退申请，并依据该规定确定了高某的内退待遇。高某书写保证书，自愿申请按照企业内部制度规定办理内退，机械厂按内退规定依据计算的内退待遇一次性补发费用，并同意每月从高某内退待遇中代扣高某个人应当缴纳的养老保险、医疗保险、失业保险及住房公积金。其后，高某主张关于公司内部文件不能成为其发放内退待遇依据，要求按照有关规定发放最低工资。该纠纷经仲裁裁决及法院审理，法院认为公司内部文件可以作为内退待遇依据，合法有效。

解析

第一，劳动和社会保障部颁布的《最低工资规定》第3条规定，本规定所称最低工资标准，是指劳动者在法定工作时间或依法签订的劳动合同约定的工作时间内提供了正常劳动的前提下，用人单位依法应支付的最低劳动报酬。因此，发放最低工资的前提系劳动者提供了正常劳动。本案中，高某内退后未在机械厂提供过正常劳动。第二，根据《劳动合同法》的规定，用人单位与劳动者协商一致可以变更劳动合同约定的内容。高某在签订劳动合同后出具书面保证书一份，高某自愿申请按照企业内部制度规定办理内退，在单位向其一次性发放按内退规定计算的内退待遇后，其保证按企业内部规定领取内退待遇。该保证书系高某与机械厂的真实意思表示，不违反法律规定，双方均应受约束。

根据《最高人民法院关于审理劳动争议案件适用法律若干问题的解释（四）》第11条规定，变更劳动合同未采用书面形式，但已实际履行了口头变更后的劳动合同超过一个月，且变更后的劳动合同内容不违反法律、行政法规、国家政策及公序良俗，当事人以未采用书面形式为由主张劳动合同变更无效的，人民法院不予支持。本案中高某书写的保证书应当视为高某与机械厂协商后对双方签订的劳动合同中高某内退待遇的变更。劳动合同变更之后，机械厂已经按照上述约定向高某支付相关费用，且高某也已经按照企业内部规定实际领取内退待遇，因此该变更合法有效。

· 劳动合同中止 ·

劳动合同的中止并非规范的法律概念，而是实践中客观存在的劳动合同变更的特殊情形，是指在劳动合同履行的过程中，出现法定或者约定的状况，致使不能继续履行劳动合同，劳动关系仍继续保持的状态。劳动合同中止履行的，劳动合同约定的权利和义务暂停履行，待到法定或约定的原因消除后，劳动合同仍继续履行。对于劳动合同中止，《劳动合同法》和《劳动合同法实施条例》对此没有作出明确规定，多见于部门规章和地方性法规。

比如《上海市劳动合同条例》第26条规定，劳动合同期限内，有下列情形之一的，劳动合同中止履行：“（1）劳动者应征入伍或者履行国家规定的其他法定义务的；（2）劳动者暂时无法履行劳动合同的义务，但仍有继续履行条件和可能的；（3）法律、法规规定的或者劳动合同约定的其他情形。劳动合同中止情形消失的，劳动合同继续履行，但法律、法规另有规定的除外。”《安徽省劳动合同条例》第22条，《江苏省劳动合同条例》第26条等都有类似规定。《劳动部关于贯彻执行〈中华人民共和国劳动法〉若干问题的意见》第28条规定，劳动者涉嫌违法犯罪被有关机关收容审查、拘留或逮捕的，用人单位在劳动者被限制人身自由期间，可与其暂时停止劳动合同的履行。暂时停止履行劳动合同期间，用人单位不承担劳动合同规定的相应义务。劳动者经证明被错误限制人身自由的，暂时停止履行劳动合同期间劳动者的损失，可由其依据《国家赔偿法》要求有关部门赔偿。在劳动者被有关机关暂时限制人身自由，无法向用人单位提供正常劳动的情况下，用人单位可以使用“劳动合同中止”的方式处理双方劳动关系。

司法实践中存在类似判定劳动合同中止的做法，即认为劳动关系存续，劳动合同没有解除或终止，在此期间内用人单位与劳动者不发生劳动法上的权利义务关系。比如《北京市高级人民法院、北京市劳动争议仲裁委员会关于劳动争议案件法律适用问题研讨会会议纪要》第14条规定，劳动者长期未向用人单位提供劳动，用人单位也长期不再向劳动者支付劳动报酬等相关待遇，双方长期两不找的，可以认定此期间双方不享有和承担劳动法上的权利义务。“长期两不找”情况的出现需要放在历史的大背景下去看待，是经济体制改革和用工制度、法律法规更迭过程中出现的一种特殊的、非正常的劳动关系状态。企业作为用工管理者，必须要对劳动关系的存续做出处理，与劳动者办理书面解除手续。从强调劳动关系稳定性，保障劳动者知情权的角度出发，不宜认定劳动关系事实解除。

劳动者与用人单位“长期两不找”，如何处理?

案例

李某调入信托公司，双方未签订过劳动合同。在信托公司工作期间，李某任业务二部项目经理，负责存贷款业务。李某向其弟为法定代表人的实业公司发放巨额贷款，均未能收回。其后信托公司进入破产程序。信托公司公司清算组报案，李某因涉嫌伪造金融票证罪被市公安局羁押。法院判决李某犯玩忽职守罪，犯违法向关系人发放贷款罪。李某刑满释放后，向信托公司提交书面申请，要求解决社会保险、住房公积金、安排工作、发放工资等问题。信托公司收到李某的上述申请后均未给予答复。信托公司未作出过与李某解除或终止劳动关系的决定。李某的人事档案仍在信托公司保存。信托公司的破产程序正在进行当中，尚未终结。该纠纷经仲裁及诉讼程序，法院判决，确认信托投资公司应付李某工资、终止劳动关系经济补偿金、再就业补助费等。

解析

用人单位与劳动者事实上处于“劳动者长期未向用人单位提供劳动、用人单位也长期不再向劳动者支付劳动报酬等相关待遇”的“长期两不找”状态；在此期间，双方不应享有和承担劳动法上的权利义务。李某因渎职犯罪被羁押，按照《劳动部关于贯彻执行〈中华人民共和国劳动法〉若干问题的意见》第28条认定双方劳动关系处于中止状态。李某刑满释放，导致双方劳动关系中止的法定事由已经消失；李某随即先后三次向信托公司主张权利，而后者并未履行终止劳动关系的相关程序，故双方权利义务关系即应恢复；此后李某未向信托公司提供劳动，系由后者单方原因造成的。

鉴于信托公司已进入破产清算程序，参照《最高人民法院关于〈中华人民共和国企业破产法〉施行时尚未审结的企业破产案件适用法律若干问题的规定》第9条第2款的规定："债权人就争议债权起诉债务人，要求其承担偿还责任的，人民法院应当告知该债权人变更其诉讼请求为确认债权"，现李某仅能对该公司提起债权确认之诉，而非给付之诉，故法院判决确认李某的各项费用数额，而非判决公司支付李某各项费用。李某的各项费用数额确认后，其债权由公司清算组根据实际情况予以处理。本案中，如果信托公司在李某被判决刑罚后，按照程序出具解除劳动合同的通知书，双方劳动关系即告终止。但因信托公司的疏忽或不作为，导致双方劳动关系处于延续状态，因此李某有权主张基于劳动关系的各项费用。

劳动关系中止后，公司以员工旷工解除劳动关系，是否合法?

案例

李某到物业公司工作，双方未签订劳动合同。李某在工作一年多后未上班。16年后李某提起劳动仲裁，要求确认其与物业公司存在劳动关系。仲裁委员会裁决李某入职至今与物业公司劳动关系处于中止履行状态。李某及物业公司对仲裁结果均未提起诉讼。裁决后，物业公司向李某发出书面《签订劳动合同通知书》，要求李某依法签订劳动合同并每天按时到岗工作。李某未签劳动合同也未到岗工作。其后，物业公司向李某下发《解除并终止劳动关系通知书》。李某再次提起劳动仲裁，要求物业公司恢复劳动关系、继续履行劳动合同。该纠纷经仲裁及诉讼程序，法院判决驳回李某的全部诉讼请求。

解析

16年来，李某与物业公司的劳动关系处于中止履行状态，此期间双方不享有和承担劳动法上的任何权利义务。李某在物业公司工作仅一年多，不符合签订无固定期限劳动合同的条件。劳动者不与用人单位订立劳动合同的，用人单位应当书面通知劳动者终止劳动关系。双方劳动关系恢复后，物业公司要求与李某签订一年期劳动合同，李某拒绝签订，物业公司据此终止与李某的劳动关系并无不妥。李某要求恢复劳动关系、办理相应的手续、确认物业公司解除劳动合同的通知不合法，且不具有法律效力的诉讼请求，没有法律依据。综上，依照《劳动合同法实施条例》第6条第1款之规定，法院判决驳回李某的全部诉讼请求。

·劳动合同期满推定续延·

《最高人民法院关于审理劳动争议案件适用法律若干问题的解释》第16条规定，劳动合同期满后，劳动者仍在原用人单位工作，原用人单位未表示异议的，视为双方同意以原条件继续履行劳动合同。一方提出终止劳动关系的，人民法院应当支持。劳动合同期满后，如果未续签劳动合同，用人单位应及时为劳动者办理终止劳动合同手续。如果用人单位没有在规定的时间内办理终止手续的，劳动关系视为续延，劳动者与用人单位建立事实劳动关系。订立劳动合同是建立劳动关系的用人单位与劳动者的义务，也是证明劳动关系的重要证据之一。即使用人单位没有与劳动者订立劳动合同，只要存在用工行为，用人单位与劳动者之间的劳动关系即建立，与用人单位存在事实劳动关系的劳动者享有法律规定的权利。

劳动合同期满之后未订立新的劳动合同，劳动者继续在原用人单位工作的，应按照《劳动合同法》第10条、第14条、第82条等规定处理。自原劳动合同期满次日起，用人单位应当与劳动者订立书面劳动合同，不再需要一个月宽限期。用人单位之后再以劳动合同到期为由终止劳动关系属于违法解除劳动合同，劳动者据此主张违法解除的赔偿金，及该期间未订立劳动合同双倍工资的，应予支持；但是用人单位有证据证明劳动者恶意推延签订劳动合同，或者劳动者在原劳动合同到期后确实需要合理期间办理工作交接手续的除外。

· 续订无固定期限合同 ·

《劳动合同法》对订立无固定期限劳动合同的情形作了明确规定。有下列情形之一，劳动者提出或者同意续订、订立劳动合同的，除劳动者提出订立固定期限劳动合同外，应当订立无固定期限劳动合同：（1）劳动者在该用人单位连续工作满十年的；（2）用人单位初次实行劳动合同制度或者国有企业改制重新订立劳动合同时，劳动者在该用人单位连续工作满十年且距法定退休年龄不足十年的；（3）连续订立二次固定期限劳动合同，且劳动者没有《劳动合同法》第 39 条（劳动者存在过错）和第 40 条第 1 项（患病或非因工负伤医疗期满无法工作）、第 2 项（不能胜任工作）规定的情形，续订劳动合同的。用人单位自用工之日起满一年不与劳动者订立书面劳动合同的，视为用人单位与劳动者已订立无固定期限劳动合同。

在协商订立无固定期限劳动合同的过程中，用人单位和劳动者双方都有可能提高或降低原劳动合同约定的内容。一方面，有的劳动者基于用人单位必须与自己签订无固定期限劳动合同的强制性规定，在薪酬待遇中提出高于原劳动合同约定的条件；另一方面，有的用人单位为了逃避义务，降低原劳动合同的约定条件，比如调整工作岗位、降低薪酬等，迫使劳动者主动不签订劳动合同，以此规避订立无固定期限劳动合同的强制要求。用人单位应当与劳动者签订无固定期限劳动合同而未签订的，人民法院可以视为双方之间存在无固定期限劳动合同关系，并以原劳动合同确定双方的权利义务关系。依法订立或补订无固定期限劳动合同争议中，当事人对劳动合同除期限外的其他内容，仍应遵循订立劳动合同的原则协商确定。如果劳动合同的工作岗位、劳动报酬等内容在双方不能协商一致确定时，以维持原劳动合同约定条件为依据来确定，较为公平合理，且具有可操作性。

连续签订两次“以完成一定工作任务为期限的劳动合同”，之后是否应当签订无固定期限劳动合同?

案例

周某建筑专业毕业后进入了建筑设计公司。因公司规模不大，业务数量并不饱和，主要根据项目确定工作周期和内容。双方协商一致，签订了以完成一定工作任务为期限的劳动合同，而不是固定期限的劳动合同。合同到期后，公司正好有新的建设项目，双方签订了第二份以完成一定工作任务为期限的劳动合同。周某认为自己符合连续签订两次劳动合同的情形，在第三次续约时，提出与公司签订无固定期限劳动合同。后双方协商不成，周某提出劳动仲裁申请。仲裁委没有支持周某的请求。

解析

根据《劳动合同法》第14条的规定，连续订立二次固定期限劳动合同，劳动者提出或者同意续订、订立劳动合同的，除劳动者提出订立固定期限劳动合同外，应当订立无固定期限劳动合同。因此，用人单位在与劳动者订立了两次固定期限劳动合同后，只要劳动者提出续订无固定期限劳动合同，用人单位就应当签订无固定期限劳动合同。但是本案有特殊情形，用人单位与劳动者连续两次签订的是以完成一定工作任务为期限的劳动合同，而非固定期限劳动合同。《劳动合同法》第14条只适用于固定期限劳动合同的签订。用人单位签订以完成一定工作任务为期限的劳动合同，不受两次期满必须签订无固定劳动合同的制约。换言之，用人单位有选择是否与劳动者签订劳动合同的自由，也有选择签订何种类型的劳动合同的自由。

· 固定期限变更为无固定期限 ·

《北京市高级人民法院、北京市劳动人事争议仲裁委员会关于审理劳动争议案件法律适用问题的解答》第17条明确规定：劳动者依照《劳动合同法》规定符合与用人单位签订无固定期限劳动合同条件，但已与用人单位签订了固定期限劳动合同的，现劳动者要求将其固定期限合同变更为无固定期限合同的，不予支持，但有证据证明用人单位存在欺诈、胁迫、乘人之危等情形的除外。

连续两次订立固定期限劳动合同后，是否必须签订无固定期限劳动合同？

案例

徐某进入工程技术学校担任代课老师。双方签订了书面劳动合同。劳动合同到期后，双方续签劳动合同。第二份劳动合同到期后，工程技术学校主张徐某存在严重违规违纪行为，并主张劳动合同到期终止，向徐某送达终止劳动合同通知书。工程技术学校认为，用人单位与劳动者续订劳动合同都必须遵循合法、平等自愿、协商一致、诚实信用的原则，在对续订劳动合同达成一致的前提下，用人单位才负有订立无固定期限劳动合同的义务。徐某提出劳动仲裁申请，请求工程技术学校与其签订无固定期限的劳动合同。仲裁委以徐某的仲裁请求不属于劳动争议处理范围为由，不予受理。徐某起诉至法院，法院审理后认为，工程技术学校应与徐某订立无固定期限劳动合同。

解析

根据《劳动合同法》第14条第2款第（3）项：“用人单位与劳动者协商一致，可以订立无固定期限劳动合同。有下列情形之一，劳动者提出或者同意续订、订立劳动合同的，除劳动者提出订立固定期限劳动合同外，应当订立无固定期限劳动合同：……(三) 连续订立二次固定期限劳动合同，且劳动者没有本法第三十九条和第四十条第一项、第二项规定的情形，续订劳动合同的”的规定，工程技术学校与徐某之间符合订立无固定期限劳动合同的条件。工程技术学校虽主张徐某多次违反学校纪律，并提交了考勤签到证明徐某存在缺席情况，但工程技术学校未提供对徐某处理等证据，亦未提供此种情况应予以解除劳动合同的单位规章制度，故无法证明徐某严重违反工程技术学校单位的规章制度，故工程技术学校的该项诉讼请求无事实和法律依据，法院不予支持。工程技术学校未提供证据证实徐某存在《劳动合同法》第39条、第40条第1项、第2项规定的情形，应当与徐某签订无固定期限劳动合同。

规章制度

制定程序

· 规章制度范围 ·

用人单位的规章制度是用人单位制定的组织劳动过程和进行劳动管理的规则和制度的总和。根据《劳动部关于对新开办用人单位实行劳动规章制度备案制度的通知》，规章制度主要包括：劳动合同管理、工资管理、社会保险福利待遇、工时休假、职工奖惩，以及其他劳动管理规定。用人单位制定规章制度，要严格执行国家法律、法规的规定，保障劳动者的劳动权利。规章制度经法定程序制定公布后，即对用人单位内部的劳动者产生约束力。

· 征求意见 ·

由于用人单位的规章制度涉及本单位全体职工的切身利益，因此用人单位的规章制度必须在内容和制定程序上合法。制定、修改或者决定涉及劳动者切身利益的规章制度或者重大事项时，应当征求工会和职工意见，与工会或者职工代表平等协商确定。关于规章制度的制定程序，在操作实务中用人单位可以向全体劳动者征集意见，可以通过召开全体职工大会或职工代表大会，在单位内部网络刊发公告，在单位布告栏张贴布告，向劳动者群发电子邮件要求劳动者反馈意见等多种形式，满足劳动法规定的规章制度制定应采取民主程序的要求，同时用人单位应当做好相关书面记录的保存工作，比如通过会议征求职工意见的，要保留好会议记录、劳动者签名确认参加的签到册等。

· 劳动者参与 ·

法律赋予劳动者参与制定规章制度的权利，对制定程序进行严格限制。但是，劳动者具有参与协商的权利，不意味着劳动者对规章制度具有否决权，也不意味着用人单位制定规章制度，需要经过全部或大多数劳动者的同意。从法律上而言，即使是大多数劳动者不同意，只要用人单位履行民主程序，工会或职工代表参与平等协商，该规章制度也是具有合法性的。考虑劳动力市场的现状，规章制度更多的是体现用人单位的意志，对用人单位自身限制作用有限。

· 公示告知 ·

直接涉及劳动者切身利益的规章制度应当公示，或者告知劳动者。关于告知的方式有很多种，有的用人单位是在企业的告示栏张贴告示；有的是把规章制度作为劳动合同的附件发给劳动者；有的是向每个劳动者发放劳动者手册。如果在劳动合同中约定用人单位已有的规章制度为劳动合同的一部分的话，那么在订立劳动合同时，应直接将规章制度的内容及时告知劳动者，否则，用人单位的规章制度对劳动者不具有约束力。用人单位在劳动合同订立之后，重新制定规章制度或者修改规章制度，应及时告知劳动者，便于规章制度能够顺利得到贯彻执行。

公司能否依照规章制度开除打斗的员工？

案例

李某到工程咨询公司工作，双方签订了劳动合同。李某下班后与同事发生打斗并导致受伤住院治疗，案发当日引起警方介入处理。其后，公司就此斗殴事件作出处罚决定，认为这是一起严重违反公司规章制度的事件，在公司内部及社会上造成了极坏影响，损害了公司声誉。经研究决定，按照公司的《员工手册》关于员工行为失当的有关规定，对李某及另一参与同事予以解雇。李某提出，其从入职以来公司未告知其《员工手册》内容，自己也没有见过。《员工手册》的相关内容不能作为公司解除劳动合同的依据，因此要求公司继续履行劳动合同。该纠纷经仲裁及诉讼程序，法院判决公司解除劳动关系的决定违法，公司应继续履行与李某的劳动合同。

解析

本案焦点在于公司依据作为规章制度的《员工手册》，解除与员工的劳动合同的行为是否合法。这首要取决于规章制度的合法性。所谓规章制度的合法，包括三要件：(1) 民主程序制定；(2) 对劳动者公示或告知；(3) 不违反国家法律法规及政策。任一方面用人单位没有做到，其规章制度的适用均有可能被认定为不合法。合法的规章制度，能够作为法院审理劳动争议案件的依据，也能作为用人单位的适用依据。本案中，公司自始至终没有提供证据证明，该《员工手册》对员工进行过告知或公示过。李某主张，其从入职以来公司未告知其《员工手册》内容，自己也没有见过的辩解为法院所采信。因此用人单位败诉。如果入职开始，公司给新员工发放《员工手册》，要求新员工阅读，保留员工阅读《员工手册》的签字记录。那么本案公司依据合法有效的《员工手册》解除劳动合同，被法律支持的可能性极大。

规章效力

· 规章制度合法性 ·

用人单位应当依法建立和完善劳动规章制度，保障劳动者享有劳动权利、履行劳动义务。用人单位通过民主程序制定的规章制度，不违反国家法律、行政法规及政策规定，并已向劳动者公示的，可以作为人民法院审理劳动争议案件的依据。

用人单位有权制定本单位的公司规章制度，法院对此具有合法性审查的权利，如果合法，可以作为裁判依据。如果不合法，法院则不予适用。如果规章制度损害了劳动权利，劳动者可以要求赔偿。如果规章制度违反法律、法规规定，由劳动行政部门责令改正，给予警告。

员工不认可考勤记录，公司以旷工为由解除劳动合同是否合法？

案例

张某入职科技公司，签订劳动合同。合同到期后，双方没有续签，但张某仍在科技公司处工作。其后，科技公司向张某发出解除劳动合同通知书，称张某违反奖惩制度，自当日起与张某解除劳动合同。解除理由为：（1）拒不服从工作安排；（2）无故旷工三天。张某对科技公司所称解除理由均不认可，称自己并未见过科技公司解除劳动合同所依据的奖惩制度。科技公司未就张某拒不服从工作安排一事举证。就张某旷工三天一事，科技公司提交考勤表，其中记载张某存在三天旷工。该考勤表并无任何人签字，张某不认可该考勤表，称自己并无旷工，并称从科技公司支付工资数额可以推算自己并无旷工。张某申请劳动仲裁，要求科技公司向其支付解除劳动合同赔偿金。该纠纷经仲裁及诉讼程序，法院判决科技公司向张某支付未签订劳动合同双倍工资差额，违法解除劳动合同赔偿金。

解析

根据《最高人民法院关于审理劳动争议案件适用法律若干问题的解释》第19条规定，用人单位根据《劳动法》第4条之规定，通过民主程序制定的规章制度，不违反国家法律、行政法规及政策规定，并已向劳动者公示的，可以作为人民法院审理劳动争议案件的依据。科技公司以张某不服从工作安排及旷工为由，依据公司奖惩制度与张某解除劳动合同，该奖惩制度并未依法向劳动者公示或告知，不能作为其解除劳动合同的依据，且科技公司亦未提供证据证明张某存在不服从工作安排的情节，所举证的考勤表未经劳动者确认，张某现不予认可，也无其他辅证，并与其向张某发放的工资数额矛盾，无法证明张某存在旷工三日的情节。因此，科技公司解除与张某劳动合同的行为属于违法解除劳动合同，应按照经济补偿标准的二倍向张某支付赔偿金。科技公司要求不向张某支付赔偿金，不符合法律规定，法院不予支持。

· 规章制度合理性 ·

一般认为，法院除了具有合法性审查的权利，还具有一定的合理性审查权。各地颁布的劳动争议典型案例中也倾向于法院对规章制度的合理性有审查权。规章制度的合理性，应根据用人单位自身特性和生产状况来认定，在合理性认定上不可能存在统一的标准。比如禁烟问题，加油站禁止吸烟，一经发现立即开除，该规定合法合理。但是普通的非封闭性的工作场合，如规定“一经发现吸烟，立即开除”，即使该规定通过民主程序制定，对员工进行告知，但其合理性值得质疑。用人单位按照该规定执行，有可能不被仲裁委或法院支持。

员工仅有一次违章行为，公司解除劳动合同是否合法？

案例

公汽公司与喜某签订为期一年的《劳动合同》，约定喜某担任乘务员。公汽公司与喜某签订《公汽乘务员承诺书》。该承诺书第3条规定：“乘务员收款不给票，少给票或给废旧票及其他公司车票，均属贪污票款行为；扣除当月文明服务奖，以及扣发当月奖金并解除劳动合同。”该第3条规定内容，后被写入公汽公司《乘务员工作要求与违章处理规定》。喜某所值班公交车在某公交站点停靠时，喜某将在上一个行程中已售出的价值6元的车票在下一个行程中再次出售给乘客。该重复售票行为被公汽公司稽查员暗访时现场查获后，稽查人员当场在《纠正员工违章记录表》上对该重复售票行为作出记载，要求喜某签名予以确认。随后公汽公司以喜某违反《乘务员工作要求与违章处理规定》的规定为由，做出予以辞退的处理。喜某认为公汽公司解除劳动合同和扣发工资行为没有法律依据，要求公汽公司支付加班费、赔偿金和返还罚款等。该案经仲裁及诉讼程序，法院判决认定公汽公司解除劳动合同合法，不需支付经济补偿。

解析

喜某主张其仅有一次违章行为，不足以达到被解除劳动合同的标准。法院对其主张不予支持。其理由在于：第一，《公汽乘务员承诺书》第3项明确规定了“乘务员收款不给票，少给票或给废旧票及其他公司车票，均属贪污票款行为”，对此，喜某并无异议，并在该《公汽乘务员承诺书》上签名确认。事后，公汽公司又将《公汽乘务员承诺书》第3项转化为《乘务员工作要求与违章处理规定》，且该规定已经公汽公司职工代表大会表决通过。该规章制度对喜某具有约束力。本案中，喜某有违反《公汽乘务员承诺书》第3项及《乘务员工作要求与违章处理规定》的行为，公汽公司可依据该条款解除与喜某的劳动合同。

喜某的工作岗位性质决定了公汽公司解除其劳动合同具有正当性。从其工作性质而言，喜某作为公汽公司的售票员负责保管公司的票款收入，与公司财务人员职能类似，应对公司承担更高程度的注意义务和忠实义务。特别是其代收车票款的行为多发生在公共汽车行进过程中，很难被公汽公司实时监管。故喜某的特定职权要求其在车票款代收事项上不能有任何过错行为。而本案中，喜某将车票重复销售，造成公司收入的不当减少，严重违反公汽公司的规章制度，明显违反员工对公汽公司基本的忠实义务，足以构成公汽公司合法解除其劳动合同。

员工请病假后出国休养，公司能否以严重违反规章制度解除劳动合同？

案例

丁某入职科技公司，双方签订了劳动合同，合同中并未约定试用期。丁某在科技公司的职位为资深经理。丁某通过电子邮件向科技公司请病假两周，科技公司予以批准。丁某提交的诊断证明书、病历手册、医疗费单据记载，丁某到北京按摩医院就诊，北京按摩医院诊断及建议为：颈椎病，建议休两周。丁某于公司批准当日前往巴西，两周后回国。其后，科技公司曾以丁某在试用期内不符合录用条件为由通知与丁某解除劳动合同。经丁某与科技公司交涉后，科技公司撤销了上述解除劳动合同决定。其后科技公司再次向丁某送达了解除劳动合同通知。为证明与丁某解除劳动合同符合法律规定，科技公司向法院提交了电子邮件、《集团员工纪律制度》《集团商业行为准则》、谈话录音等证据予以证明。科技公司主张按照丁某请病假时的描述，其病情十分严重，如此严重的病情根本不可能长途飞行，由此可见丁某提供了虚假信息。丁某对上述规章制度的真实性无异议，其表示科技公司一直要求其承认是去巴西旅游，其从来没有否认出国休养的事实，只是不认可是出国旅游。该纠纷经仲裁及诉讼程序，法院判决科技公司解除劳动合同的行为合法。

解析

法院认定科技公司解除劳动合同合法。其主要理由为：依法保护劳动者合法权益的前提条件是劳动者与用人单位在法律上的平等和相互尊重。劳动者严重违反用人单位的劳动纪律和规章制度，有悖相互尊重和信任，导致劳动合同失去继续履行的基础，按照相关法律规定，用人单位可以解除劳动合同。虽然司法实践中倡导用人单位制定明确的规章制度和劳动纪律，但是不能苛求对劳动者的日常行为事无巨细地作出规制。对于劳动纪律和规章制度中没有具体涉及的情形，应当遵循民法基本原则加以理解适用，而诚实信用原则不但是劳动者应当恪守的社会公德，更是用人单位与劳动者依法建立和履行劳动关系的基石。

本案中，丁某前往医院就诊后以自己患有严重颈椎病，医生建议休息为由，向科技公司请病假两周，并于当日启程前往巴西。丁某回国后，科技公司的工作人员与其谈话时，丁某回避休假地点，仅强调事先已请假，且以公司规章制度没有对员工的休假地点作出限制为由辩解。法院庭审中，丁某对于前往巴西期间的行程及是否遵医嘱接受适当的治疗或疗养等问题均予以回避。根据上述事实，法院认为，用人单位的规章制度虽然未对劳动者休假地点作出限定，但是劳动者休假期间的行为应当与其请假事由相符。按照一般生活常识判断，科技公司有理由质疑丁某请病假的目的并非休养或治疗，丁某在科技公司向其了解情况时拒绝提供真实信息，违背诚信原则和企业规章制度，对用人单位的工作秩序和经营管理造成恶劣影响，故科技公司以丁某严重违反企业规章制度为由决定与其解除劳动合同合法有效。

· 规章制度优先适用 ·

用人单位制定的内部规章制度与集体合同或劳动合同约定不一致，劳动者请求优先适用合同约定的，人民法院应予以支持。实践中有案例，劳动合同约定员工旷工 5 天，公司有权单方解除合同，但公司规章制度规定员工旷工 3 天，公司有权解除合同。有一员工恰好旷工 4 天，公司以无故旷工为由解除劳动合同。其后法院认定公司解除行为违法，判决继续履行双方劳动合同。法院判决的依据就是合同约定的效力要大于公司的内部规章制度，员工有权要求优先适用。

· 规章制度或劳动合同不明确 ·

用人单位的规章制度没有明确规定，劳动合同中也没有具体约定，但劳动者确有严重违反劳动纪律和职业道德的行为，那么，用人单位是否就无法以劳动者严重违反劳动纪律或职业道德为由，单方解除劳动合同？简言之，有规可依，可以解除。无规可依，是否亦可解除？对此，《北京市高级人民法院、北京市劳动人事争议仲裁委员会关于审理劳动争议案件法律适用问题的解答》第 13 条明确，《劳动法》第 3 条第 2 款中规定："劳动者应当遵守劳动纪律和职业道德"。上述规定是对劳动者的基本要求，即便在规章制度未作出明确规定、劳动合同亦未明确约定的情况下，如劳动者存在严重违反劳动纪律或职业道德的行为，用人单位可以依据《劳动法》第 3 条第 2 款的规定与劳动者解除劳动合同。

员工在微信群散布谣言，公司能否依据规章制度解除劳动合同?

案例

科技公司与丁某签订劳动合同，约定丁某在市场营销总监岗位工作，实行不定时工作制，试用期三个月。丁某在同事微信群中发布“hello 各位，我要离开公司了，老板洗钱，骗钱，工资大概只能发到 4 月，大家早做准备吧”“账上钱已经不够了，哈哈，今天才看过”“老邓什么样的人大家都清楚，哈哈，他洗钱套现”等消息。科技公司因此出具解除劳动合同通知书，通知书载有“因你存在散播谣言等损害我公司合法利益的行为，已经严重违反公司规章制度”。丁某提起劳动仲裁，要求科技公司支付违法解除劳动合同赔偿金。仲裁委裁令科技公司支付丁某违法解除劳动合同赔偿金。科技公司不服该裁决，向法院提起诉讼。法院判决认定科技公司不支付解除劳动合同的赔偿金。

解析

科技公司称丁某在同事微信群中散布“老板洗钱，骗钱，工资大概只能发到 4 月”等谣言。丁某对此不予认可。经审查科技公司提供的公证书等证据，法院认定在微信群中发出相关消息的人员为丁某，公证书及案涉手机截屏可以佐证。科技公司所作的主张较为可信，法院予以采纳。现丁某未举证证明上述言语内容真实，应认定为谣言。丁某在同事微信群中散播谣言，挑拨公司人员与科技公司的关系，违反了科技公司处员工手册的规定。科技公司据此解除双方劳动合同未有不当，现公司要求不支付丁某违法解除劳动合同赔偿金的请求，法院予以支持。

违纪责任

·违纪处罚·

劳动者作为用人单位的一员，有义务服从用人单位的管理，遵守用人单位的规章制度和劳动纪律。用人单位应明确规定劳动者遵守用人单位规章制度和劳动纪律的义务。这样有利于规章制度作为管理或处理劳动争议的依据，避免劳动争议发生时，劳动者以不知道用人单位的有关规章制度和劳动纪律为由进行辩解。劳动者在履行职务行为时违反法律法规、劳动纪律和规章制度，造成用人单位经济损失的，用人单位可以要求劳动者承担赔偿责任。

从实务操作的角度看，用人单位要求有过错的劳动者赔偿的首要原则是，用人单位不得把属于自身应承担的经营风险转嫁给劳动者承担。该原则要求用人单位承担充分的举证责任，证明其损失是劳动者过错导致的损失，即劳动者的过错与损失之间存在直接的、明显的因果联系，而非用人单位自身经营的商业风险。用人单位应及时固定劳动者存在过错的证明，比如要求人力部门书面记录并告知劳动者，要求劳动者确认等。该处罚应具有及时性，在损失发生合理期间内进行处理，以免拖延过长有“秋后算账”的嫌疑而不被仲裁或法院认可。

公司对损失存在重大过错，劳动者是否应当承担赔偿责任?

案例

刘某应聘电工到生物工程公司工作。生物工程公司购进制冷机后，安排刘某从事制冷机的巡检及日常维护工作。刘某没有取得有关制冷机的特种设备作业人员证。某日刘某对制冷机进行了本工作日的最后一次巡检，并在当日的制冷机运行记录及循环水检验记录表上签名。生物工程公司称制冷机被发现因在缺水状态下长时间运转导致损坏。经生物工程公司委托，价格认证中心作出认定，认定生物工程公司的制冷设备修理费用和生物工程公司的停产损失。生物工程公司向仲裁委提出仲裁申请，请求裁决刘某支付经济损失。该纠纷经仲裁及诉讼程序，法院对生物工程公司的请求不予支持，认定刘某不承担赔偿责任。

解析

关于生物工程公司制冷机损坏的责任问题。法院认为：生物工程公司购进制冷机后，安排刘某从事制冷机的巡检及日常维护工作，而刘某没有取得制冷机的特种设备作业人员证，即刘某没有资格从事制冷机的巡检及维护工作，且生物工程公司未能证明对刘某进行过有关制冷机的业务培训。可见，虽然导致制冷机损坏的直接原因系制冷机在缺水状态下长时间运转，但是生物工程公司作为用人单位，要求没有相应资格的劳动者从事制冷机的巡检及日常维护工作，反映出生物工程公司在生产管理中存在一定的问题，其本身对制冷机的损坏负有一定的责任。从另一个角度看，刘某对制冷机进行巡检及日常维护系接受生物工程公司的指挥进行工作，在没有相应资格的情况下，刘某从事的劳动已经超出其劳动能力范围。因此不能认定刘某对生物工程公司制冷机的损坏存在故意或重大过失。

关于刘某是否应当赔偿生物工程公司因制冷机损坏造成的损失问题。劳动者与用人单位的权利义务不同于平等民事主体之间的权利义务，正因为劳动关系的主体存在不平等性，劳动者在人格、经济、身份上依附于用人单位，劳动者与用人单位的权利义务由国家强制力保障实现，因此用人单位要求劳动者赔偿损失应当具有明确的法律依据或者在劳动合同中明确约定，立法如此之规定正是公平原则的具体体现。现生物工程公司要求刘某承担制冷机损坏的赔偿责任，既未订立劳动合同就损害赔偿明确约定，亦不符合法律规定的情形，于法无据，法院不予支持。

员工失职给公司造成损失，应如何认定赔偿责任？

案例

史某进入装饰材料公司从事财务助理一职。双方签订劳动合同，约定劳动者具有严重违反公司规章制度、严重失职为己谋私利或者给公司造成重大损失等情形的，公司可以即时解除劳动合同并不予以补偿。劳动合同中还约定若违反合同一方给另外一方造成损失，需要依法予以赔偿。史某遭遇网络诈骗，误将案涉款项6万多元转入诈骗人账户。装饰材料公司解除了与史某之间的劳动关系，并提起劳动仲裁，要求史某赔偿全部款项。该纠纷经仲裁及诉讼程序，法院酌定史某按照损失的10%承担赔偿责任。

解析

根据在案证据及双方陈述，可认定史某对案涉网络诈骗造成装饰材料公司的货款损失在主观上仅存在过失而非故意。在此前提下，史某是否应当因其过失行为向装饰材料公司承担赔偿责任以及如何承担赔偿责任为本案争议焦点。劳动者在与用人单位劳动关系存续期间，劳动者所进行的与其工作内容相关的业务活动，应属职务行为。劳动者因履行该职务行为而使用人单位遭受的损失也应当由用人单位承担，此乃用人单位在选择劳动者时所应承担的用人风险。若劳动者在工作中存在一定的工作失误，该劳动者则应承担与其过错程度相适应的赔偿责任；若劳动者在履行职务行为时，存在恶意损害用人单位利益的行为，则该劳动者应当承担因其故意行为给用人单位造成损失的赔偿责任。

本案中，史某作为公司的财务人员，其在履行该职务行为时给公司造成的损失本应由公司承担。但鉴于史某在工作中，对因出现网络诈骗而致QQ账号、付款账户错误负有一定的失察之责，故其应当承担有限的过错责任。法院酌定史某按照损失的10%承担赔偿责任。

员工将本单位财物占为己有，构成职务侵占罪还是贪污罪？

案例

司某被某地铁路分局录用为国家干部，任中心医院（系全民所有制企业）挂号员，从事铁路外部就诊病人的全费、半费收缴工作。工作期间，司某利用从事收缴医药费的职务便利，私刻“中心医院财务室现金收款专用章”和“中心医院医疗服务中心财务室现金收款专用章”两枚，从财务人员手中骗领空白收费收据，在收缴病人医药费的过程中，采用实收少缴或不缴的手段，侵吞半费和全费部分医药费累计人民币94.8万余元。案发后，侦查机关追回部分款物计人民币17万余元。检察院指控：被告人司某的行为触犯了《刑法》第382条的规定，构成贪污罪。司某的辩护人认为司某不具备贪污罪的主体身份。法院审理后判决认定，司某构成职务侵占罪。

解析

司某在担任中心医院挂号员期间，利用其从事收缴医药费的职务便利，将本单位医药费收入94万余元非法占为己有，其行为构成职务侵占罪。司某的工作职责仅是按照就诊病人提供的医生处方或划价金额收取医药费，并按照规定于当日下班前上缴到医院财务人员处，其工作权力仅限于收取和上缴医药费，不具有任何代表单位进行组织、领导、监管和管理的职能，司某所从事的行为实质上是收取病人医药费并上缴医院财务的劳务性工作，而非管理医药费的公务性工作。司某被铁路分局作为干部录用和铁路分局中心医院将其列编为业务管理人员等事实，不能据此认定司某是国有企业中从事公务的人员，属于国家工作人员，具备贪污罪的主体身份。司某的辩护人认为司某不具备贪污罪的主体身份的辩护意见法院予以采纳，司某构成职务侵占罪。

·越级上告·

员工对公司的处理决定不满，不是向直接主管领导，而是“越级”向上一层领导反映情况。公司认为员工的行为不妥，其间涉及所谓“损害领导名誉”的行为，由此解除劳动合同。公司的解除行为是否合法不能一概而论，应根据案情具体分析。

有观点认为，根据现行法律的规定，用人单位作出解除劳动合同决定，应当提供充分证据证实合法性。其举证包括用人单位做出决定所依据的违纪事实是否客观存在、做出决定依据的规章制度是否经过民主程序制定、是否合法及进行了公示以及解雇程序是否通知了工会。一旦涉诉，仲裁员或法官将根据用人单位的举证情况作出劳动合同解除是否合法的判断。

公司系以员工存在“越级上告，损害领导名誉”之行为，且该行为属于规章制度规定的可以解除劳动合同的情形而作出解雇决定。对此，单位一方需要提供相应的事实依据。实务中对越级上告问题存在不同的意见。越级上告不被允许，在一些外资企业中较为多见。有些外资企业对于管理职权行使的层级要求比较严，对于涉及员工负面评价的审查有专门的机构和特定的程序，这既是对员工的负责，也是对公司管理秩序的维护。

对于员工而言，其应当遵守相应的制度规定，按照规定程序进行申诉、举报，在对他人作出负面评价的时候一定要言之有据，切忌捕风捉影，更不允许借举报为名行侵害他人名誉，恶意加以扩散之实。当然用人单位对员工申诉、上告设置相应途径和程序应以保障员工该项权利能够实现为前提，对违反制度规定越级上告员工的处理应当把握好尺度。

2 培训管理

* 培训协议
* 商业秘密
* 竞业限制

培训协议

职业培训

用人单位应建立职业培训制度，按照国家规定提取和使用职业培训经费，根据本单位实际，有计划地对劳动者进行职业培训。从事技术工种的劳动者，上岗前必须经过培训。一般的职业培训是用人单位的义务，用人单位不得就此与劳动者签订培训协议，约定服务期及违反服务期的违约金。即使已经与劳动者约定了服务期和违约金，都是无效的。用人单位只有为劳动者提供了专业技术培训，才可以与劳动者约定一定期限的服务期。

公司能否以岗前培训属于专业技术培训为由，与员工约定服务期？

案例

钟某入职中介服务公司，双方订立了劳动合同。入职后中介服务公司对钟某进行了为期一周的岗前培训，双方签署了一份《服务期协议》，注明中介服务公司对钟某进行专业培训，花费培训费2万元，钟某须为公司服务满5年后方可离职。工作满2年后，钟某以个人原因辞职，中介服务公司以钟某未满服务期为由要求钟某支付违约金，并从其工资中扣除了违约金。钟某不服，遂向仲裁委申请仲裁，要求中介服务公司予以返还。仲裁委审理后认为，中介服务公司对钟某进行的培训并非专业技术培训，没有证据证明真实发生了2万元的培训费用，故裁决支持钟某的仲裁请求。

解析

《劳动合同法》第22条第1款规定，用人单位为劳动者提供专项培训费用，对其进行专业技术培训的，可以与该劳动者订立协议，约定服务期。《劳动合同法实施条例》第16条规定，《劳动合同法》第22条第2款规定的培训费用，包括用人单位为了对劳动者进行专业技术培训而支付的有凭证的培训费用、培训期间的差旅费用以及因培训产生的用于该劳动者的其他直接费用。从上述规定来看，本案中中介服务公司对钟某进行的并非是专业技术培训，也未为此支出相关的培训费用，故仲裁委支持了钟某的仲裁请求。

专项技术培训

劳动者的专项培训协议，是指用人单位和劳动者就专业技术培训的具体事项达成一致而签订的协议。约定权利义务清晰的专项培训协议，对于用人单位和劳动者双方都有积极意义。劳动者在劳动合同中约定专项培训的内容，可以避免用人单位在招聘时的承诺不兑现。从用人单位角度而言，其付出巨大成本，使劳动者专业技能水平得到提高，却被别的公司高薪挖走，或劳动者在服务期内离职等，用人单位可以依据服务期协议追究劳动者的违约责任。

培训费用

根据《劳动合同法实施条例》第16条规定，培训费用包括用人单位为了对劳动者进行专业技术培训而支付的有凭证的培训费用、培训期间的差旅费用以及因培训产生的用于该劳动者的其他直接费用。

用人单位委托具有培训和教育资格的第三方单位进行培训，并且有第三方出具的、用人单位为劳动者参加培训出资的货币支付凭证。一般认定下列需用人单位承担的培训费用为专业技术培训：(1) 学历教育；(2) 委托全日制大中专院校、科研院校、培训中心、职业学校代培；(3) 旨在提升劳动者能力的培训，例如外语培训、专业技术职称（晋级）培训、劳动技能培训等；(4) 出国或异地培训、进修、研修、做访问学者等。

按照《就业促进法》规定，企业应当按照有关规定提取职工教育经费，对劳动者进行职业技能培训和继续教育培训。国家规定的职工的职业教育经费按照全体员工工资总额的1.5%提取。劳动者有接受职业技能培训的权利。用人单位如果是用计提的职业培训经费，而不是用专项培训费用为劳动者提供培训的，不能给劳动者设定服务期。在司法实践中，只要用人单位能够举证证明支付了培训费用，一般都会得到支持。

服务期

· 服务期违约金 ·

违约金的数额不得超过用人单位提供的培训费用，也不得超过服务期尚未履行部分所应分摊的培训费用。此处的培训费包括与培训有关的由用人单位支付的有关费用。违约金的计算为：违约金 =（培训费用总额 ÷ 约定的服务期）× 未履行的服务期。

劳动者违反服务期约定，要求提前解除劳动合同，或者因劳动者自身过错，迫使用人单位单方与劳动者解除劳动合同，致使约定服务期的目的无法完成的，劳动者应向用人单位支付约定的违约金。所谓劳动者存在过错，具体是指下列情形：(1) 劳动者严重违反用人单位的规章制度的；(2) 劳动者严重失职，营私舞弊，给用人单位造成重大损害的；(3) 劳动者同时与其他用人单位建立劳动关系，对完成本单位的工作任务造成严重影响，或者经用人单位提出，拒不改正的；(4) 劳动者以欺诈、胁迫的手段或者乘人之危，使用人单位在违背真实意思的情况下订立或者变更劳动合同的；(5) 劳动者被依法追究刑事责任的。

根据《劳动合同法实施条例》第26条的规定，用人单位与劳动者约定了服务期，劳动者因用人单位过错解除劳动合同的，不属于违反服务期的约定，用人单位不得要求劳动者支付违约金。所谓用人单位存在过错，具体是指下列情形：（1）未按照劳动合同约定提供劳动保护或者劳动条件的；（2）未及时足额支付劳动报酬的；（3）未依法为劳动者缴纳社会保险费的；（4）用人单位的规章制度违反法律、法规的规定，损害劳动者权益的；（5）用人单位以欺诈、胁迫的手段或者乘人之危，使劳动者在违背真实意思的情况下订立或者变更劳动合同的；（6）用人单位以暴力、威胁或者非法限制人身自由的手段强迫劳动者劳动的；（7）用人单位违章指挥、强令冒险作业危及劳动者人身安全的；（8）法律、行政法规规定劳动者可以解除劳动合同的其他情形。

这里用人单位应尤其注意规范用工的问题，不要因“小节不慎”，使服务期违约金约定失去效力。用人单位与劳动者签订专项技术培训协议，约定服务期及违约金。但是公司在劳动报酬支付、社保缴纳等存在过错，那么劳动者可能以单位过错（违法用工）为由解除劳动合同，从而规避服务期约定，不向单位支付高额违约金。

飞行员离职是否应赔偿公司违约金?

案例

航空公司将阎某安排在飞行学院进行委托培养，与阎某签订无固定期限劳动合同。合同约定，个人在职期间，由单位出资对个人进行技术培训，个人在约定服务年限内要求解除合同的，单位可按规定向个人收取培训费用和招接收费用以及各类赔偿、补偿费用，按照约定发放的工资、进行各项培训费用等。双方发生劳动纠纷，阎某申请劳动仲裁，请求：（1）其与航空公司的劳动关系解除；（2）航空公司向其出具解除劳动关系证明，为其办理劳动人事档案及社会保险关系转移手续，移交其航空人员身体档案等人事资格档案。仲裁期间，某公司提出反申请，要求阎某承担单方解除劳动合同违约赔偿金600万元。

纠纷经仲裁及诉讼程序，法院判决最终认定：(1) 确认阎某与航空公司之间的劳动关系解除；(2) 航空公司向阎某出具解除劳动合同证明，并为阎某办理劳动人事档案和社会保险关系转移手续；(3) 航空公司为阎某出具离职空勤人员安保评价；(4) 航空公司将阎某航空人员身体档案、飞行技术履历档案、驾驶员飞行记录簿、空勤登记证、健康记录本移交航空管理部门暂存保管；(5) 阎某赔偿航空公司210万元。

解析

航空公司掌握着飞行员的人事档案和技术档案，单位如果不办理转移，飞行员再次择业势必受到影响，可能导致其无法继续飞行。劳动合同解除后，原用人单位有义务将飞行技术履历档案、空勤人员体检档案等涉及飞行员自身的证照和档案办理移交。《劳动合同法》第50条第1款规定用人单位有出具解除劳动合同证明以及移交相关档案社保的义务。飞行员的档案资料应包括航空人员健康记录本、飞行技术履历档案等一系列有关的资料。需要注意的是，实践中也有法院认为，这些资料均不属于劳动合同法规定的人事档案资料，因此不予支持劳动者的诉求。阎某认为本案不适用“劳动者违反服务期限约定的，应当按照约定向用人单位支付违约金”之规定，双方本没有约定服务期限，因此不存在违反服务期之说。这是对服务期约定的机械理解。关于赔偿金部分，阎某在劳动合同履行期限内未与单位协商一致，单方提出解除劳动合同，依法应当支付违约金。法院根据相关规定和其工作年限，综合考虑判决阎某赔偿金额210万元。

· 服务期超过劳动合同期限 ·

《劳动合同法实施条例》第17条规定，劳动合同期满，但是用人单位与劳动者依照劳动合同法第22条的规定约定的服务期尚未到期的，劳动合同应当续延至服务期满；双方另有约定的，从其约定。由此可见，劳动合同期满，服务期尚未届满的，劳动者无权终止劳动合同，否则应承担违约责任。劳动合同期满后，用人单位继续提供工作岗位要求劳动者继续履行服务期的，双方当事人应当续订劳动合同。因续订劳动合同的条件不能达成一致的，双方当事人应按原劳动合同确定的条件继续履行。继续履行期间，用人单位不提供工作岗位，视为其放弃对剩余服务期的要求，劳动关系终止。

·“户口”违约金·

用人单位以为劳动者办理户口落户为由在劳动合同中约定了合同期限及违约金，用人单位以劳动者违反合同约定为由要求劳动者支付违约金的，如何处理？根据《劳动合同法》第25条的规定，上述情况不属于法律规定的用人单位可以与劳动者约定由劳动者承担违约金的情形，该约定应属无效。但如果劳动者的行为确实给用人单位造成损失的，可以根据双方证据情况判令劳动者赔偿用人单位因此遭受的损失。

实践中出现劳动者拿到北京户口离职，支付用人单位违约金后反悔诉诸法院的案例，法院认为，劳动者有悖诚信原则，赔偿协议已履行完毕，不存在欺诈、胁迫、重大误解等情形，不违反法律的强制性规定，因而是有效的，劳动者的诉求没有得到支持。

聘用合同中约定服务期的违约金，法院是否支持？

案例

张某系研究院招录的应届高校毕业生。双方签订聘用合同。研究院为张某办理了户口进京手续。研究院（甲方）与张某（乙方）在聘用合同中约定了服务期及违约金。合同履行期间，张某因个人原因向研究院提交辞职申请，研究院未予同意。后张某再次以个人原因为由向研究院提交辞职申请。研究院（甲方）与张某（乙方）签订离职补偿协议书，双方确认“乙方因个人原因单方面提出解除合同”，并约定：乙方单方面提出解除合同，根据国家法规及合同约定，甲方无需向乙方支付任何补偿，乙方需承担违约责任，经双方协商，乙方向甲方支付经济补偿金20万元整；甲方收到上述经济补偿金后，按照相关规定为乙方办理离职手续。张某已向研究院支付20万元。张某主张《聘用合同》关于服务期违约金的约定及《离职补偿协议书》违反《劳动合同法》第25条之规定，应属无效，主张研究院返还其经济补偿金20万元。张某提起劳动仲裁，仲裁委对张某的仲裁申请不予受理。该纠纷经仲裁及诉讼程序，法院判决对张某的请求不予支持。

解析

根据《最高人民法院关于事业单位人事争议案件适用法律等问题的答复》《最高人民法院关于人民法院审理事业单位人事争议案件若干问题的规定》第1条所规定的“适用《劳动法》的规定处理”是指人民法院审理事业单位人事争议案件的程序运用《劳动法》的相关规定，人民法院对事业单位人事争议案件的实体处理应当适用人事方面的法律规定，但涉及事业单位工作人员劳动权利的内容在人事法律中没有规定的，适用《劳动法》的有关规定。故本案关于张某是否承担违约责任、研究院是否返还张某经济补偿金的实体处理方面应适用人事方面的规定。张某主张本案应当依照劳动合同法处理，于法无据，法院不予支持。

根据《事业单位人事管理条例》第17条的规定，事业单位工作人员提前30日书面通知事业单位，可以解除聘用合同，但是，双方对解除聘用合同另有约定的除外。而研究院与张某在聘用合同所作约定与上述人事方面的规定相符，张某请求判决其与研究院签订的聘用合同的服务期条款约定无效，于法无据。张某与研究院签订的聘用合同中约定，张某在五年服务期内不得解除聘用合同，而张某在服务期不满一年时，以个人原因提出辞职，已经构成违约。张某与研究院协商后签订了离职补偿协议书，并向研究院支付了20万元经济补偿金，至此，张某承担了违约责任。鉴于张某与研究院协商确定的20万元经济补偿金未违反法律、法规的强制性规定且已经实际履行，对张某所持确认离职补偿协议书无效及判决研究院返还20万元的请求，法院不予支持。

商业秘密

商业秘密认定

按照《反不正当竞争法》的规定，商业秘密是指不为公众知悉，能为权利人带来经济利益、具有实用性并经权利人采取保密措施的技术信息和经营信息。由此可以得出，商业秘密具有如下特点：非公知性，指该信息不能从公开渠道直接取得。实用性，指该信息具有确定的可用性，能为权利人带来现实的或潜在的经济利益或竞争优势。管理性，指权利人采取了相对合理的保密措施，并足以使其劳动者或其他人知道或应当知道商业秘密的存在并应当予以保密。

商业秘密的条款是保密协议的基础性条款，用人单位应当明确界定商业秘密和泄密行为的范围，进行细化约定。否则，劳动者可能以不知商业秘密的范围或不知其行为为泄密行为进行抗辩。商业秘密的范围不能仅限于用人单位自身的秘密，还应当包括其在生产经营活动中取得的负有保密义务的第三方的商业秘密。与专利、著作权相比，商业秘密的特征是，不要求公开技术；基本无创新性要求；可获得无期限的保护；无权排斥同类信息；获得保护的程序简单、费用低；丧失权利的可能性大。

客户名单是否属于商业秘密?

案例

科技公司主要从事电子技术开发及维修服务。孙某进入科技公司，担任市场销售业务员，其在公司任职期间曾代表科技公司与客户公司联系业务。其后，科技公司与孙某解除劳动关系。同日，双方签订《离职保密协议》。该协议载明，孙某承诺离职后2年内，不在其他与科技公司提供同类电源模块维修服务的企业内担任任何职务或工作。其后，孙某与其他人共同出资成立新公司，该新公司与科技公司的经营业务基本相同。新公司与科技公司原客户发生业务往来，其中有两笔业务由孙某经手。科技公司认为新公司及孙某侵犯商业秘密，使用了其作为商业秘密的客户名单，诉诸法院。法院审理后判决，新公司及孙某停止侵犯商业秘密的不正当竞争行为，赔偿科技公司经济损失。

解析

本案中科技公司拥有的包括分公司在内的客户名单构成可受法律保护的商业秘密：首先，该客户名单并非同行业普遍知悉的信息。科技公司在经营过程中长期积累才形成这些经营信息，它们不为通常从事有关工作的人员所普遍了解和掌握，从其他公开渠道也不易获得。故科技公司通过自己的经营努力而形成的、特定化的客户资料等经营信息，具有秘密性。此外，这些信息对于科技公司具有实用价值。这些经营信息蕴含了科技公司的营销渠道以及客户的消费习惯，是科技公司稳定客户群、开拓市场、增强企业竞争力的重要依据。还有，科技公司对该秘密信息采取了保密措施。在科技公司与孙某解除劳动关系时，科技公司与孙某签订了《离职保密协议》，详细约定了孙某在离职后应当承担的相应保密义务。上述约定构成法律意义上的保密措施。综上，科技公司的客户名单等经营信息具有秘密性、实用性、保密性，构成可受法律保护的商业秘密。新公司与孙某认为科技公司的客户资源、联系渠道不属于商业秘密的答辩意见，法院不予采信。

保密方式

建立完善的商业秘密内部维护机制，对商业秘密的有效保护是非常重要的。用人单位可以成立商业秘密管理委员会或者指派专门人员，负责商业秘密的管理与维护。同时建立切实可行的保密制度，比如编制保密手册，建立秘密资料标签、存档管理及复制、查看、外借制度和其他反泄密机制。保密制度或保密手册都应当向负有保密义务的人公开，使其了解到相应的规定。至于用人单位内部不成文的保密规定或惯例，最好能以用人单位章程制度等文字形式固定下来，以达到公示的效果。这样也可以体现权利人已经采取合理的方式使他人认识到该信息的秘密性。商业秘密范围的划定，一般要从以下几个方面来考虑：该信息是否有保密的必要性和可能性；与其他知识产权保护方式相比，以商业秘密方式进行保护，是否具有更好的效果。必要的时候，还可以对商业秘密实行分级管理。用人单位在做好内部管理的同时，也应注意对外咨询管理的维护。比如与供应商、经销商等客户、与咨询用人单位、会计师、律师事务所等可能接触商业秘密的中介服务机构、可能涉及自身商业秘密的项目谈判对手等订立保密协议。

是新公司独立研发的系统，还是窃取原用人单位的商业秘密？

案例

电子工程公司投入资金开始研制，开发 IC 卡管理系统，为了保持竞争优势，保护商业秘密，就 IC 卡软件及硬件设备，企业客户名单的保密，同其职员签订了保密协议和劳动合同。刘某与电子工程公司签订了合同，约定了保守商业秘密条款及责任。刘某从公司离职，入职到科技公司。刘某代表科技公司与大厦公司签订合同，并完全履行协议内容。电子工程公司得知后起诉科技公司，申请证据保全，经对扣押的计算机进行检查发现，计算机拷贝了电子工程公司IC卡管理系统软件程序，被保全的证据有电子工程公司相关技术资料图，电子工程公司客户名单资料，电子工程公司宣传技术资料，资料汇总本等材料。电子工程公司主张刘某违反合同，利用其掌握电子工程公司的技术信息和经营信息进行不正当竞争，给电子工程公司造成极大的经济损失和商誉损失。法院判决，科技公司及刘某向电子工程有限公司赔礼道歉并赔偿经济损失。

解析

电子工程公司开发、研制的IC卡系统软件及硬件设备及客户名单属该公司的商业秘密。电子工程公司为了保护公司的商业秘密，增强竞争优势，同其职员签订劳动合同、保密协议，协议系双方真实意思表示，合法有效，双方均应严格执行。根据协议内容，刘某等对电子工程公司的IC卡系列管理系统的商业秘密，无论其在电子工程公司工作期间，还是从电子工程公司辞职后的约定期限内，负有不披露和不自行使用的义务。但是，刘某违反合同规定，在电子工程公司工作期间，私自到科技公司兼职，并成立科技公司相关部门从事竞争业务。期间科技公司知道刘某利用电子工程公司的商业秘密从事不正当竞争，不加以阻止，反而帮助实现不正当竞争行为，主观过错明显。因此对刘某利用其掌握的电子工程公司的商业秘密，以不正当手段，将本已属电子工程公司的“某大厦IC卡工程”项目业务窃为己有，并利用其掌握的电子工程公司的商业秘密将电子工程公司的读写机稍加改动后，在客户相关工程项目使用。科技公司在法院规定期间不能提供其独立研制、开发IC卡管理系统的证据，又拒绝对其IC卡管理系统的软件、硬件与电子工程公司产品进行对比鉴定。刘某的行为侵犯了电子工程公司的合法利益，应停止侵害、赔偿道歉，赔偿损失。

泄密责任

如果劳动者履行职务，必然导致侵犯他人知识产权的，在遭遇第三方的侵权指控时，并不因为事先的内部约定而减轻或免除因侵权导致的损害赔偿责任。《劳动合同法》只允许就竞业限制和专业技术培训的服务期约定违约金，不能就单独的保密协议约定违约金。所以违反保密协议的违约责任主要体现在对赔偿计算方法的约定上。具体的赔偿计算方法可以约定泄密行为带来的直接的实际损失和间接的损失等。提前约定损失赔偿的计算方法可以避免纠纷发生时用人单位面临的举证困难，又不违反劳动法的禁止性规定。

员工离职开办新公司，赢得原公司客户，是否侵犯经营秘密？

案例

孙某与科技公司签订劳动合同书和保守商业秘密协议书，在科技公司国际业务本部工作。孙某负责科技公司在某东南亚国家的市场销售。工作五年后，孙某向科技公司提交辞职报告。科技公司批准了孙某的辞职申请。根据孙某与科技公司签订的相关协议，双方没有关于离职后竞业限制的约定。关于科技公司代理销售渠道的建立及运作模式，包括代理合作模式、市场调研报告、商业计划和产销策略等，科技公司为防止上述信息泄露采取了保密措施。孙某离职之后，注册成立了信息公司，担任法定代表人、执行董事。孙某利用信息与国外公司签订了销售合同，导致国外公司与科技公司解除了相关合同，科技公司因此遭受巨额损失。法院判决认定，孙某及信息公司构成侵犯经营秘密。

解析

《最高人民法院关于审理不正当竞争民事案件应用法律若干问题的解释》第9条

规定，有关信息不为其所属领域的相关人员普遍知悉和容易获得，应当认定为上述规定中的“不为公众所知悉”。第10条规定，有关信息具有现实的或者潜在的商业价值，能为权利人带来竞争优势的，应当认定为反不正当竞争法第10条第3款规定的“能为权利人带来经济利益、具有实用性”。当事人指称他人侵犯其商业秘密的，应当对其拥有的商业秘密符合法定条件、对方当事人的信息与其商业秘密相同或者实质相同以及对方当事人采取不正当手段的事实负有举证责任。

本案中，孙某因从事科技公司的职务行为知悉了国外公司的采购意向，其一直参与科技公司与国外公司交易机会的联络和谈判工作。孙某在科技公司任职期间，与国外公司的沟通、洽商，均属于职务行为。在明知科技公司参与了项目，而尚未与国外公司实际达成交易之前，孙某从科技公司辞职并成立了信息公司，参与了项目的竞争，客观上利用了其掌握的科技公司相关经营秘密从而在该项目中获得了竞争优势并最终成功，孙某的行为实际侵害了科技公司的相关经营秘密，构成了不正当竞争。同时，孙某是信息公司的法定代表人，信息公司应当知晓孙某上述行为侵犯了科技公司的相关商业秘密，却仍然使用科技公司的相关经营秘密，依法也视为侵犯了科技公司的经营秘密。

维权途径

·行政及刑事途径·

商业秘密被侵犯，用人单位可以向工商行政管理机关举报。申请行政强制措施，要求返还载有商业秘密的资料或停止侵权；提出赔偿要求并申请调解。在向行政机关举报的同时，用人单位可就相关赔偿事宜向法院提起民事诉讼。用人单位提交要求立案查处的申请，应提供相应证据证明被申请人所使用的信息与申请人的信息相同或相似、被申请人有获取申请人秘密的条件等。县级、市级工商行政管理机关管辖本辖区内发生的案件；省级工商行政管理机关管辖本辖区发生的重大、复杂案件；国家工商行政管理机关管辖跨区重大、复杂案件。应对侵犯商业秘密或知识产权可以考虑通过刑事途径。这往往能更快、更好地获得赔偿，更为关键的是，通过刑事途径往往能收集到一些在民事诉讼当中无法收集到的证据。

· 侵犯商业秘密罪 ·

侵犯商业秘密罪，是指以盗窃、利诱、胁迫或者其他不正当手段获取权利人的商业秘密，或者非法披露、使用或者允许他人使用其所掌握的或获取的商业秘密，给商业秘密的权利人造成重大损失的行为。侵犯商业秘密罪侵犯的客体既包括国家对商业秘密的管理制度，又包括商业秘密的权利人享有的合法权利。犯罪主体是一般主体，既包括自然人，也包括单位。

《刑法》第219条规定，有下列侵犯商业秘密行为之一，给商业秘密的权利人造成重大损失的，处三年以下有期徒刑或者拘役，并处或者单处罚金；造成特别严重后果的，处三年以上七年以下有期徒刑，并处罚金：（1）以盗窃、利诱、胁迫或者其他不正当手段获取权利人的商业秘密的；（2）披露、使用或者允许他人使用以前项手段获取的权利人的商业秘密的；（3）违反约定或者违反权利人有关保守商业秘密的要求，披露、使用或者允许他人使用其所掌握的商业秘密的。明知或者应知前款所列行为，获取、使用或者披露他人的商业秘密的，以侵犯商业秘密论。

《最高人民检察院、公安部关于公安机关管辖的刑事案件立案追诉标准的规定》中规定侵犯商业秘密，涉嫌下列情形的应予以追诉：（1）给商业秘密权利人造成损失数额在50万元以上的；（2）因侵犯商业秘密违法所得数额在50万元以上的；（3）致使商业秘密权利人破产的；（4）其他给商业秘密权利人造成重大损失的情形。《最高人民法院、最高人民检察院关于办理侵犯知识产权刑事案件具体应用法律若干问题的解释》第7条规定，实施《刑法》第219

条规定的行为之一，给商业秘密的权利人造成损失数额在50万元以上的，属于“给商业秘密的权利人造成重大损失”，应当以侵犯商业秘密罪判处三年以下有期徒刑或者拘役，并处或者单处罚金。给商业秘密的权利人造成损失数额在250万元以上的，属于《刑法》第219条规定的“造成特别严重后果”，应当以侵犯商业秘密罪判处三年以上七年以下有期徒刑，并处罚金。第15条规定，单位实施《刑法》第213条至第219条规定的行为，按照本解释规定的相应个人犯罪的定罪量刑标准的三倍定罪量刑。第16条规定，明知他人实施侵犯知识产权犯罪，而为其提供贷款、资金、账号、发票、证明、许可证件，或者提供生产、经营场所或者运输、储存、代理进出口等便利条件、帮助的，以侵犯知识产权犯罪的共犯论处。

· 侵犯商业秘密罪的损失计算 ·

商业秘密是一种能够创造经济利益的技术信息和经营信息。侵犯商业秘密，不仅直接表现为权利人现实利益的缩减，也可能表现为预期合理利益丧失。在刑事司法实践中，一般是参照法律规定的侵权人应当承担的民事赔偿数额确定给权利人造成的损失额。根据《反不正当竞争法》第20条第1款的规定，经营者侵犯商业秘密，给权利人造成损害的，应当承担损害赔偿责任。权利人的损失难以计算的，赔偿额为侵权人在侵权期间因侵权行为所获得的利润；并应当承担被侵害的经营者因调查该经营者侵害其合法权益的不正当竞争行为所支付的合理费用。

侵犯商业秘密损失计算的方法主要有：（1）直接计算损失法。即直接计算权利人在被侵权期间失去的利润，可采取对比分析法，比较侵权期间的上一年度，相同时间段，相同生产量的情况的获利，利润的缩减量就是其侵权期间的直接经济损失。（2）成本计算法。审计核算权利人研究、开发、生产、保护商业秘密投入的费用，累计得出总额。（3）许可使用费用法。即以权利人对商业秘密许可他人使用的同等条件下的合理价格确认。（4）计算侵权人获利法。权利人的损失难以计算的情况下，把权利人的损失额作为侵权人在侵权期间因侵权行为所获得的利润。侵犯商业秘密罪直接损失认定，采用侵权人获利时应当是已经实际获利和必然获得的利益。

如何计算侵犯商业秘密罪的损失？

案例

某研究所承接钢铁公司的凌钢2号板坯连铸机主体设备的设计工作后，自主完成设计，形成一套凌钢连铸机主设备图纸，某研究所视之为自己的技术秘密。裴某利用在某研究所担任高级工程师的工作便利，将凌钢连铸机主设备图纸的电子版本拷贝下来。裴某应聘到行业内另一家公司担任副总工程师后，将该电子版本输入到该公司局域网，供其设计时使用。裴某的行为给某研究所造成至少148万元的经济损失。某研究所主张裴某的行为构成犯罪。经审理，对于侵犯商业秘密罪的损失，法院以涉案两份合同总金额，乘以行业协会证明材料及专家评估认可的设备设计、制造的平均销售利润率，计算出研究所的经济损失。法院认定裴某行为构成侵犯商业秘密罪。

解析

根据《最高人民法院关于适用〈中华人民共和国刑事诉讼法〉的解释》第143条第（5）项的规定，行为人窃取他人技术秘密供自己所在的公司使用，从而给技术秘密权利人造成特别严重后果的，在追究行为人侵犯商业秘密罪的刑事责任时，可以根据附带民事诉讼原告人的请求，将行为人所在公司列为附带民事诉讼被告人一并追究侵权的民事赔偿责任。根据《最高人民法院关于刑事附带民事诉讼范围问题的规定》① 第2条的规定，权利人因技术秘密被窃取而遭受的物质损失，包括已经遭受的实际损失和必然遭受的市场份额被削减、竞争力减弱等损失。侵权人利用窃取的技术

① 根据2015年1月1日《最高人民法院关于废止部分司法解释和司法解释性质文件（第十一批）的决定》，该文件现已废止。

秘密履行与他人签订的技术合同，从而谋取巨额利润的，应当将侵权人在侵权期间因侵权所获得的利润额确定为给技术秘密权利人的赔偿额。只能认定侵权人签订的合同总金额，无法确定侵权人在侵权期间因侵权所获得的利润的，可以按照该行业平均利润标准计算侵权人所获得的利润。

竞业限制

竞业限制范围

· 竞业限制约定 ·

竞业限制是指依照法律的规定或者合同的约定，用人单位可以禁止劳动者在任职期间或者离职后的一定时期内，不得到与本单位有竞争关系的其他单位去工作，或者从事与本用人单位有密切竞争关系的其他业务活动。用人单位为保护自身的商业秘密，与掌握或知悉用人单位商业秘密的劳动者订立竞业限制协议，对竞业限制做出约定是维护其合法权益的手段。一般来说，订立竞业限制的人员多为用人单位的高级管理人员、高级技术人员，实践中有的用人单位突破了这一界限，把订立竞业限制协议的主体扩大到了所有劳动者。竞业限制的相对方是有保密义务的劳动者，用人单位应根据劳动者从事的岗位实际情况来评估，对文员、前台、司机等不知悉用人单位商业秘密的劳动者，不宜订立此类协议，以免引发限制择业自由权的质疑，同时避免劳动者离职之后付出大量竞业限制补偿金。

竞业禁止条款是否适用于所有员工?

案例

张某（乙方）与物业公司（甲方）签署劳动合同，约定张某入职物业公司，担任工程部经理。该合同为格式合同，除乙方的姓名、身份情况、合同期限、工作地点、岗位、工时制度、月工资标准为手写外，其余条款均为事先印制好的格式条款，其中第21条约定，“甲方与负有保密义务的乙方订立协议，约定竞业限制范围、地域、期限。甲方在解除或终止劳动合同后的竞业限制期限内给予乙方经济补偿。乙方违反竞业限制约定的，应当按照约定向甲方支付违约金。竞业限制期限不得超过二年。乙方违反《劳动合同法》规定解除本合同，或者违反劳动合同中约定的保密义务或者竞业限制，给甲方造成损失的，应当承担赔偿责任”。劳动合同到期后，双方没有续签劳动合同。张某离职后向物业公司索要竞业限制的经济补偿。双方发生争议。该纠纷经仲裁及诉讼程序，法院判决没有支持张某的请求。

解析

张某所称的保密信息中，维保合同、设备资料等属于常规的合同、资料，不具有秘密性；小区业主的私人信息属于公民个人信息，任何人无论是在工作范围内或是通过其他途径获得的，非经合法程序均不得对外泄露，否则即是违法行为。因此，张某所主张的信息并非物业公司需要保密的商业信息。另外，根据张某所从事的工作岗位和工作性质来看，其不属于《劳动合同法》所规定的负有保密义务的人员范畴。根据双方签订的劳动合同第21条的文字表述，应当解释为附条件的合同条款。现张某未举证证明双方另行签订了竞业限制及保密协议，该合同条款的生效条件不成立，故张某主张该劳动合同条款即为竞业限制及保密条款，缺乏事实及法律依据，法院不予采纳。

· 高级管理人员的竞业禁止 ·

公司法中的竞业禁止义务，是指公司的董事和高管未经股东会或股东大会同意，利用职务便利为自己或者为他人谋取属于公司的商业机会，自营或者为他人经营与所任职公司同类的业务。其性质是指加诸义务主体身上的不为特定竞业行为的义务，就本质而言是一种不作为义务。《公司法》关于竞业禁止义务，规定在第 148 条第 4 款、第 5 款。主要内容为，董事、高级管理人员不得有下列行为：违反公司章程的规定或者未经股东会、股东大会同意，与本公司订立合同或者进行交易；未经股东会或者股东大会同意，利用职务便利为自己或者他人谋取属于公司的商业机会，自营或者为他人经营与所任职公司同类的业务。

根据《公司法》第 148 条规定，董事、高级管理人员违反竞业限制所得的收入应当归公司所有。《公司法》第 149 条规定："董事、监事、高级管理人员执行公司职务时违反法律、行政法规或者公司章程的规定，给公司造成损失的，应当承担赔偿责任。"公司法中的竞业禁止义务履行的主体是公司的董事和高级管理人员，公司中非上述人员无须遵守。公司法的竞业禁止，只限于任职期间，或者章程约定下任董事到任前的合理期间。董事和高级管理人员违反竞业限制的救济，一是请求将违规收入归公司所有。二是在违规收入归入公司，仍不足以弥补公司损失的情形下，请求违规人员承担赔偿责任。

· 普通劳动者的竞业限制 ·

《劳动合同法》第 23 条、第 24 条规定了劳动者离职以后的竞业限制事项，但对于在职员工的竞业限制并未涉及。在职竞业限制包括法定竞业限制和约定竞业限制。从现行法律规定来看，我国法律并不禁止在职期间的竞业限制约定。《劳动合同法》第 39 条第（4）项规定，劳动者同时与其他用人单位建立劳动关系，对完成本单位的工作任务造成严重影响，或者经用人单位提出，拒不改正的，用人单位可以解除劳动合同。

从劳动者在职竞业限制的角度理解，如果劳动者与其他用人单位建立劳动关系，用人单位无须理由即可不予批准。用人单位发现劳动者有兼职行为，应先对劳动者予以提示，劳动者不改正的，用人单位才可以解除合同。换言之，一般情况下，发现兼职要先提醒改正，不能立即开除。但是，特殊情况下，比如兼职对原单位的商业秘密造成侵害的情形，用人单位有权解除劳动合同，而不需先行提醒。

一般认为，用人单位与其董事、经理之外的可依职权和信赖关系接触或知悉商业秘密的劳动者签订在职竞业限制协议，该约定是合法有效的。如果用人单位没有约定在职劳动者的竞业限制，那么，在职期间普通的劳动者并不负有竞业限制的义务。比如离职前筹划开办新公司，离职后与原公司展开竞争并赢得客户优势，只要不违反商业秘密的有关规定，均是合法的。

员工在职期间筹划设立新公司，离职后与原公司竞争，是否违反诚实信用原则？

案例

马某进入食品公司工作。工作期间，马某参与并在后期负责对外出口业务，得以接触、掌握了食品公司业务的全部流程、技术和客户信息。其后马某未办理正式离职手续离职。马某离职后，公司经调查发现，马某作为实际控制人注册成立公司，与公司的业务有竞争关系。食品公司原有客户国外协会书面表示将原食品公司的业务转由马某的公司经营。马某及其公司利用食品公司的收购渠道从事自身业务。公司认为马某违反了竞业限制义务，要求马某及其公司进行赔偿。据查，马某与食品公司的劳动合同中，并无关于离职之后竞业限制的约定。食品公司也没有支付马某竞业限制的经济补偿。经审理，法院驳回了食品公司的请求。

解析

关于职工在职期间筹划设立新公司和在离职之后与原公司开展竞争的行为是否违反诚实信用原则和公认的商业道德。法院认为，企业职工在离职前后，即使没有法定的或者约定的竞业限制义务，也未从事侵害企业商业秘密等特定民事权益的行为，也仍然应当遵循自愿、平等、公平、诚实信用的原则，遵守公认的商业道德，不得采取不正当手段从事损害企业合法权益的行为。

马某本人作为食品公司长期负责对外出口业务的部门经理，其在职期间即筹划设立了新公司并在离职之后利用该新公司与食品公司开展对外出口业务竞争，但并无证据表明马某负有法定或者约定的竞业限制义务。用一般的社会观念衡量，作为一个被企业长期培养和信任的职工，马某的所作所为可能并不合于个人品德的高尚标准，不应该得到鼓励和提倡，但这并不当然意味着他作为一个经济人同时违反了诚实信用原则和公认的商业道德。在不负有竞业限制义务的情况下，企业的一般劳动者在职期间筹划设立新公司为离职后的生涯做准备，属于市场常见现象，法律上对此行为本身也无禁止性规定。当然，如果劳动者在职期间即利用职务之便以新设公司名义攫取本应由原企业获得的现实经济利益，则应另当别论。

在职员工违反竞业限制义务，应否支付违约金?

案例

丘某入职公司担任高级经理，双方签订了竞业限制协议，约定丘某在工作期间开发的客户资源归公司所有，丘某在职或离职后不得披露、使用或者允许他人使用其所掌握的商业秘密，或者利用该资源自行开展或者与他人开展或者为他人开展与公司业务相竞争的活动。否则应承担违约责任，一次性向公司支付违约金，金额为丘某离开公司前一年的基本工资的3倍。其后，公司发现丘某在工作期间利用职务之便，把公司项目私自交予公司外部人员制作并私自设立竞业公司获取非法收益，损害公司的合法利益。因此，要求丘某应退回非法所得，支付违约金。丘某认为：协议书系被迫所签，其没有违反竞业限制义务。法院判决，丘某赔偿公司经济损失并支付违约金。

解析

劳动法没有明确规定劳动者在职期间的竞业限制义务，但是不禁止双方就在职期间的竞业限制及其违约金进行约定。公司发现丘某在职期间有违反竞业限制义务的行为。公司提供了相关丘某自认的协议及录音证据，证明丘某确实存在利用职务之便把公司项目私自交予公司外部人员制作和开设竞争公司的行为。丘某提出其受胁迫签订该协议的辩解，没有提交证据证明，法院不予采纳。对负有保密义务的劳动者，用人单位可以在劳动合同或者保密协议中与劳动者约定竞业限制条款，并约定在解除或者终止劳动合同后，在竞业限制期限内按月给予劳动者经济补偿。劳动者违反竞业限制约定的，应当按照约定向用人单位支付违约金。丘某与公司双方签订的劳动合同中竞业限制约定合法有效，双方均应受其条款约束。丘某违反上述竞业限制约定，违约金按照竞业限制协议约定执行。

· 离职的竞业限制 ·

对劳动者离职的竞业限制，《劳动合同法》第23条规定，用人单位与劳动者可以在劳动合同中约定保守用人单位的商业秘密和与知识产权相关的保密事项。对负有保密义务的劳动者，用人单位可以在劳动合同或者保密协议中与劳动者约定竞业限制条款，并约定在解除或者终止劳动合同后，在竞业限制期限内按月给予劳动者经济补偿。劳动者违反竞业限制约定的，应当按照约定向用人单位支付违约金。第24条规定，竞业限制的人员限于用人单位的高级管理人员、高级技术人员和其他负有保密义务的人员。竞业限制的范围、地域、期限由用人单位与劳动者约定，竞业限制的约定不得违反法律、法规的规定。在解除或者终止劳动合同后，前款规定的人员到与本单位生产或者经营同类产品、从事同类业务的有竞争关系的其他用人单位，或者自己开业生产或者经营同类产品、从事同类业务的竞业限制期限，不得超过二年。

员工离职后违反竞业限制协议，是否构成不正当竞争？

案例

余某进入科技公司工作并订立劳动合同，岗位为研发工程师。余某与科技公司签订员工保密信息和发明转让协议。劳动合同期满后，余某从科技公司处离职。科技公司每月向余某支付款项。其后科技公司了解到，余某被竞争对手信息公司招录。科技公司起诉至法院，认为信息公司明知余某对科技公司负有竞业限制义务，且信息公司与科技公司存在直接竞争关系，其行为构成对科技公司的不正当竞争。故请求确认余某及信息公司构成对科技公司的不正当竞争，余某继续履行竞业限制义务，并返还竞业限制补偿金等。法院判决认定，余某及其公司的行为不构成不正当竞争。

解析

科技公司主张其受到的损害是余某掌握的商业秘密及其专业技能的竞争优势。但科技公司并未主张具体的商业秘密内容，且商业秘密侵权不属于适用《反不正当竞争法》第2条的范围。而专业技能积累是员工人格的一部分，在不存在商业秘密侵权的前提下，员工支配与使用这些技能积累，并不损害原公司利益。至于行为是否正当问题，判断的原则是是否违反诚实信用原则和公认的商业道德，具体应结合案件情况综合判断。只要不侵犯其他企业的商业秘密或采取其他不正当手段，员工离职后使用其积累的技能和知识，企业招录有职业积累的员工，不能简单地认定为违反诚实信用原则和公认的商业道德。

科技公司通过设定竞业限制义务的方式使自己在员工技能培养方面的权益得到保护，则另有他途救济，故也不属于无其他法律规定可援引的情形。因此，科技公司指控信息公司构成《反不正当竞争法》第 2 条规定的不正当竞争侵权的理由不足。信息公司主张受损的权益实质是一种竞争优势，现有证据不足以证明科技公司失去了这种竞争优势。即使余某确实违反了竞业限制义务，在科技公司未主张商业秘密的情况下，余某不构成不正当竞争侵权。科技公司可另案追究其违反义务的民事责任。

竞业限制补偿

竞业限制补偿的具体补偿金额，应结合劳动者的专业水准、竞业限制的限制范围、限制地域和特定劳动者之前的工资待遇等因素来综合考虑。对补偿费数额标准问题，《最高人民法院关于审理劳动争议案件适用法律若干问题的解释（四）》第 6 条规定，当事人在劳动合同或者保密协议中约定了竞业限制，但未约定解除或者终止劳动合同后给予劳动者经济补偿，劳动者履行了竞业限制义务，要求用人单位按照劳动者在劳动合同解除或者终止前十二个月平均工资的 30% 按月支付经济补偿的，人民法院应予支持。前款规定的月平均工资的 30% 低于劳动合同履行地最低工资标准的，按照劳动合同履行地最低工资标准支付。

《劳动合同法》第 23 条第 2 款规定，对负有保密义务的劳动者，用人单位可以在劳动合同或者保密协议中与劳动者约定竞业限制条款，并约定在解除或终止劳动合同后，在竞业限制期限内按月给予劳动者经济补偿。劳动者违反竞业限制约定的，应当按照约定向用人单位支付违约金。由此可见，竞业限制补偿金应当在劳动者解除劳动合同后由用人单位按月向劳动者发放。用人单位约定竞业限制补偿金可以在劳动合同履行期间随工资发放，这样的做法可能导致法律依据不充分，仲裁委或法院不予支持。

对于高工资已经包含保密和竞业限制的补偿金的，应该在合同中予以明确其性质，防止出现争议时，劳动者主张高工资是其工作应该得到的劳动报酬，或是对其工作认可而给予的额外奖金，而不认可工资津贴中包含补偿金性质的部分。建议用人单位严格按照劳动合同法的规定，在竞业禁止期间按月支付给劳动者经济补偿。

劳动合同仅约定竞业限制，未明确经济补偿，该竞业限制约定是否有效?

案例

谭某与信息咨询公司签订劳动合同，该合同第18条第2款中约定：在本合同期限内，谭某不得在其他任何单位任职、兼职、独立开办公司或者借用他人名义自己开公司，不得以股东、合伙人、董事、经理、员工、顾问、自营等形式从事与甲方相同或具有竞争性关系的产品或服务等。如果谭某违反此规定，视为严重违反劳动合同法规定，将承担违约金贰万元，并将在公司工作期间的所有个人收入总额作为赔偿金，交付信息咨询公司。工作期间，谭某注册成立文化传媒公司，其为该公司的法定代表人，该公司业务与信息咨询公司有竞争关系。其后，谭某从信息咨询公司离职。信息咨询公司主张谭某违反竞业限制规定，谭某应向公司承担违约责任。谭某称，劳动合同仅约定劳动者遵守竞业限制和违反约定支付违约金，但未对经济补偿进行约定，因此不具有约束力。该纠纷经仲裁及诉讼程序，法院判决谭某向公司支付违反竞业禁止义务的违约金。

解析

谭某与信息咨询公司签订的劳动合同、保密及竞业限制协议，是双方真实意思表示，不违反相关法律法规的规定，对双方均具有约束力。谭某在尚未离职时，即以股东身份出资与他人开办了文化传媒公司，并担任该公司的法定代表人，同时文化传媒公司与信息咨询公司存在经营同类产品的竞争关系，故谭某已违反双方关于在职期间的竞业限制约定，应承担相应的违约责任。虽然经济补偿金是对竞业限制条款限制劳动者的劳动自由权、生存权的一种补偿，但如果因此认定未约定经济补偿金的竞业限制条款对劳动者不发生效力，就意味着劳动者不受该条款的约束，有权利用其获得的商业秘密谋利，这将导致竞业限制条款的合同目的难以实现，亦不符合我国设立竞业限制条款的立法本意。因此，即使劳动合同中未约定竞业限制经济补偿金，竞业限制作为一种不作为义务，根据竞业限制的自身特征，谭某也不能享有先履行抗辩权或同时履行抗辩权。

竞业限制豁免

对负有保密义务的劳动者，用人单位可以在劳动合同或者保密协议中与劳动者约定竞业限制条款，并约定在解除或者终止劳动合同后，在竞业限制期限内按月给予劳动者经济补偿。劳动者违反竞业限制约定的，应当按照约定向用人单位支付违约金。没有明确用人单位没有支付经济补偿金，竞业限制条款并非当然无效。

当事人在劳动合同或者保密协议中约定了竞业限制，但未约定解除或者终止劳动合同后给予劳动者经济补偿，劳动者履行了竞业限制义务，要求用人单位按照劳动者在劳动合同解除或者终止前 12 个月平均工资的 30% 按月支付经济补偿的，人民法院应予支持。前款规定的月平均工资的 30% 低于劳动合同履行地最低工资标准的，按照劳动合同履行地最低工资标准支付。

当事人在劳动合同或者保密协议中约定了竞业限制和经济补偿，当事人解除劳动合同时，除另有约定外，用人单位要求劳动者履行竞业限制义务，或者劳动者履行了竞业限制义务后要求用人单位支付经济补偿的，人民法院应予支持。

当事人在劳动合同或者保密协议中约定了竞业限制和经济补偿，劳动合同解除或者终止后，因用人单位的原因导致3个月未支付经济补偿，劳动者请求解除竞业限制约定的，人民法院应予支持。劳动者违反竞业限制约定，向用人单位支付违约金后，用人单位可以要求劳动者按照约定继续履行竞业限制义务。

竞业限制违约金设定过高，员工能否请求酌情降低？

案例

陈某到光电公司工作，属于公司高级管理人员。双方签订了劳动合同及员工保密及竞业限制协议书。其中约定，陈某应当保守光电公司的商业秘密，无论在职还是离职，未经光电公司批准均不得擅自披露、使用或通过第三人披露、使用光电公司的商业秘密，如果陈某需要履行竞争限制义务的，则双方应当另行签订并履行竞争限制协议；如果陈某违反保密或竞争限制义务，给光电公司造成经济损失的，应当承担赔偿责任，如果损失无法计算，则陈某向光电公司支付的赔偿金最低为相当于陈某在履行劳动合同约定岗位实际获得的月平均劳动报酬的六倍。陈某离职后与他人出资设立了科技公司，与光电公司有业务竞争关系。陈某持有科技公司股份，并担任该公司监事。光电公司以其违反竞业限制为由，要求陈某支付违约金。该纠纷经仲裁及诉讼程序，法院将违约金酌情调整为人民币50万元，低于按照陈某月平均劳动报酬六倍计算之数额。

解析

双方所约定的《员工保密及竞业限制协议书》系双方真实意思表示，虽未明确约定竞业限制的地域，但基于双方就竞业限制有一致的意思表示，故该协议对双方有约束力，且是否约定竞业限制的地域并不影响该协议的效力，陈某认为该协议无效缺乏法律依据。《员工保密及竞业限制协议书》合法有效，双方应按约履行义务、享受权利。根据《员工保密及竞业限制协议书》约定，光电公司在陈某离职后应每月支付竞业限制补偿金，陈某则在二年内不得自己经营或与他人共同经营与光电公司有直接或间接竞争关系的业务等禁止性行为。法院认为，光电公司若未按约每月支付竞业限制补偿金，陈某可以据此要求解除《员工保密及竞业限制协议书》，在协议书未解除的情况下，该协议书仍对双方有约束力。陈某在离职的同年即与他人成立了与光电公司生产、经营的产品类似的科技公司，明显违反了《员工保密及竞业限制协议书》，理应承担违约责任。综合陈某之前担任的职务、过错程度、工薪待遇等因素，法院将违约金酌情调整为人民币50万元。

竞业限制和不正当竞争

《反不正当竞争法》第2条第2款规定，本法所称的不正当竞争，是指经营者违反本法规定，损害其他经营者的合法权益，扰乱社会经济秩序的行为。该款是《反不正当竞争法》的原则性条款，一般不直接适用。司法实践的情况复杂，《反不正当竞争法》不可能对各种行为方式都作出具体化和预见性的规定。在具体案件中，法院可以根据该原则性规定对那些未在《反不正当竞争法》第2章中列举的市场竞争行为予以调整，以保障市场公平竞争。

具体而言，适用该条款应当同时具备以下条件：一是被诉行为未在《反不正当竞争法》第2章中具体列举，也无其他法律规范可以援引；二是其他经营者的合法权益确因该行为而受到了实际损害；三是该行为因确属违反诚实信用原则和公认的商业道德而具有不正当性。如果欠缺这三个适用条件，用人单位的经营行为不符合《反不正当竞争法》第2条规定的不正当竞争行为的构成条件。

用人单位与劳动者订立竞业限制，劳动者违反相关约定，用人单位可以通过合同诉讼予以救济。用人单位主张其他企业构成不正当竞争，应主张商业秘密受到侵犯，同时提供证据证明有破坏公平竞争秩序的不正当行为，否则可能难以被认定为不正当竞争。

员工离职开办公司，致使原公司业务受到损失，是否构成不正当竞争？

案例

段某大学毕业后进入教育公司工作。工作期间，段某参与公司的核心业务，掌握了公司的全部流程、技术和客户信息，积累了丰富业务经验，对行业发展有了深刻理解。从行业新手成长为业内专家。其后段某离职自主创办新的公司。其创办的新公司与教育公司业务有竞争关系。教育公司调查发现，很多老客户都与段某的新公司签约，与教育公司解约。据查，教育公司与段某之间没有签订竞业限制协议。教育公司诉诸法院，认为段某及其新公司的行为构成了不正当竞争并要求赔偿。法院审理后认为，段某的行为不构成不正当竞争，驳回了教育公司的请求。

解析

在反不正当竞争法上，一种利益应受保护并不构成该利益的受损方获得民事救济的充分条件。商业机会虽然作为一种可以受到反不正当竞争法所保护的法益，但本身并非一种法定权利，而且交易的达成并非完全取决于单方意愿而需要交易双方的合意，因此他人可以自由参与竞争来争夺交易机会。竞争对手之间彼此进行商业机会的争夺是竞争的常态，也是市场竞争所鼓励和提倡的。对于同一交易机会而言，竞争对手之间一方有所得另一方即有所失。利益受损方要获得民事救济，还必须证明竞争对手的行为具有不正当性。只有竞争对手在争夺商业机会时不遵循诚实信用的原则，违反公认的商业道德，通过不正当的手段攫取他人可以合理预期获得的商业机会，才为反不正当竞争法所禁止。

具体到个案中的公认的商业道德，应当根据特定商业领域和个案情形（如特定行业的一般实践、行为后果、交易双方的主观状态和交易相对人的自愿选择等）具体分析确定。作为具有学习能力的劳动者，职工在企业工作的过程中必然会掌握和积累与其所从事的工作有关的知识、经验和技能。除属于单位的商业秘密的情形外，这些知识、经验和技能构成职工人格的组成部分，是其生存能力和劳动能力的基础。职工离职后有自主利用其自身的知识、经验和技能的自由，因利用其自身的知识、经验和技能而赢得客户信赖并形成竞争优势的，除侵犯原企业的商业秘密的情况外，并不违背诚实信用的原则和公认的商业道德。在既没有违反竞业限制义务，又没有侵犯商业秘密的情况下，劳动者运用自己在原用人单位学习的知识、经验与技能为其他与原单位存在竞争关系的单位服务的，不宜简单地以反不正当竞争法原则规定认定构成不正当竞争。

竞业限制和商业秘密

实践中，竞业限制和商业秘密侵犯纠纷经常交织出现在一起，其相应的解决途径不尽相同。详言之，(1）单纯的竞业限制纠纷（不涉及商业秘密侵犯)，这类纠纷属于劳动争议纠纷，按照劳动法的相关规范调整，劳动仲裁先予以处理，之后由法院审理。(2）单纯的侵犯商业秘密纠纷（不涉及竞业限制)，这类纠纷应归入侵害商业秘密纠纷的案由，通常向法院起诉。(3）既存在商业秘密侵权，也有违反竞业限制的纠纷，司法实务一般做法是，主要审查是否构成商业秘密侵害。若存在商业秘密并构成侵权的情况下，可以归入到侵害商业秘密纠纷案件由法院进行处理。

值得注意的是，《劳动和社会保障部办公厅关于劳动争议案中涉及商业秘密侵权问题的函》明确，劳动合同中如果明确约定了有关保守商业秘密的内容，由于劳动者未履行，造成用人单位商业秘密被侵害而发生劳动争议，当事人向劳动争议仲裁委员会申请仲裁的，仲裁委员会应当受理，并依据有关规定和劳动合同的约定作出裁决。

员工侵犯商业秘密与违反竞业限制协议责任竞合，公司应如何维权？

案例

郭某至布业公司工作，双方签订商业秘密与竞业限制协议，其中约定，乙方离职两年内不得自营或者为他人经营与甲方有竞争的业务；自合同终止或解除之日起两年内，只要乙方严格遵守本协议中有关竞业限制规定，甲方应支付乙方竞业限制补偿费1300元/月。乙方若违反竞业限制约定，甲方因此所受到的损失难以计算，双方约定乙方一次性赔偿甲方损失100万元。合同到期后没有续签，郭某办理离职移交手续。其后，郭某到与布业公司有竞争关系的公司任职。布业公司以侵犯商业秘密为由申请仲裁，同日仲裁委作出不予受理通知书，布业公司向法院提起诉讼，法院作出一审判决。判决后布业公司、郭某提出上诉。上诉法院将该案发回重审。在重审审理中，布业公司撤回起诉。之后布业公司以竞业限制为由申请仲裁，仲裁委出具不予受理通知书，布业公司不服向法院提起诉讼，请求判令郭某及其所在公司赔偿100万元。法院审理后判决认定，郭某支付布业公司违约金10万元。

解析

法院认为，本案布业公司原一审发回阶段提起了商业秘密侵权之诉，后撤回了诉讼，现以违反合同竞业限制义务提起违约之诉，应按劳动争议案件处理，故本案并不存在请求权竞合情形。布业公司与郭某签订的《商业秘密与竞业限制协议》系双方真实意思表示，应属合法有效，双方均应恪守履行。根据协议约定和郭某离职的时间，郭某应离职后两年内履行竞业限制义务。双方终止劳动关系后，郭某到与布业公司有竞争关系的公司任职，尚处于竞业限制履行期，郭某违反《商业秘密与竞业限制协议》的有关约定，对此理应承担违约责任。布业公司依照约定，要求郭某支付赔偿金理由正当，但双方在协议中约定的 100 万元赔偿金数额过高，且布业公司亦未提出遭受损失的客观依据。郭某提出调整违约金金额的请求，法院依照郭某的违约事实，结合布业公司支付给郭某竞业补偿金和郭某的收入等情况，酌情认定郭某支付布业公司违约金 10 万元。

3 绩效管理

* 绩效考核
* 调岗降薪
* 商业贿赂

绩效考核

岗位考核

绩效管理的本质，是设置一些评价的方式和方法来保证企业目标的实施。绩效管理与工作岗位的科学设置及对岗位的合理考核指标密切相关。工作岗位存在于为完成特定目标而设置的组织系统结构的框架之内。每个工作岗位都是由其所属单元的功能，以及体现这些功能的工作任务和目标来决定的。工作岗位可以依靠约定俗成设置，依靠经验或者管理者的感受设置，也可采用科学的系统化方法，经过分析测试、设计改进而最终确立。

劳动合同中对工作内容的约定，是用人单位和劳动者双方履行各自权利义务的基础，双方都应当按照劳动合同履行权利义务。工作岗位的调整属于工作内容的变更，应当经过双方共同协商，取得一致意见。从严格适用劳动法的角度而言，劳动合同或公司的规章制度中常见的“用人单位可以根据工作需要和规章制度调整岗位，劳动者应当服从”的条款，可能得不到仲裁或法院的支持。

某些情况下，用人单位的岗位标准存在不合理，但没有达到显失公平或违反法律的程度，能够作为考核劳动者的依据。用人单位有权依照岗位职责的规章制度进行考核，如果劳动者达不到岗位职责的标准被认定为不能胜任工作，用人单位有权单方调整工作岗位或对其培训，之后仍不能胜任工作的，用人单位有权单方解除劳动合同。如果有证据证明大部分的劳动者在合理时间提供正常劳动不能完成工作任务的，用人单位的工作内容和考核标准的合法性值得质疑。

员工工作表现不佳，公司能否扣发考核奖？

案例

杨某入职建材公司，双方签订《劳动合同书》一份。劳动合同第五条“劳动报酬”第3款，双方约定杨某的工资结构由基本工资及其他津贴奖金、加班工资中的一项或几项构成，加班工资以基本工资为计算基数，其他津贴奖金依照本公司规章制度发放。因杨某在两个月内请事假超过三天，建材公司依据《职员行为规范指引》第6.3（2）条“职工请事假的时间原则上一年内不得超过三天”的规定，并结合杨某平时的工作表现，评定杨某该两月考核成绩不合格，未向其发放该两月考核奖。其后杨某自建材公司处离职，要求公司发放考核奖。该纠纷经仲裁及诉讼程序，法院判决支持杨某的请求。

解析

用人单位虽无发放考核奖的强制性义务，但并不意味着其可以滥用考核权利随意克扣劳动者的考核奖。本案中，双方在签订的劳动合同中明确约定津贴奖金依照公司规章制度发放，该约定系双方当事人真实意思表示，应为合法、有效，双方均应按约履行。首先，建材公司扣发杨某考核奖，其至少应提供相应证据证明杨某该两月的工作考核分均为零分，但其并未提供；其次，建材公司认为杨某平时工作表现不佳也是扣发考核奖的理由，但其亦未提供相应证据予以证明；最后，该规范指引虽规定“职工请事假的时间原则上一年内不得超过三天”，但并未明确违反此规定的相应后果，更未明确违反此规定即扣除当月考核奖。因此，建材公司根据杨某请假次数、时间及平时的工作表现，依据建材公司《职员行为规范指引》相关规定扣发杨某考核奖，缺乏事实及法律依据。

末位淘汰

用人单位在规章制度和劳动合同中设定“末位淘汰”制度，规定考核期内排在最后的劳动者，单位有权对其单方解聘。用人单位在劳动合同期限内通过“末位淘汰”或“竞争上岗”等形式单方解除劳动合同，劳动者可以用人单位违法解除劳动合同为由，请求用人单位继续履行劳动合同或者支付赔偿金。“末位淘汰”与解除劳动合同之间不能等同，解除劳动合同必须要依法进行。我国法律没有允许用人单位与劳动者在劳动合同中约定以“末位淘汰”为由解除劳动合同，可见企业管理考核中的末位员工被淘汰，缺乏法律依据。员工在考核中是否末位不是用人单位单方解除劳动合同的合法理由，员工是否胜任工作才是标准。排在末位的劳动者可能在业绩上达不到公司规定，也有可能符合或者超过业绩要求，仅仅以排名来作为解除的标准是明显不合法的。

“末位淘汰”辞退员工是否合法?

案例

王某进入通讯公司工作，劳动合同约定王某从事销售工作。该公司的《员工绩效管理办法》规定：员工半年、年度绩效考核分别为S、A、C1、C2四个等级，分别代表优秀、良好、价值观不符、业绩待改进；S、A、C（C1、C2）等级的比例分别为20%、70%、10%；不胜任工作原则上考核为C2。王某原在该公司分销科从事销售工作，之后因分销科解散等原因，转岗至华东区从事销售工作。期间王某的考核结果均为C2。通讯公司认为，王某不能胜任工作，经转岗后，仍不能胜任工作，故在支付了部分经济补偿金的情况下解除了劳动合同。王某对此持有异议，该纠纷经审理，法院判决通讯公司解除劳动合同违法，支付违法解除劳动合同的赔偿金。

解析

通讯公司以王某不胜任工作，经转岗后仍不胜任工作为由，解除劳动合同，对此应负举证责任。根据《员工绩效管理办法》的规定，“C（C1、C2）考核等级的比例为10%”，虽然王某曾经考核结果为C2，但是C2等级并不完全等同于“不能胜任工作”，通讯公司仅凭该限定考核等级比例的考核结果，不能证明劳动者不能胜任工作，不符合据此单方解除劳动合同的法定条件。王某从分销科转岗，但是转岗前后均从事销售工作，并存在分销科解散导致王某转岗这一根本原因，故不能证明王某系因不能胜任工作而转岗。因此，通讯公司主张王某不胜任工作，经转岗后仍然不胜任工作的依据不足，存在违法解除劳动合同的情形，应当依法向王某支付经济补偿标准二倍的赔偿金。

调岗权益保护

· 调岗举证责任 ·

劳动者不接受用人单位的工作岗位和工资标准的调整，应当由用人单位就其调岗降薪的合理性和合法性承担举证责任，法院应根据用人单位实际情况、调整的工作岗位性质、用人单位的规章制度、双方合同约定等内容综合判断用人单位是否侵犯劳动者权益。

（1）用人单位与劳动者在劳动合同中约定可根据生产经营情况变化调整劳动者工作岗位，用人单位有证据证明其生产经营情况确实发生重大变化的，且其调整行为不存在违反法律法规强制性规定情形的，可依双方约定调整劳动者工作岗位，但用人单位恶意侵犯劳动者权利的除外。

（2）用人单位与劳动者在劳动合同中虽未约定工作岗位的，但用人单位有证据证明其确有正当理由，根据生产经营情况需要调整劳动者工作岗位的，属于用人单位的自主用工行为。

（3）上述情况下，劳动者以用人单位擅自调整其工作岗位为由提出解除劳动合同，要求用人单位支付经济补偿的，不予支持；如果劳动者经用人单位通知后拒不到岗，用人单位以劳动者违反其知晓的规章制度构成旷工为由解除劳动关系，并将该解除通知送达劳动者，劳动者主张用人单位违法解除劳动关系并要求经济赔偿金的，不予支持。

（4）用人单位与劳动者签订的劳动合同中明确约定工作岗位的，用人单位不能举证证明其生产经营等客观情况发生重大变化或者其调整劳动者工作岗位具有合理性的，则其自行调整劳动者工作岗位属于违约行为，给劳动者造成损失的，应予赔偿；调岗同时降薪的应参照原岗位工资标准向劳动者补发差额。

（5）用人单位与劳动者就调整岗位并降低工资已达成口头的一致意见，劳动者在实际履行完调整的工作岗位和工资一个月后又反悔的，不予支持。《最高人民法院关于审理劳动争议案件适用法律若干问题的解释（四）》第11条规定："变更劳动合同未采用书面形式，但已经实际履行了口头变更的劳动合同超过一个月，且变更后的劳动合同内容不违反法律、行政法规、国家政策以及公序良俗，当事人以未采用书面形式为由主张劳动合同变更无效的，人民法院不予支持。"

一般认为，审判实践中应避免直接以"双方当事人实际履行超过一个月"即认定用人单位与劳动者已经达成口头变更劳动合同内容的一致意思表示。在用人单位或劳动者依据该条规定主张口头变更劳动合同内容有效时，应审查其是否有充分证据证明双方之前确曾就劳动合同变更事宜通过口头方式达成了一致的意思表示，其未能提交充分证据证明的情况下，法院仍应对劳动合同内容变更的原因进行审查，不宜直接以"双方当事人实际履行超过一个月"反推双方已经变更了劳动合同内容。

调岗后员工拒绝到岗，公司能否解除劳动合同?

案例

程某应聘到市场研究公司工作。之后程某与市场研究公司签订无固定期限劳动合同，在市场研究公司全球商业服务数据采集部门担任运作主任职务。市场研究公司以程某无法胜任部门督导一职为由，决定将程某调整为信息采集员，并明确了到新岗位报到的时间。市场研究公司向程某发出《关于再次明确岗位职责调整的通知》，再次明确了程某到新岗位报到的时间，并载明若逾期执行，公司将解除劳动合同。程某认为自己胜任原岗位，拒绝接受岗位调整。市场研究公司以程某不服从岗位调整为由，通知程某双方劳动关系解除。程某申请进行劳动仲裁。仲裁委裁决由市场研究公司给付程某赔偿金、一个月的额外工资、年休假工资等。市场研究公司不服仲裁裁决，遂诉至法院。法院审理后判决认定，市场研究公司解除劳动合同合法，不应支付经济补偿。

解析

本案争议的主要焦点在于市场研究公司是否存在违法解除劳动合同情形。第一，《最高人民法院关于民事诉讼证据的若干规定》第73条第1款规定:“双方当事人对同一事实分别举出相反的证据，但都没有足够的依据否定对方证据的，人民法院应当结合案件情况，判断一方提供证据的证明力是否明显大于另一方提供证据的证明力，并对证明力较大的证据予以确认。”本案中，第一，市场研究公司提供年度程某个人绩效评估报告、程某同事对程某年度工作表现评价、证人钟某及吕某出庭作证的证言，证明程某的工作表现不具有部门督导应当具有的管理、协调、组织等能力和团队合作精神以及对相关业务知识、操作技能不熟练，不胜任核数部门督导职位。第二，程某提供的其工作期间获得的管理培训证书、优质服务金牌等是该年度之前取得的成绩，而市场研究公司对此并未否认；程某提交培训记录仅能证明其该年度之前通过培训；其提交的电子邮件的其他内容，仅能反映其某一时段的工作内容，不能全面体现其年度全年工作情况及成绩。综合双方的证据，市场研究公司提交的证据具有较高的证明力，市场研究公司对程某当年度工作做出的绩效评估报告应当有效，能够证明程某年度工作表现不足以胜任部门督导职位。而用人单位根据员工工作表现采取适当的工作考核评价体系评价员工能否胜任目前工作岗位并作出相应调整，属于用人单位行使自主经营管理权的范畴。

第二，《劳动合同法》第39条规定："劳动者有下列情形之一的，用人单位可以解除劳动合同：……（二）严重违反用人单位的规章制度的；……"。市场研究公司经过综合考核后，结果显示程某年度工作表现不足以胜任部门督导职位，作为用人单位，市场研究公司可以对程某的工作进行调整，且根据市场研究公司的陈述及证人证言，公司调整程某的工作岗位但并不降低其工资待遇。但是，程某在公司两次通知后，仍拒绝到岗工作，根据劳动合同法的规定及双方劳动合同的约定，其行为已经构成严重违反用人单位规章制度，市场研究公司可以即时解除劳动合同。因此，市场研究公司的行为不属于违法解除劳动合同，且无须额外支付一个月待通知金。

·劳动者应对调岗·

概括而言，合法合理的调岗的标准是，该调整对劳动者不具有侮辱性，工资水平与原岗位基本相当，没有违反法律法规的情形，符合以上要件可认为用人单位合法行使用工自主权。如果劳动者对调岗决定拒绝服从，不提供正常劳动和服从安排，很可能构成"无故旷工"，而被用人单位以"严重违反规章制度"解除劳动合同。即使劳动者主动到用人单位打卡考勤，要求用人单位安排原有工作岗位的工作内容，法院若认定调岗决定合法，也会认定用人单位以“无故旷工”解除劳动合同的合法性。在调岗决定合法的前提下，员工拒绝调岗，仍在原岗签到不去新岗上班，即使单位不安排原有岗位工作，也视为员工旷工。

劳动者应对用人单位的调岗，应根据调岗合法性进行不同的处理。简言之，合法合理的调岗，劳动者应服从调整决定。若劳动者以不去上班抵制，或者以“不是本人不愿意工作，而是单位不安排原有岗位工作”等主张单位违法在先，均不会得到法院支持。对于违法调岗，劳动者可以先去新工作岗位上班，劳动者以不去报到或不上班进行维权，容易导致不服从企业内部管理制度、无故旷工的法律风险。劳动者应同时声明不同意调岗的态度，提出书面异议，保留证据，且提出异议的时间不要超过该调岗决定的一个月，否则可能被认定为双方就工作岗位变更达成一致意见。

劳动合同约定用人单位可以单方调整工作岗位，该约定是否有效?

案例

安全工程公司（甲方）与董某（乙方）签订了书面劳动合同。劳动合同书约定：甲方可根据工作需要对乙方的工作能力、业绩考核结果按照合理诚信的原则，调整乙方的工作岗位，乙方应当服从甲方的管理和安排；若乙方连续旷工 3 天或累计一年旷工 6 天以上，甲方可不经预告给予解除劳动合同并不予补偿。安全工程公司经研究决定：将董某自该日起调至公司保安队任队员。董某拒不服从调动安排，并未前往调职单位上班。安全工程公司发现董某存在旷工行为，故决定解除与董某的劳动合同。董某申请仲裁，请求安全工程公司支付违法解除劳动合同的赔偿金。该纠纷经仲裁及诉讼程序，法院判决认定安全工程公司解除劳动合同合法，不支付赔偿金。

解析

就安全工程公司调动董某工作地点是否符合双方劳动合同约定的问题，董某与安全工程公司签订的书面劳动合同明确约定，安全工程公司可根据工作需要、按照合理诚信的原则调整董某的工作岗位，董某应服从安全工程公司的管理和安排。安全工程公司作为用工企业，具备合理范围内的用工管理自由。安全工程公司根据工作需要调整董某的工作地点，将其工作地点进行调整，但其工作性质、内容、报酬等其他方面均未发生变动，该调整属于合理范围，董某主张其不符合合理诚信原则，事实依据不足。就董某旷工事实是否存在的问题，董某主张其未旷工，但其未能提供证据证明安全工程公司对其进行工作地点调整后，其向安全工程公司提供劳动的事实。安全工程公司因董某旷工对其作出解除劳动合同的处理，并未违反法律规定。

调岗降薪

法定调岗

· 用人单位调岗的法定情形 ·

有下列情形之一的，单位对员工具有单方的工作岗位的调整权：（1）双方协商一致。双方协商一致可以变更劳动合同约定的内容。因此用人单位与劳动者协商一致可以调整工作岗位。（2）劳动者患病或非因工负伤，在规定的医疗期满后不能从事原工作。该情形下用人单位享有一次单方调岗权，可以对劳动者另行安排工作。如劳动者还是无法从事另行安排的工作，则用人单位可以单方解除劳动合同。（3）劳动者不能胜任工作。劳动者不能胜任工作，用人单位可以调整工作岗位。(4) 企业转产、重大技术革新或经营方式调整。(5) 企业因转产、重大技术革新或者生产经营方式调整而经济性裁员前可以单方变更一次劳动合同，包括变更岗位。

还存在用人单位应当调整劳动者工作岗位的特殊情形，这种情形下用人单位有权不经过协商程序，不取得劳动者的同意，单方调整工作岗位。比如劳动者患有职业禁忌，用人单位不得安排其从事其所禁忌的作业，应当调整劳动者的工作岗位，并妥善安置。

· 不胜任工作 ·

劳动者不能胜任工作，是指不能按要求完成劳动合同中约定的任务或者同工种、同岗位人员的工作量。用人单位不得故意提高定额标准，或者对劳动者进行突袭式考核，使劳动者无法完成。解除劳动合同由用人单位负举证责任。用人单位可以从专业资格、劳动定额、绩效考核等多个角度举证劳动者不能胜任工作。经过培训或者调整工作岗位。在劳动者不能胜任工作时，用人单位应当对其进行职业培训，也可以单方调整工作岗位和薪酬待遇，但应当具有合理性。比如将不能胜任工作的劳动者调整到考核更为严格的岗位，或者由销售岗位调整到专业技术操作岗位，这都很难说具有合理性。

驾驶员发生交通事故，公司能以“不胜任工作”解除劳动合同吗?

案例

徐某入职工业园公司从事司机工作，双方签订劳动合同。徐某驾驶工业园公司的货车发生侧翻交通事故，工业园公司对徐某给予记大过处罚并罚款。三年后，徐某驾驶工业园公司货车送货到工业园公司的客户，在客户厂区内，徐某将货车停在斜坡上，因没有在货车车轮前放置阻挡下滑的木块或砖头等安全措施便离开车辆，货车向前滑行撞到客户公司车辆。公安局交通警察局出具《道路交通事故认定书》，认定因大货车车辆故障自动向前滑行时发生碰撞，徐某承担事故的全部责任。同时，公安局交通警察局向徐某出具《公安交通管理警告通知书》，注明徐某违反了道路交通安全法律法规，因情节轻微，未影响道路通行，予以口头警告教育。工业园公司因此交通事故造成维修车辆损失。其后，工业园公司因徐某不能胜任本岗位，给予降职降薪并调往注塑货仓担任普工职位。徐某向工业园公司递交《辞职申请书》，认为其调岗违法，其被迫解除劳动合同。该纠纷经仲裁及诉讼程序，法院判决工业园公司支付徐某经济补偿金。

解析

工业园公司称徐某“因工作失误给公司形象及经济方面都造成严重损失，按公司规定与其所在部门要求不能胜任本岗位”，故对其进行降职降薪的调岗处理。但工业园公司仅提供了维修发票证明涉案车辆受损维修花费，不足以证明徐某因涉案事故造成了工业园公司形象和经济方面的严重损失，且工业园公司也未提供证据证明工业园公司及徐某所在部门对徐某工作岗位的具体要求，以证明徐某不胜任原工作岗位。工业园公司依法应承担举证不能的不利后果。此外，虽然因徐某的原因导致货车发生下滑碰撞事故，但根据公安局交通警察局出具的《公安交通管理警告通知书》，徐某虽违反了道路交通安全法律法规，但情节轻微。考虑到机动车驾驶员属于相对危险的职业，即使具备娴熟的驾驶技能和高度的注意力，也不能完全避免事故的发生，工业园公司以徐某的一次违法“情节轻微”的交通事故即认定徐某不胜任司机工作的理据不足。而工业园公司所主张的徐某的上一次交通事故发生距本次事故的发生已约3年，工业园公司以发生在近3年前的交通事故作为本次调岗处理的依据缺乏合理性。据此，工业园公司单方调整徐某的工作岗位理据不足，向徐某支付经济补偿金。

如何认定用人单位以“不胜任工作”调整工作岗位的合法性?

案例

杨某入职金融公司，双方签订劳动合同。合同明确约定，如果杨某因为技能、身体等因素达不到生产服务、工作质量、业绩指标等要求，不能胜任工作的，金融公司可以根据工作需要和杨某的专业、特长、实际工作能力和表现等，调整杨某的工作岗位、级别和劳动报酬。劳动合同履行期内，金融公司进行年终考核工作，就考核结果跟杨某进行了谈话，告知其考核成绩不合格，不能胜任现有职位的要求，将杨某重新定岗定级。杨某认为考试内容不是工作岗位要求的业务技能，自己完全胜任工作岗位，其提交当年年中考核结果、工作手册、公司奖励通知等证明自己工作表现优秀。其后杨某要求继续履行原劳动合同，但公司没有给予回复。杨某坚持到原岗位上班，但其月工资被大幅度降低。经审理，法院判决杨某的劳动合同继续履行，金融公司恢复杨某的原工作岗位。

解析

用人单位对劳动者岗位的调整主要涉及劳动者工作内容和工作地点的变化，进而影响到劳动者的薪酬待遇等，实质上属于对劳动合同的变更。《劳动合同法》第35条规定，用人单位与劳动者协商一致，可以变更劳动合同约定的内容。变更劳动合同，应当采用书面形式。这表明劳动合同一经订立，任何一方都不得随意进行变更。如果用人单位需要变更劳动合同的内容，应当就变更内容与劳动者协商一致。因变更内容给劳动者造成损害的，还应承担赔偿责任。

金融公司工作认为杨某不胜任工作，而杨某认为自己表现优秀，完全胜任工作，不认可公司的考核结论。双方在劳动合同中对杨某的工作岗位做了明确约定，杨某提交的当年年中考核结果等证据能够证明其达到工作岗位的要求。公司仅凭内部的书面考试成绩认定杨某不合格，并据此调整其岗位。杨某已经尽到了全面履行劳动合同的义务，而公司因为没有充分证据证明杨某无法胜任工作，其单方调整工作岗位的行为违反劳动法的规定。因此法院判令公司恢复杨某的工作岗位，双方以原条件继续履行劳动合同。

合法调岗

《北京市高级人民法院、北京市劳动人事争议仲裁委员会关于审理劳动争议案件法律适用问题的解答》中，对“用人单位调整劳动者工作岗位处理”意见如下：

用人单位与劳动者约定可根据生产经营情况调整劳动者工作岗位的，经审查用人单位证明生产经营情况已经发生变化，调岗属于合理范畴，应支持用人单位调整劳动者工作岗位。

用人单位与劳动者在劳动合同中未约定工作岗位或约定不明的，用人单位有正当理由，根据生产经营需要，合理地调整劳动者工作岗位属于用人单位自主用工行为。判断合理性应参考以下因素：用人单位经营必要性、目的正当性，调整后的岗位为劳动者所能胜任、工资待遇等劳动条件无不利变更。

用人单位与劳动者签订的劳动合同中明确约定工作岗位但未约定如何调岗的，在不符合《劳动合同法》第40条所列情形时，用人单位自行调整劳动者工作岗位的属于违约行为，给劳动者造成损失的，用人单位应予以赔偿，参照原岗位工资标准补发差额。对于劳动者主张恢复原工作岗位的，根据实际情况进行处理。经审查难以恢复原工作岗位的，可释明劳动者另行主张权利，释明后劳动者仍坚持要求恢复原工作岗位，可驳回请求。

用人单位在调整岗位的同时调整工资，劳动者接受调整岗位但不接受同时调整工资的，由用人单位说明调整理由。应根据用人单位实际情况、劳动者调整后的工作岗位性质、双方合同约定等内容综合判断是否侵犯劳动者合法权益。

用人单位是合法轮岗，还是违法调整工作岗位?

案例

蒋某到食品公司工作，工作岗位是销售，职务是直营所所长。劳动合同约定其工作地点包括省内多个城市。因双方发生争议，食品公司认为蒋某不能胜任工作，对其进行调岗为推广查核员。蒋某对公司调岗不服，食品公司以不服从公司调动为由对蒋某处以两次记大过处分，进而以此为由解除了双方的劳动关系。食品公司认为，对蒋某调岗是正常的轮岗。劳动合同中对于蒋某工作地点明确约定包括省内多个城市，上述约定合法有效。由于销售工作的特殊性，在同一地点工作时间太长，容易滋生拉帮结派等不利于公司正常运营的情况出现。因此，对业务人员进行轮岗是公司正常运营中的一项重要制度。同时，蒋某并不能胜任工作，其业绩、成长率、逾期账款等考评指标均是其属岗位中非常差的。在此情况下，公司对其进行工作调整是合法的。该纠纷经仲裁及诉讼程序，法院判决食品公司解除劳动合同违法，应向蒋某支付赔偿金。

解析

本案争议的焦点为食品公司解除劳动合同是否违法。食品公司系因蒋某对公司调岗不服，而以不服从公司调动为由对蒋某处以两次记大过处分，进而以此为由解除了双方的劳动关系。食品公司对蒋某由食品公司直营所所长调整为推广查核员。据查明，推广查核员的工资待遇等任职要求、管理权限均低于（少于）直营所所长。食品公司主张蒋某不能胜任直营所所长一职，但其提供的两份销售数据表，一份没有蒋某签名确认，也无公司印章或负责人签字，且蒋某不予确认；另一份证据仅显示部分直营所的数据，不能证明业绩最低。食品公司的证人均系食品公司现任营业部主管，存在利害关系。蒋某自己提供的营业所评比结果，虽然食品公司对其真实性不予确认，但该表有食品公司的工作人员及区总经理的签名。法院根据双方举证的情况，认为食品公司提供的证据不足以认定蒋某在调岗前存在不胜任工作的问题，并无不妥。由于食品公司不能证明蒋某不能胜任原工作岗位，其调岗行为即不能视为合法行使用工自主权。食品公司在蒋某明确提出异议时仍强行调岗并通过两次记大过处分，对其作出违纪解除劳动合同处理，属于违法解除劳动关系。食品公司以调岗后的工作地点属于合同约定范围内的工作地点，而主张是合法轮岗，法院不予支持。

如何认定用人单位单方调整工作岗位的合法性?

案例

别某入职商贸公司，工作岗位为营业员。双方分别签订了三份《劳动合同》，第一份合同约定别某从事营业员工作，后二份合同约定别某从事收货员工作。商贸公司发出《关于人员调整的通知》，内容为：经公司研究决定，原收货部员工别某调至超市生鲜部，其薪资、福利与原岗位保持不变，请到新部门报到。别某看到此通知后向商贸公司表示不接受岗位调整。之后，商贸公司向别某发出《限期报到通知单》，内容为：请你前到超市生鲜部报到并接受工作任务，否则，公司将视为你自动辞职，自动解除与我公司的劳动合同关系。该通知单发出后，别某仍未接受岗位调整，未前往公司上班。别某要求商贸公司支付解除劳动合同的经济补偿金。该纠纷经仲裁及诉讼程序，法院判决公司调整工作岗位合法，不支付解除劳动合同的经济补偿金。

解析

用人单位享有用工自主权，商贸公司作为市场经营主体有权在法律允许的范围内根据生产经营需要调整员工工作岗位，但由于在劳动合同履行过程中，劳动者对用人单位存在人身和经济上的双重依附性，双方地位实际并不平等，为平衡双方利益，必须对劳动者的权益给予倾斜性保护，对用人单位的用工管理行为包括调岗行为进行实质性的司法审查。调岗合理性的司法审查应围绕双方有无预先约定单方调岗权、有无客观正当理由、有无降低工资福利待遇、有无改变工作地点等对劳动者有重大影响的事项等方面进行。

本案中，双方订立的劳动合同明确约定公司有基于工作需要的单方调岗权，该约定系双方一致达成的真实意思表示，合法有效，双方均应遵守；商贸公司调整别某工作岗位是在所处地段综合性卖场竞争加剧，公司为降低经营成本、提升企业竞争力而对公司内部组织架构重新整合的大背景下进行，其调岗行为属于公司的客观经营需要，由于别某曾有营业员工作经历，公司将其调整至营业员岗位具有合理性；虽然别某工作岗位发生变化，但薪资福利、工作地点保持不变，工作时长基本不变，该调岗行为并不会对其生活造成重大影响。综上，商贸公司的调岗行为并不违反法律规定，岗位调整后，劳动合同内容发生变更，别某应按变更后的劳动合同到岗上班。

· 违法调岗的法律后果 ·

劳动合同中对岗位调整没有做出约定或约定不清，此时用人单位在平等协商的前提下，与劳动者达成协议才能变更，否则不得单方做出调整。如果双方没有明确约定工作岗位，调整工作岗位发生劳动争议时应以劳动者实际履行的工作岗位确定。用人单位违法变更劳动合同的工作内容，劳动者可以拒绝。因用人单位单方调岗不具有合法性，劳动者可以要求确认用人单位调整工作岗位违法，根据双方签订的劳动合同中工作内容（工作岗位）的约定，恢复原岗位，并按原岗位待遇支付劳动争议期间的工资。或者劳动者也可以主张劳动合同违法解除，要求用人单位支付赔偿金。

如何认定“调整工作岗位具有惩罚性和侮辱性”？

案例

影城公司与连某签订劳动合同，其中约定：连某工作部门为人事行政部门，岗位为管理岗位，职务为人事行政管理，职责为公司的人事行政管理工作。连某按规定休完产假后，回公司上班，但被公司告知调至营运部场务岗位。连某不接受公司降职调岗，认为公司调岗虽经双方协商，但职务、薪金必须与原岗位对等。为此，影城公司和连某产生纠纷，影城公司辞退连某，连某提出仲裁申请，认为公司辞退行为违法。该纠纷经仲裁及诉讼程序，法院判决影城公司支付违法解除劳动合同的赔偿金。

解析

影城公司与连某订立的《劳动合同》系当事人真实的意思表示，没有违反法律、行政法规的强制性规定，属有效合同。双方当事人应当按照约定全面履行义务并合法行使权利。双方虽已在劳动合同中约定了影城公司有权根据业务发展需要单方调整连某工作岗位，但影城公司不能据此随意调整员工的工作岗位，其调整员工的工作岗位应当出于生产经营的需要，调整工作岗位后员工的工资水平与原岗位基本相当，且调整岗位不具有侮辱性和惩罚性。

本案中，连某休完产假后，影城公司单方决定将其调整至负责场务工作的一线服务岗位，该岗位与此前连某所在的负责人事行政管理工作的管理岗位相比，具有一定的惩罚性和侮辱性。影城公司利用其处于管理方、支配方的优势地位，对连某的工作岗位进行不合理的调整，侵犯了连某的合法权益。连某有权拒绝该工作岗位调整。之后，影城公司并未与连某就工作岗位进行重新协商，亦未有证据证明连某暂不接受该工作岗位调整造成了影城公司的损失。影城公司以连某严重违反用人单位的规章制度为由将其辞退，缺乏事实依据。影城公司违法解除劳动合同，依法应当向连某支付赔偿金。

高管的调岗降薪

根据《公司法》的相关规定，高级管理人员，是指公司的经理、副经理、财务负责人，上市公司董事会秘书和公司章程规定的其他人员。劳动法把劳动者看作一个抽象的群体，没有注意到劳动者群体内部存在巨大的差别，因此对高级管理人员的规制相对缺失。公司解除与高管的劳动合同与一般职员不同。公司与高管解除劳动关系，受到公司法和劳动法的双重约束。一方面，高管作为公司聘用的劳动者，与公司之间的劳动关系应受劳动法律法规的调整。另一方面，高管作为公司的高级管理人员，应履行公司法及公司章程规定的公司高管的责任和义务。公司解除或终止与高管的劳动合同时，不应完全依据劳动法律法规，还应符合公司法的相关规定。

公司作为多种利益诉求的有机统一体，主要通过内部自治和自我调节机制来保持顺畅运作。司法应充分尊重公司决策机关的商业判断，在必须要进行司法判断时，应保持谨慎克制的态度，侧重从决策的程序方面而非实体的内容方面进行考察，减少对公司治理的干预，尊重企业的自主用工权。公司法与劳动法之间的衔接缺失，劳动法律法规中劳动者定义的模糊，导致了目前司法实践中的不统一。对高管工作岗位的变动，不宜机械地适用劳动法对解除劳动合同的严格规定，而应充分尊重当事人的意思自治，以使劳动争议的处理符合市场经济条件下劳动关系的发展要求。

解除经理劳动合同，受公司法还是劳动法调整?

案例

钟某进入公司担任总经理，双方签订书面劳动合同。因工作表现不佳，公司向钟某发出《工作沟通函》，载明钟某任职期间的工作表现，存在如下问题：财务管理制度混乱，销售管理混乱。放纵和指使员工随意向公司借款；放纵和指使员工随意报销费用；随意在全国设立办理处，租借办公场地。人力资源管理混乱。胡乱进行人员编制，导致人力资源成本的巨大浪费；根据个人喜好，任人唯亲，随意开除员工。公司决定终止雇佣关系，解除之前签订的劳动合同。钟某提起劳动仲裁，要求公司支付违法解除劳动合同赔偿金等费用。该案经仲裁及诉讼程序，法院判决公司解除劳动合同违法，应支付赔偿金。

解析

劳动关系是兼有人身关系和财产关系性质，兼有平等关系和隶属关系特征的社会关系。劳动者作为用人单位的成员，必须按照用人单位的要求提供劳动，遵守用人单位内部的劳动规则，接受用人单位的管理监督。用人单位则按照劳动者的劳动数量或质量给付其报酬，同时必须提供工作条件和必要的劳动保护。鉴于用人单位、劳动者管理与被管理过程中的地位差异从根本上决定了双方在协商过程中信息传递和掌握的不对称，为防止用人单位以强势地位滥用解除权，故而用人单位的违纪理由一经确定后，由违纪引发的争议焦点即处于静止状态，双方发生争议后需探究的是用人单位认定违纪的理由与具体违纪事实的一致性，用人单位不得事后补充理由或进行补充解释。因此，法院仅以《工作沟通函》记载内容审查中进公司解除理由是否得当。

法院认为《工作沟通函》已载明钟某严重失职，缺乏制度架构的对照，亦缺乏事实依据。公司经营活动是一种复杂的商事活动，公司的专业领域、经营规模、市场定位等诸多因素导致对高管的职业能力要求不一致，由此带来的经营风险是每个企业必定存在的，故而制定相关决策应认真考虑风险防范，谨慎处理，而不能根据事后的认知来对公司或其人员的行为合理性作出判断，更不能径行转嫁于劳动者。该公司的规章制度并未禁止招录亲属，或者亲属之间需回避录用，兼之钟某配偶入职之际，钟某尚负责管理人事之职，招用员工亦系其本职工作。该公司对钟某配偶未作相应的考勤记录，亦未提供证据表明其未提供劳动，因此认为钟某此举营私舞弊缺乏事实和法律依据。

· 解除职务与解除劳动合同 ·

公司的高级管理人员是特殊的劳动者，较一般的劳动者在能力、资源掌握方面具有较大的优势，高级管理人员代表资方（股东方）对普通劳动者进行管理。许多国家规定了高级管理人员的例外情况。我国目前的司法现状对此没有进行区分。从长远看，对劳动者进行不同的分类管理，适用与其身份相适应的规则进行治理，是有必要的。

有意见认为，司法实践中可考虑进行以下两种区分：区分解除职务与解除劳动合同的行为。解除经理职务的行为应主要适用公司法，解除劳动合同的主要适用劳动法。高级管理人员中的经理由公司董事会聘用和解聘。由于经理职务本身所具有的与公司的密切联系和信息关系，相对而言其劳动合同关系更加具有平等性和财产性，隶属性则相比一般的雇员为弱。在这种情况下，应当认为经理与公司之间存在委任关系，具有不同于单纯劳动关系的特征。因此，解聘经理应适用公司法的有关规定，而不应直接援引劳动合同法中关于解除劳动合同的规定来处理。

另一方面，就解除总经理职务这一法律行为而言，劳动合同法中的相关规定应视为一般法，而公司法则应视为特殊法，根据特殊法优于一般法的原则，亦应适用公司法的相关规定。

简言之，董事会解聘总经理并不需要满足劳动合同法上解除员工劳动合同的条件，但是要依照公司法规定的有关程序进行，董事会无须说明理由即可解除其总经理职务。

对于职务免除后，其与公司之间的劳动关系如何处理，目前存在争议。有观点认为，公司董事会决定解除高级管理人员职务，并不等同于解除其与公司之间的劳动关系。解除职务是公司法上的程序性规定，不能代表劳动法领域中的劳动关系的解除。如果高管职务解除之后，公司又径行解除双方劳动合同关系，此时司法应对其进行合法性审查，主要适用劳动法的解除劳动合同的有关规定，判断公司的解除行为是否违法，从而判定是否支持高管的继续履行或要求赔偿金等之诉求。

解除高级管理人员职务的董事会决议，是否可以主张撤销？

案例

李某系环保科技有限公司股东，并担任总经理职务。该公司为有限责任公司，其股权结构为：葛某持股40%、李某本人持股46%、王某持股14%。三人共同组成董事会，由葛某担任董事长，其余二人为公司董事。公司章程规定："董事会行使包括聘任或者解聘公司经理等权利；董事会须由2/3以上的董事出席方为有效；董事会对所议事项作出的决定应由占全体股东2/3以上的董事表决通过方为有效。"董事长葛某电话召集，公司召开董事会，会议经葛某、王某表决同意通过了"鉴于总经理李某不经董事会同意私自动用公司资金在二级市场炒股，造成巨大损失，现免去其总经理职务，即日生效"的决议。该决议由葛某、王某及监事签名，李某本人未在该决议上签名。李某以该决议依据的事实错误，且在召集程序、表决方式及决议内容等方面均违反了公司法的规定，应予撤销为由，向法院提起诉讼，要求撤销上述董事会决议。法院判决认为公司的董事会决议合法有效。

解析

董事会决议是否撤销，须依据《公司法》第22条第2款的相关规定进行审查。该条款规定了董事会决议可撤销的事由包括：（1）召集程序是否违反法律、行政法规或公司章程；（2）表决方式是否违反法律、行政法规或公司章程；（3）决议内容是否违反公司章程。公司章程规定，股东会会议由董事长召集和主持。董事会由董事长葛某某召集，李某某参加了该次董事会，故该次董事会在召集程序上并未违反法定程序；公司章程规定，对所议事项作出的决定应由占全体股东2/3以上的董事表决通过方为有效。因公司的股东、董事均为三名且人员相同，决议由三名董事中的两名董事表决通过，在表决方式上未违反公司章程。因此，法院认定董事会决议在召集程序、表决方式上不符合应予撤销的要件，应认定为合法有效。公司决议撤销纠纷案件中，法院的审查重点在于公司决议依照法定程序召开，决议内容没有违反法律的强制性规定。

·董事职位的调整·

董事作为公司意志的执行机关，由股东会选举和更换。其一般为公司股东或公司股东委派的人员，董事职位的取得往往是利益诉求股东之间博弈的结果，我国现行法律规定的是“无因”解除论。公司股东会有权在董事的任期到来之前随时解除董事职位。无须任何特定事由，但公司决议应保证程序上的合法性。此种理论为现代大多数国家法律采纳。对于此类董事会决议事项的效力审查，应根据《公司法》相关规定进行程序性审查。对于形成罢免决议的事实进行审查和认定，司法应保持克制谨慎的态度，不应介入。因为该类决议与制定公司决策方针和决定投资计划等事项一样，本质上属于公司商业决策的体现。

商业贿赂

商业贿赂形式

商业贿赂是指经营者向交易对方或者可能影响交易的第三方，给付或者承诺给付经济利益，诱使其为经营者谋取交易机会或者竞争优势。给付或者承诺给付经济利益的，是商业行贿；收受或者同意收受经济利益的，是商业受贿。

员工利用商业贿赂为经营者争取交易机会或竞争优势的，应当认定为经营者的行为。有证据证明员工违背经营者利益收受贿赂的，不视为经营者的行为。经营者不得实施下列商业贿赂行为：（1）在公共服务中或者依靠公共服务谋取本单位、部门或个人经济利益；（2）经营者之间未在合同及会计凭证中如实记载而给付经济利益；（3）给付或者承诺给付对交易有影响的第三方以经济利益，损害其他经营者或消费者合法权益。

行贿人与受贿人之间达成一致即可构成商业贿赂。商业贿赂的手段既包括在交易前给付经济利益，也包括承诺将来给予经济利益。经济利益的形式包括以回扣、佣金、旅游费等现金形式、安排就业等形式。利用公权、账外支付、向特定关系人贿赂的行为是商业贿赂。贿赂犯罪中的财物包括财产性利益，包括可以折算为货币的物质利益和需要支付货币才能获得的其他利益两种。前者如房屋装修、债务免除等，其本质上是一种物质利益。后者如会员服务、旅游，由于取得这种利益需要支付相应的货币对价，故在法律上也应当视同为财产性利益。两种情况实质相同，均应纳入贿赂犯罪处理。

商业贿赂犯罪

商业贿赂犯罪涉及《刑法》规定的以下罪名：（1）非国家工作人员受贿罪（第 163 条）；（2）对非国家工作人员行贿罪（第 164 条）；（3）受贿罪（第 385 条）；（4）单位受贿罪（第 387 条）；（5）行贿罪（第 389 条）；（6）对单位行贿罪（第 391 条）；（7）介绍贿赂罪（第 392 条）；（8）单位行贿罪（第 393 条）。

《最高人民法院、最高人民检察院关于办理商业贿赂刑事案件适用法律若干问题的意见》第 10 条规定，办理商业贿赂犯罪案件，要注意区分贿赂与馈赠的界限。主要应当结合以下因素全面分析、综合判断：（1）发生财物往来的背景，如双方是否存在亲友关系及历史上交往的情形和程度；（2）往来财物的价值；（3）财物往来的缘由、时机和方式，提供财物方对于接受方有无职务上的请托；（4）接受方是否利用职务上的便利为提供方谋取利益。

企业合规

用人单位应结合自身行业特点和公司实际情况，对员工可能涉及商业贿赂的各个环节予以细化防范，建立反商业贿赂的规章制度，识别出常见的法律风险点。比如，赠送礼品、返利、佣金支付、工作外包、费用标准、结算要求等。在内部决策中，对向相关人员支付“财产性”利益的行为要严格审查，从法律上论证其合法性。如涉及相关费用支付，用人单位应签订合法的书面劳务或顾问咨询协议，要求相关人员提供正式合规的票据，并保留双方存在实际商业活动的相关记录，涉及相关费用的支付记录，提供相关纳税的税务凭证。

用人单位可以考虑建立内部监察或举报制度，保证公司的反商业贿赂体系实际运行，确保员工知悉和切实遵守。同时企业应对员工提交的相关票据进行严格审核，要求员工提交相关真实性的承诺书，从源头上杜绝商业贿赂得以发生的技术环节，避免不当行为给用人单位带来法律合规风险。在公司治理上倡导合法经营和开展正当商业竞争的风气。对员工的不当行为防微杜渐，及时发现制止。不能片面强调业绩目标，纵容甚至鼓励员工可能涉嫌违法的不当行为。企业应坚持法律底线观念，确保企业治理符合法律的规定和行业公认的企业行为标准，避免商业贿赂的“雷区”，最终通过合规治理，实现从规避风险到创造价值的目的。

4

薪酬管理

* 工资薪酬
* 福利待遇
* 社会保险
* 住房公积金
* 股权激励

工资薪酬

工资总额

· 工资总额组成部分 ·

通常所说的工资，是指用人单位依据国家有关规定或劳动合同的约定，以货币形式直接支付给劳动者的劳动报酬，一般包括基本工资、工龄工资、岗位工资、加班加点工资、各类奖金和津贴等。国家统计局发布的《关于工资总额组成的规定》第3条规定，工资总额是指各单位在一定时期内直接支付给本单位全部职工的劳动报酬总额。工资总额的计算应以直接支付给职工的全部劳动报酬为根据。第4条规定，工资总额由下列六个部分组成：（1）计时工资；（2）计件工资；（3）奖金；（4）津贴和补贴；（5）加班加点工资；（6）特殊情况下支付的工资。

《关于工资总额组成的规定》第11条规定，下列各项不列入工资总额的范围：（1）根据国务院发布的有关规定颁发的发明创造奖、自然科学奖、科学技术进步奖和支付的合理化建议和技术改进奖以及支付给运动员、教练员的奖金；（2）有关劳动保险和职工福利方面的各项费用；（3）有关离休、退休、退职人员待遇的各项支出；（4）劳动保护的各项支出；（5）稿费、讲课费及其他专门工作报酬；（6）出差伙食补助费、误餐补助、调动工作的旅费和安家费；（7）对自带工具、牲畜来企业工作职工所支付的工具、牲畜等的补偿费用；（8）实行租赁经营单位的承租人的风险性补偿收入；（9）对购买本企业股票和债券的职工所支付的股息（包括股金分红）和利息；（10）劳动合同制职工解除劳动合同时由企业支付的医疗补助费、生活补助费等；（11）因录用临时工而在工资以外向提供劳动力单位支付的手续费或管理费；（12）支付给家庭工人的加工费和按加工订货办法支付给承包单位的发包费用；（13）支付给参加企业劳动的在校学生的补贴；（14）计划生育独生子女补贴。

通过竞岗降低员工薪酬导致员工离职，公司应按照什么标准支付经济补偿？

案例

贺某在保险公司任综合管理部单证主管，其工作岗位为管理岗。保险公司开展主管岗位人员公开竞聘工作，要求部门主管岗位人员必须参加此次竞聘，而竞聘的岗位只有文秘岗主管和行政岗主管。贺某报名参加并在《竞聘报名表》中选择服从调剂。同年保险公司下发通知免去贺某综合管理部单证管理岗主管职务，后又将其工作岗位调整为客户服务中心保单服务岗，该岗位属于操作岗，不属于管理岗，且薪酬比之前管理岗位有所降低。贺某未到新岗位报到上班，要求保险公司支付解除劳动合同的经济补偿金。

解析

用人单位通过竞岗方式对劳动者岗位进行调整导致劳动者薪酬减少，应事先对此进行充分明确说明，贺某虽在《竞聘报名表》上确认接受岗位调剂，但保险公司并未提供证据证明将竞岗后有可能降低薪酬的后果告知贺某，故保险公司的调岗行为缺乏合法依据，应支付贺某解除劳动合同的经济补偿金。用人单位在行使用工自主权的同时，应保障不侵害劳动者的合法权益。用人单位可以通过竞岗方式对劳动者岗位进行调整，但因此可能导致劳动者薪酬减少的，用人单位应事先对此进行充分明确说明，否则即使劳动者选择服从岗位调剂，但对降低的薪酬不予认可，用人单位调岗行为的合法性就值得质疑。

· 工资总额中的补贴 ·

劳动争议中经常需要面临的问题就是确定劳动者的工资总额。在计算劳动者工资总额时，由于目前各用人单位发放的工资项目繁杂，当事人之间对一些补助、补贴是否应当计入工资总额往往容易产生争议。

一般认为，计入劳动者工资总额中的津贴和补贴，是指为了补偿职工特殊或额外的劳动消耗和因其他特殊原因支付给职工的津贴，以及为了保证职工工资水平不受物价影响支付给职工的物价补贴。一般包括补偿职工特殊或额外劳动消耗的津贴，如保健性津贴、技术性津贴、年终性津贴及其他津贴，以及为保证职工工资水平不受物价上涨或变动影响而支付的各种补贴。

《国家统计局〈关于工资总额组成的规定〉若干具体范围的解释》对于工资总额中不包括的项目和范围也作出了相应规定，劳动保险和职工福利、劳动保护方面的各种收入待遇，均不应计入工资总额，比如生活困难补贴、集体福利费、上下班交通补贴、取暖补贴、洗理费等。以上规定在劳动争议案件时可以参照适用，从而较为合理地确定劳动者具体的工资组成和工资总额。

劳动争议案件需要确定劳动者工资总额的时候，不能对用人单位发放给劳动者的补助、补贴等一概而论，认为均应或者均不应计入劳动者的工资总额，而是应当具体分析这些补助、补贴的性质。需要注意的是，由于各地的房改政策不尽相同，所以用人单位发放给劳动者的住房补贴是否应当计入工资总额，还应结合各地的实际情况具体予以区分，对于那些专款专用，劳动者不能自由支配的住房补贴，一般不应作为工资对待，而对于那些以现金形式发放给劳动者，并且劳动者可以自由支配的住房补贴，则可以考虑计入工资总额。

对工资标准有争议，由用人单位还是劳动者举证？

案例

刘某到医院担任收银员工作，双方未签订劳动合同。其后刘某离职，双方对工资标准和未签订书面劳动合同的原因存在争议。关于工资标准问题，刘某为证明其主张，提交了打印的“医院工资标准”一份，其后刘某承认该证据中“医院收费专用章”系其自行加盖。医院提交了打印的刘某个人工资表，但是刘某不予认可，上面也没有刘某的签名。仲裁委裁决按照刘某主张的工资标准，医院支付刘某未签订劳动合同的另一倍工资。医院不服该裁决，诉至法院。法院采纳了刘某主张的工资标准。

解析

本案中医院和刘某之间就每月劳动报酬的标准存在争议，双方都提供了相应的证据，但是双方的证据都存在瑕疵。医院提供的刘某个人工资表缺少刘某方的签名，其真实性值得怀疑。而刘某方虽然提供了打印的“医院工资标准”一份，但是该证据中“医院收费专用章”系其自行加盖。对双方争议的工资标准问题，《工资支付暂行规定》第6条规定，用人单位应将工资支付给劳动者本人。此外，用人单位必须书面记录支付劳动者工资的数额、时间、领取者的姓名以及签字，并保存两年以上备查。用人单位在支付工资时应向劳动者提供一份其个人的工资清单。在案件的真实情况无法凭借现有证据查明的情况下，法院根据劳动争议中关于举证责任规定作出了判决。法院认为双方无书面约定，医院应承担证明刘某在医院工作期间的工资的举证责任，而医院现有证据不足，所以刘某的意见被法院采纳。

未及时足额支付劳动报酬，是否区分用人单位主观故意？

案例

高某进入装饰公司处从事综合管理部经理工作，双方签订了劳动合同。合同到期后，高某继续留在装饰公司工作。在劳动关系存续期间装饰公司未向高某发放工资。其后，高某以装饰公司无故拖欠工资为由向装饰公司提出解除劳动合同，并向装饰公司邮寄了《解除劳动关系通知书》，写明因单位存在未及时足额支付本人劳动报酬，与单位的劳动关系解除。装饰公司拒收该邮件，但表示知晓高某辞职原因系因为装饰公司欠薪。就解除劳动合同的经济补偿，双方发生争议，高某申请仲裁，要求装饰公司支付拖欠工资及经济补偿金。该纠纷经过仲裁及诉讼程序，法院判决支持高某的诉讼请求。

解析

用人单位应依法向劳动者支付劳动报酬，不得克扣或者无故拖欠劳动者的劳动报酬。《劳动合同法》第 38 条第 1 款第 2 项规定，用人单位未及时足额支付劳动报酬的，劳动者可以解除劳动合同。第 46 条规定，劳动者依照《劳动合同法》第 38 条规定解除劳动合同的，用人单位应当向劳动者支付经济补偿金。本案中高某向装饰公司提出解除劳动合同的理由系“未及时足额支付劳动报酬”。法院认为，对于装饰公司是否存在未及时足额支付劳动报酬的事实，不应以装饰公司主张的起诉时作为认定该事实的时间点，应以高某提出解除劳动合同之时作为认定装饰公司是否存在未及时足额支付劳动报酬事实的时间点。装饰公司对高某提出解除劳动合同之时存在未及时足额支付高某劳动报酬的事实不持异议，主张欠付劳动报酬不存在主观故意，系客观原因所致，装饰公司的该主张不能对抗法律规定的应支付经济补偿金的法定事由。

提成工资

· 提成工资范围 ·

很多企业根据自身特点，把员工的工资水平和工作业绩联系在一起，实行基本工资加业务提成的工资分配制度，依法自主设定本企业的工资分配方式是合法的。关于提成是否属于工资组成部分，《劳动合同法》和《劳动合同法实施条例》没有作出明确规定。《劳动部关于贯彻执行〈中华人民共和国劳动法〉若干问题的意见》第53条规定，劳动法中的“工资”是指用人单位依据国家有关规定或劳动合同的约定，以货币形式直接支付给本单位劳动者的劳动报酬，一般包括计时工资、计件工资、奖金、津贴和补贴、延长工作时间的工资报酬以及特殊情况下支付的工资等。提成作为奖金的一种特殊形式，是工资的组成部分。在司法实践中，一般会将业务提成计入劳动者的工资基数。

约定不明下，员工主张提成工资能否得到支持?

案例

房地产公司与顺某签订销售代理合同，约定房地产公司销售楼盘时以顺某的名义进行，房屋销售款由顺某直接收取。由某入职房地产公司，从事销售顺某的楼房工作。依照顺某与房地产公司的约定，由某以顺某的名义对外销售。工程公司进行看房，由某对其进行了接待。其后，工程公司与顺某开始直接接触，并最终签订购房合同，由某未参与该过程。由某从房地产公司离职。房地产公司未向由某支付售房佣金。据查，公司管理制度中未对大宗销售，以及开发商与开发商之间的购房合同提成方式进行约定。其后由某提起仲裁，要求房地产公司向其支付售房佣金97万元。仲裁委以证据不足为由，驳回仲裁请求。由某不服起诉至法院。法院判决房地产公司给付由某提成工资25万元。

解析

由某在房地产公司工作期间，其积极促成顺某和房地产公司之间达成500余套房屋的购买协议，按照房地产公司的管理制度，房地产公司理应向由某及时支付相应的销售提成佣金。但由于房地产公司的管理制度中未对其工作人员一次性促成大宗购房合同，且由顺某后期直接介入与客户签约情况的佣金提取标准进行规定，法院在查明事实及均衡双方权利义务的基础上，酌定房地产公司应向由某支付售楼佣金的提成数额。房地产公司认为，工程公司认可其未通过由某购买顺某的楼盘，由某未促成顺某和房地产公司签订购房合同，故其不应向由某支付涉案销售佣金，因该主张与法院在诉讼期间直接向房地产公司有关人员调取的证据相矛盾，法院不予采信。

· 提成工资规则 ·

市场经济下用人单位在员工激励机制上不断发生变革和创新。用人单位通常以业绩情况或项目完成情况，将盈利按照一定的比例在企业和员工之间分成，以此确定员工的劳动报酬。对于提成制来说，确定合适的提成比例是非常重要的，合适的提成比例能够有效激励劳动者努力工作。提成比例太低不具有激励性，比例太高又影响企业盈利。有的用人单位在提成的计量和给付条件上规定很苛刻，比如项目收入的未能实际取得部分、项目完成费用超额部分在提成中扣除等，这种约定与用人单位的经营风险相关，目前司法实践对这种约定的效力认识不一。提成的约定如果是在类似提成协议中体现，这类协议跟民事合同没有本质区别，一般被认定为有效。但是此类合同的履行，体现了用人单位与劳动者的管理关系。在效力认定上，应根据用人单位的管理或干预程度，综合判断用人单位是否有利用自己强势地位，免除或减少自身法定责任的行为。

公司收回已售出物品，员工是否可以主张销售提成款?

案例

刘某入职机械设备公司从事工程机械销售工作，担任销售经理。刘某为机械设备公司销售挖掘机，双方约定按销售情况提成。双方约定了提成计算标准。对刘某销售挖掘机，机械设备公司主张其中一台客户未付清首付款，且因客户无力负担月供，公司已将该挖掘机拉回。另一台系客户更换机械，不能算作销售业绩。刘某请求支付的其他提成款尚未达到应付提成款的前提条件，对已售出机械调换，不应作为刘某另行销售机械的提成部分。刘某表示不予认可。双方由此致诉。法院审理后判决机械设备公司给付刘某销售提成款。

解析

关于刘某主张的销售提成款，在性质上属于劳动报酬的组成部分，机械设备公司应按约定支付。机械设备公司认为不符合提成条件的主要理由是认为存在首付款或进度款未付清，以及售出的机械又被退回的情形，机械设备公司应对此负有举证责任。依常理和行业习惯，首付款未付清是不应向买受人交付机械的，而本案涉及的机械均已实际交付，机械设备公司亦未举证证明首付或进度款未付清的事实，故其该项答辩理由，法院没有采纳。已售出的机械，机械设备公司同意退回的，属于其自身经营行为，不能证明可归责于刘某，故机械设备公司以此理由拒付提成，不应支持。

在提成的核算上，容易出现的纠纷是如何计算项目的成本，进而确定项目的盈利情况，在此基础上分配提成款或奖金。通常在项目之前用人单位已经做好预算，但是实践中可能会发生一些项目预算之外的费用，对超过的这部分费用是否计算入项目的成本，应当根据具体情况确定，比如，用人单位能够证明该费用是因正常业务的开展而发生的，则应当计算到成本中。

提成的对象往往是一个项目小组或集体。市场的激烈竞争导致专业化加强，促使用人单位采取团队作业的形式，提高市场竞争力和工作效率。在用人单位没有与项目小组事先确定具体的提成标准情况下，应当根据具体成员的贡献（实际工作量）进行考核确定。如果分配明显不公，小组成员对此项目小组的分配提出异议，司法实践中对小组成员的合理请求也会酌情考虑。

根据用人单位的规章制度或行业惯例，用人单位往往将公司回款情况作为支付提成款的前提。也就是说，劳动者在代表用人单位对外签订营销合同后与领取提成款之间存在一个时间差。如果劳动者在回款还没有到账时与公司解除了劳动关系，用人单位往往会拒付提成或主张在回款到账后再行支付，这就涉及提成条件成立与否的认定问题。劳动者代表用人单位对外签订的合同已经开始履行，那么，履行中出现的风险就应当由用人单位承担，即使回款没有全部到账。除非劳动者与用人单位事先约定，或者用人单位的规章制度中已经明确风险在提成的给付中给予考虑，那么劳动者应当承担相应的风险。如果劳动者对第三方的迟延给付也有责任，用人单位可以相应续延给付劳动报酬期限。

对劳动者主张的销售提成款，应如何计算？

案例

杜某进入制造公司工作。双方签订聘用合同一份，载明杜某担任制造公司的副总经理，主管制造公司的销售工作。制造公司制定销售业务结算实施细则，规定了销售人员的提成计算方法。杜某先后分别销售 LG60 轧机共计 11 台以及 LG90 轧机一台。公司主张销售提成款的结算应以销售货款全额到账为条件。销售款全额到账后，制造公司没有支付销售款提成。双方对提成计算方法有争议。杜某向法院提起诉讼。法院根据双方约定的实施细则，扣除相关业务成本后，判决制造公司支付杜某销售提成。

解析

杜某与制造公司签订聘用合同约定具体未尽事宜另附本厂细则，而本厂细则即为销售业务结算实施细则，该细则是调整销售人员出售产品所涉及的权利义务，是制造公司一项规章制度。双方在履行聘用合同期间，制造公司依据上述实施细则计算杜某销售产品应得提成款项，杜某也未对此提出异议，可见实施细则是制造公司业务销售人员取得销售提成奖励的依据。如果为了拓展产品销售市场，寻找客源而发生的合理公关费由制造公司直接对外支付，则该部分费用应当在计算提成时予以扣除，反之，如果杜某已经支付了相关公关费，制造公司则不应从杜某销售比例中扣除。在杜某无证据证明其发生业务回扣支出的情况下，制造公司从杜某销售提成中扣除公关费（业务回扣），符合实施细则的规定，也于法不悖。据此，在计算杜某提成时，根据实施细则确定的公关费的具体金额或者比例扣除相应的公关费。同理，安装费、运费、设计费等也均应在结算时在销售额中扣除。

如何认定劳动者主张提成款的时效？

案例

黄某自电气公司成立后即受聘担任该公司总经理，全面负责该公司的经营、管理。工作期间，黄某利用他人身份材料注册成立电子科技有限公司，该公司实际由黄某经营管理，黄某利用电子科技公司的名义非法侵占电气公司采购款人民币170万余元。之后，黄某、电气公司解除劳动关系。电气公司向黄某出具函1份，要求黄某返还原属于电气公司的资产、不再向电气公司主张任何款项等。公安机关接到电气公司报案后，以黄某涉嫌职务侵占犯罪为由将其刑事拘留。一年多之后，法院判决黄某犯职务侵占罪。黄某出狱后申请劳动仲裁，要求电气公司支付销售提成款项、住宿费、垫付费用、返还现金等。仲裁委员会以请求事项已经超过仲裁规定的时效为由决定不予受理。黄某不服，遂诉至法院。法院判决认定，黄某请求事项已经超过仲裁规定的时效，不予支持请求。

解析

劳动争议申请仲裁的时效期间为一年。本案中，黄某确认电气公司强行将其赶出公司后，其未再为电气公司提供劳动。黄某上诉认为双方劳动关系至今仍存在的主张，缺乏事实依据。黄某提成款诉请的仲裁时效应从双方劳动关系终止之日起计算。黄某认为，其所涉职务侵占刑事案件的审理中，涉及其与电气公司提成款的争议，其当时欲通过刑事审判来确认提成金额，并抵消相互之间债务，在刑事裁定书最终认定双方间是否存在提成争议与认定黄某职务侵占之间并无关联性后，其才明确知道自己的民事权利受到侵害，故上述情形构成时效中断。对此，法院认为，黄某在刑事案件中就提成款的供述，仅是其对自身行为不构成职务侵占罪的申辩，并非向电气公司主张提成款，亦非向有关部门请求保护其民事权利的权利救济，不属于时效中断的法定情形，黄某应在双方劳动关系解除之日起一年内主张权利，即使扣除黄某因刑事诉讼被羁押的期间，其申请仲裁也已经超过仲裁时效。故对黄某的上述主张，法院不予支持。

加班费

· 加班安排 ·

某些用人单位习惯性认为，加班属于公司的自主管理范畴，公司给予员工相应的加班费，可以安排员工加班。如果员工拒绝公司的加班要求，就是不服从公司规章制度的管理，因此公司有权给予处罚，甚至解除劳动合同，这种观点是错误的。用人单位应当严格执行劳动定额标准，不得强迫或者变相强迫劳动者加班。协商是企业决定延长工作时间的程序，企业确因生产经营需要，必须延长工作时间时，应与劳动者协商。对企业违反法律、法规强迫劳动者延长工作时间的，劳动者有权拒绝。若由此发生劳动争议，可以提请劳动争议处理机构予以处理。

按照《劳动法》第42条规定，在某些特殊情形下，用人单位安排劳动者加班的，劳动者无正当理由不得拒绝。有下列情形之一的，延长工作时间不受限制：（1）发生自然灾害、事故或者因其他原因，威胁劳动者生命健康和财产安全，需要紧急处理的；（2）生产设备、交通运输线路、公共设施发生故障，影响生产和公众利益，必须及时抢修的；（3）法律、行政法规规定的其他情形。

《〈国务院关于职工工作时间的规定〉的实施办法》第7条规定："有下列特殊情形和紧急任务之一的，延长工作时间不受本办法第六条规定的限制：（一）发生自然灾害、事故或者因其他原因，使人民的安全健康和国家资财遭到严重威胁，需要紧急处理的；（二）生产设备、交通运输线路、公共设施发生故障，影响生产和公众利益，必须及时抢修的；（三）必须利用法定节日或公休假日的停产期间进行设备检修、保养的；（四）为完成国防紧急任务，或者完成上级在国家计划外安排的其他紧急生产任务，以及商业、供销企业在旺季完成收购、运输、加工农副产品紧急任务的。"

· 加班认定 ·

《最高人民法院关于审理劳动争议案件适用法律若干问题的解释（三）》第9条规定，劳动者主张加班费的，应当就加班事实的存在承担举证责任。但劳动者有证据证明用人单位掌握加班事实存在的证据，用人单位不提供的，由用人单位承担不利后果。由此可见，只要劳动者能够提供用人单位掌握加班事实存在的证据，而非加班事实存在的证据，用人单位拒不提供证据，应承担不利后果。这种举证责任分配考虑了劳动者加班举证难的客观现实。

在查明加班事实时，应考虑以下因素综合分配举证责任：（1）用人单位有无考勤记录。用人单位以已经劳动者确认的电子考勤记录证明劳动者未加班的，对用人单位的电子考勤记录应予采信。如果劳动者有证据证明单位有考勤记录，用人单位拒绝提供的，应采信劳动者主张的加班时间。（2）用人单位是否具备有效的加班审批制度。如果有制度，实际操作中也严格按照该制度执行，则考勤记录只能作为加班时间的参考，而非等同于加班记录。（3）同行业工种性质和工作流程。（4）工资条中是否有加班费明细。如果公司不具备有效的加班审批制度，且不能证明劳动者考勤记录中显示的非标准时间段不是在加班，则考勤记录就很可能被最终认定为加班。

员工下班后微信与客户沟通，是否构成加班？

案例

刘某入职门业公司，双方发生纠纷，刘某离职。刘某主张其存在延时、休息日及法定节假日加班的情况，为此，刘某提供了其自行打印的载有下单日期的《生产指令单》，其与客户、销售等人员的微信聊天记录。门业公司对刘某的证据均不予认可，主张生产指令单系刘某自行保存的，无单位盖章及签字，而微信聊天的联系人无法确定且不足以证明聊天内容与工作有关，仅微信联系时间无法证明刘某存在加班。该纠纷经仲裁及诉讼程序，法院对刘某要求支付加班费的诉讼请求不予支持。

解析

劳动者主张加班费的，应当就加班事实的存在承担举证责任。关于刘某主张的延时、休息日及法定节假日加班工资，因其仅能提供证据复印件及微信聊天记录，刘某提供的证据没有原件予以核对，且聊天记录无法核实聊天人员的身份，无法仅根据聊天内容确认刘某存在加班的事实，故刘某因未能提供充分有效的证据证明其存在加班，应当承担举证不能的法律责任，故对刘某要求门业公司支付其加班费的诉请，依据不足，法院不予支持。

· 值班安排 ·

一般认为，值班是指单位因防火、防盗、消防及休息休假日处理事务的需要，临时安排或者根据制度安排的与劳动者本职无关联的工作；或者虽与劳动者本职工作有关联，但当班期间可以休息的工作。下列情形中，劳动者要求用人单位支付加班工资的，一般不予支持：(1) 用人单位因安全、消防、节假日等需要，安排劳动者从事与本职工作无关的值班任务；(2) 用人单位安排劳动者从事与其本职工作有关的值班任务，但值班期间可以休息的。在上述情况下，劳动者可以要求用人单位按照劳动合同、规章制度、集体合同等支付相应待遇。劳动保障监察在实践中对值班把握的尺度，认定加班还是值班，主要看劳动者是否继续在原来的岗位上工作，或者是否有具体的生产或经营任务。值班支付劳动者的报酬，具体标准由用人单位按其规章制度确定。

劳动者在工作场所等待工作安排，是否应认定为加班时间？

案例

张某到航空公司工作，双方签订了无固定期限劳动合同。合同约定，张某在航空公司从事配备岗位工作，航空公司安排张某执行综合计算工时工作制度。同时还约定，航空公司安排张某加班，安排同等时间补休，无法安排补休的，不定期支付加班费，法定假日加班依法支付加班工资。张某的工作实行倒班制，即每上班 24 小时休息 24 小时。上班过程中包括休息时间。航空公司对综合计算工时工作制的员工，按照相应的工作时间计算方法计算其工作时间。张某与航空公司发生纠纷，提起仲裁申请，要求航空公司支付超时加班费。该案经仲裁和诉讼程序，法院认为航空公司已足额支付加班工资，驳回了张某的请求。

解析

航空公司系民用航空运输服务企业，张某所从事的工作，符合劳动部及民航总局规定的可执行综合计算工时制的工种范围，这是由其所从事行业的特殊性决定的，在服务性企业内，劳动者进入该单位时便已知道该工作岗位的工作时间情况。即使执行综合计算工时工作制需要报地方人力资源和社会保障局审批，也是另一法律关系，并不必然导致执行综合计算工时制无效。从航空公司经报批仍然对张某等从事的工作执行综合计算工时制来看，航空公司对张某所从事的工作执行综合计算工时制也并无不当。

航空公司提交的该公司与工会共同调查并制作的航机员工作时间数据，已经证实了张某存在加班事实，航空公司也已向其支付了加班费。关于已超过其此期间应领取的加班费数额。张某的工作实行倒班制，即每上班 24 小时休息 24 小时，上班过程中包括休息时间。加班并非单纯的时间经过，而需要以特定的工作作为内容支撑，张某主张其在单位的24小时都在上班，与事实不符。故对张某提出的航空公司未足额支付了加班费的主张不予支持。

保安的加班时间如何认定?

案例

陈某入职医院担任保安，双方签订劳动合同，合同约定工作时间是标准工时制。医院安排其居住在单位的保安室内，工作范围主要是人员或车辆进入厂区给予登记及放行，巡查院区治安情况等。工作期间，单位将每月薪酬以银行卡转账形式打到陈某的工资卡上。陈某认为合同约定的是标准工时制，但实际执行的是非标准工时制度，一天24小时都在工作岗位。无法定的休息日和节假日。因保安工作性质的特殊性及工作人员人手不够等原因，造成其长期加班。医院在此期间既未安排补休也未给予相应的补偿。要求单位支付相应时间的加班费。该纠纷经仲裁及诉讼程序，法院驳回了陈某的请求，认定医院不需支付加班费。

解析

法院认为，虽然陈某与医院签订的劳动合同中约定的是标准工时制，但在实际履行中，陈某所在的治安组，采取的是连续值班24小时后休息48小时的轮班制，双方对该履行方式均无异议，该方式也不违反法律法规的规定。陈某具体从事的是保安工作岗位，该岗位具有不定时工作性质，即在值班的24小时内，是遇事才需处理，没有事情时则可处于相对休息状态，且值班的24小时也包括处理一日三餐等生活事项的时间，并非完全处于劳动状态，因此，依据陈某的实际岗位性质，结合其付出的劳动强度、时间等因素，不能按照标准工作时间来衡量、计算陈某的工作时间及加班时间。陈某主张24小时均属其工作劳动时间的理由不成立，其主张加班的具体时间没有充分的证据证明。此外，根据审理查明的事实，医院向陈某发放的工资中已包含了夜班费、科室福利及加班费、节假日奖金、加班工资等项目，陈某每月均领取了数额不等的加班工资，其没有证据证明中心医院发放的加班工资不足额，应承担举证不能的不利法律后果。

· 补休安排 ·

《劳动法》第44条规定，用人单位休息日安排劳动者工作又不能安排补休的，支付不低于工资的百分之二百的工资报酬。《劳动部关于贯彻执行〈中华人民共和国劳动法〉若干问题的意见》第70规定，休息日安排劳动者工作的，应先按同等时间安排其补休，不能安排补休的应按劳动法第44条第2项的规定支付劳动者延长工作时间的工资报酬。法定节假日（元旦、春节、劳动节、国庆节）安排劳动者工作的，应按劳动法第44条第3项支付劳动者延长工作时间的工资报酬。

休息日安排劳动者加班，可以用补休代替加班费支付。但是，国家法定节假日安排加班，用人单位只能支付加班费，而不允许安排补休，除非与劳动者协商一致。对于补休的周期，目前无相应的法律法规规定。地方立法有规定的，参照具体规定执行。用人单位可以根据自身实际情况，合理安排补休时间。

· 加班费标准 ·

用人单位安排劳动者延长工作时间的，支付不低于工资的150%的工资报酬。在休息日安排劳动者工作的，优先安排劳动者补休。如果无法安排补休的，支付不低于工资200%的工资报酬。用人单位在法定节假日安排劳动者工作的，支付不低于工资300%的工资报酬。基本工资之外的补贴、津贴、奖金在劳动合同无明确约定的情况下，都应计入加班费计算依据，而奖金的数额可以根据劳动者一定时期内获得的奖金的平均数额计算。

《全国年节及纪念日放假办法》的规定，全体公民的节日假期为11天。据此，劳动和社会保障部《关于职工全年月平均工作时间和工资折算问题的通知》规定了职工全年月平均制度工作天数和工资折算办法。

一、制度工作时间的计算

年工作日：365天－104天（休息日）－11天（法定节假日）＝250天

季工作日：250天÷4季＝62.5天/季

月工作日：250天÷12月＝20.83天/月

工作小时数的计算：以月、季、年的工作日乘以每日的8小时。

二、日工资、小时工资的折算

按照《劳动法》第51条的规定，法定节假日用人单位应当依法支付工资，即折算日工资、小时工资时不剔除国家规定的11天法定节假日。据此，日工资、小时工资的折算为：

日工资：月工资收入÷月计薪天数

小时工资：月工资收入÷（月计薪天数×8小时）

月计薪天数＝（365天－104天）÷12月＝21.75天

该通知制度工作日20.83天/月与制度计薪日21.75天/月出现不同，是因为法定节假日劳动者休假，视为劳动者提供了正常劳动，用人单位仍应支付正常的劳动报酬。

·加班工资计算·

劳动者加班费计算基数，应当按照法定工作时间内劳动者提供正常劳动应得工资确定，劳动者每月加班费不计到下月加班费计算基数中。具体情况如下：

（1）用人单位与劳动者在劳动合同中约定了加班费计算基数的，以该约定为准；双方同时又约定以本市规定的最低工资标准或低于劳动合同约定的工资标准作为加班费计算基数，劳动者主张以劳动合同约定的工资标准作为加班费计算基数的，应予支持。

（2）劳动者正常提供劳动的情况下，双方实际发放的工资标准高于原约定工资标准的，可以视为双方变更了合同约定的工资标准，以实际发放的工资标准作为加班费计算基数。实际发放的工资标准低于合同约定的工资标准，能够认定为双方变更了合同约定的工资标准的，以实际发放的工资标准作为加班费的计算基数。

（3）劳动合同没有明确约定工资数额，或者合同约定不明确时，应当以实际发放的工资作为计算基数。用人单位按月直接支付给职工的工资、奖金、津贴、补贴等都属于实际发放的工资，具体包括国家统计局《〈关于工资总额组成的规定〉若干具体范围的解释》中规定“工资总额”的几个组成部分。加班费计算基数应包括“基本工资”“岗位津贴”等所有工资项目。不能以“基本工资”“岗位工资”或“职务工资”单独一项作为计算基数。在以实际发放的工资作为加班费计算基数时，加班费（前月）、伙食补助等应当扣除，不能列入计算基数范围。国家相关部门对工资组成规定有调整的，按调整的规定执行。

（4）劳动者的当月奖金具有“劳动者正常工作时间工资报酬”性质的，属于工资组成部分。劳动者的当月工资与当月奖金发放日期不一致的，应将这两部分合计作为加班费计算基数。用人单位不按月、按季发放的奖金，根据实际情况判断可以不作为加班费计算基数。

（5）在确定职工日平均工资和小时平均工资时，应当按照《劳动和社会保障部关于职工全年月平均工作时间和工资折算问题的通知》规定，以每月工作时间为21.75天和174小时进行折算。

（6）实行综合计算工时工作制的用人单位，当综合计算周期为季度或年度时，应将综合周期内的月平均工资作为加班费计算基数。

·特殊工时制的加班费·

一般情况下，综合计算工时制的加班只会在一定周期的工作时间超过标准的总额才会存在，且只能以工资的150%计算工资报酬，在标准总额内的时间，即使从某天或某周来看，超过了标准工作时间但也不以加班来看。需要注意的是，在法定节假日工作还是视为加班，按法定的标准支付不低于工资的300%的工资报酬。

实行综合计算工时制和不定时工作制的职工享有法定休息的权利，这是宪法和劳动法赋予劳动者的休息权，用人单位应当保护劳动者的这项权利。对于实行不定时工作制和综合计算工时工作制的职工，企业应在保障职工身体健康并充分听取职工意见的基础上，采用集中工作、集中休息、轮休调休、弹性工作时间等适当方式，确保职工的休息休假权利。

综合计算工时工作制的计算周期可以按周、月、季、年来计算，该计算周期需要经过劳动行政部门的审批，而不得由用人单位与劳动者自行约定。简言之，未经审批的综合计算工时工作制是无效的，仍应按照标准工时制度计算加班费。实践中，最常见的计算周期是以年为单位。

若综合计算工时工作制的计算周期批准按年计算，在保证劳动者休息休假的前提下，用人单位可以超出“每天工作不超过8小时、每周工作不超过40小时”之限制。该工时制下，一年法定标准工作时间为2000小时。计算方法：一年365天，52周，144天休息，11天法定节假日，全年工作日250天，每个工作日按8小时计算。那么，综合计算全年的工作时间，如果未超过2000小时，则用人单位不需要支付加班费。如果超过2000小时，用人单位应支付加班费。

综合计算工时工作制下，只有延长工作时间的加班和法定休假日加班，而不存在休息日加班。对于超过2000小时的加班时间（小时数），超过的小时数按照不低于工资150%的标准向劳动者支付。其中，法定节假日的加班（国家规定11天节假日），应按照不低于工资300%的标准向劳动者支付。

在实行综合计算工时工作制的情况下，劳动者主张加班费的，应根据劳动者提供的考勤、打卡记录等证据，结合其实际工作特点，审查其实际工作时间总数是否超过综合计算周期内的法定标准工作时间总数，超过部分应视为延长工作时间；对于整个综合计算周期内的实际工作时间总数并未超过该周期的法定标准工作时间总数的，只是周期内某一具体日或周超过法定标准工作时间的，超过部分不宜视为延长工作时间。

实行综合计算工时制，如何计算加班费？

案例

蒲某入职物业公司处工作，在配电室值班室值班，工作内容为每两个小时记录一次电流数。双方签订书面劳动合同书，合同的第六条约定物业公司实行“综合计算工时工作制”。蒲某递交书面辞职申请并离职。蒲某所在的工作岗位实行倒班工作制，即工作24小时、休48小时。蒲某入职两年后，相关部门批准了物业公司关于综合计算工时、不定时工作制的申请。蒲某离职后主张物业公司未足额发放加班费。物业公司主张其实行综合计算工时制，相关方加班费已发放。法院审理后认为，对蒲某超出综合计算工时制标准的时间，物业公司应当支付加班费。

解析

双方所签订的劳动合同书中显示物业公司实行综合计算工时制，但蒲某主张物业公司在其工作期间并未取得相关的审批。法院认为，综合考虑蒲某的工作内容、工作时间和工作特点，不宜按照标准工时制计算蒲某的工作时间，仍应适用综合计算工时制。物业公司在签订劳动合同时，与蒲某约定实行综合计算工时制，但直至蒲某入职两年后才获得相关审批，这是对劳动者的不尊重，法院对物业公司提出批评。根据蒲某提交的工资清单，有些月份物业公司向蒲某发放了“加班工资”，双方均认可“加班工资”一项主要为法定节假日加班费，现蒲某主张物业公司未全额发放法定节假日加班费，物业公司未能提交证据证明已经足额发放此项加班工资，故法院支持蒲某要求物业公司支付法定节假日加班费差额的主张。关于平时超时工作加班费，物业公司主张发放了部分平时加班费，但并未提交相应证据，故法院不予采信。法院按照蒲某每月工作240小时的标准，计算蒲某超出综合计算工时制标准的时间，以此为基数计算物业公司应当支付给蒲某的超时工作加班费。

不定时工作制未经审批，是否有效?

案例

钟某与光电公司签订《劳动合同》和《责任制人员协议书》，协议约定对钟某采用不定时工作制。钟某认为公司的不定时工作制对其不适用，其不属于高级管理人员，要求公司支付加班费。公司认为，《责任制人员协议书》协议系双方真实意思表示，未违反法律法规的强制性规定，对双方均具有约束力。钟某从签订《责任制人员协议书》至其向光电公司申请离职期间，未针对其不定时工作制提出异议，钟某的工作岗位应属无法用标准工时制度衡量的岗位，应适用不定时工作制来确定钟某的工作时间。本案一审法院认为公司应支付加班费，二审及再审法院认为，公司不应支付加班费。经检察院抗诉，法院采纳抗诉机关的意见，认为公司实行不定时工作制，以约定代替审批，应属无效。公司应支付加班费。

解析

《劳动法》第39条规定，企业因生产特点，经劳动行政部门批准，可以实行其他工作和休息办法。《劳动部关于企业实行不定时工作制和综合计算工时工作制的审批办法》第7条第2款规定：“地方企业实行不定时工作制和综合计算工时工作制等其他工作和休息办法的审批办法，由各省、自治区、直辖市人民政府劳动行政部门制定，报国务院劳动行政部门备案。”由此可见，各地企业实行不定时工作制和综合计算工时工作制由各级劳动和社会保障局审批，并对省、设区市、县（市、区）劳动和社会保障部门各自审批权作了明确规定。法律规定对不定时工作制实行审批是为了保障职工的基本休息权利，若允许以约定规避审批，违反法律法规保护劳动者基本权利之目的。因此《责任制人员协议书》关于对钟某实行不定时工作制的约定，违反了法律规定，应属无效，检察机关抗诉意见成立。

不定时工时制下，是否支付加班费？

案例

叶某系物业管理公司职工。叶某与物业管理公司签订劳动合同，从事公寓管理员工作。劳动合同期限3年，实行不定时工作制度。物业管理公司向人力资源和社会保障局申请对物业管理公司和子公司客服类人员（领班、管理员、收发员、会议服务员、接待员、清洁工）实行不定时工作制。劳动行政部门批复同意物业管理公司对以上人员实行不定时工作制。叶某与物业管理公司解除劳动关系，并申请劳动仲裁，认为自己不属于不定时工作制适用人员，请求公司支付加班费。该纠纷经仲裁及诉讼程序，法院驳回叶某要求支付加班费的请求。

解析

叶某提出了其并未实行不定时工作制，但叶某举示的劳动合同明确约定叶某在物业管理公司从事公寓管理员工作实行不定时工作制，该约定也符合学生公寓管理工作的实际需要，叶某认为合同中的该项约定系物业管理公司事后勾选，并无证据证明。叶某认为劳动行政部门对物业管理公司实行不定时工作制的批复既不包含物业管理公司的大学城分公司，也不包含公寓管理人员，物业管理公司报批的客服类人员数量不实。《公司法》第14条规定："公司可以设立分公司。设立分公司，应当向公司登记机关申请登记，领取营业执照。分公司不具有法人资格，其民事责任由公司承担。公司可以设立子公司，子公司具有法人资格，依法独立承担民事责任。"据此，分公司不同于子公司，分公司是公司的组成部分，而子公司是独立于公司的企业法人。根据前述法律规定，劳动行政部门批复的对象物业管理公司，依法包含物业管理公司下属不具有独立法人资格的分公司，自然包含物业管理公司的大学城分公司。物业管理公司的报批申请，对需实行不定时工作制的客服类人员的具体范围，以括号方式说明包含管理员等6类具体岗位，劳动行政部门批复同意对物业管理公司的客服类人员实行不定时工作制，是针对物业管理公司的申请内容作出的回应，也是将客服类人员作为一个类别的整体同意，是对从业人员所在岗位的审批，而非对具体职工的审批，更非对从业人员数量的审批，叶某属于实行不定时工作制的范围。

· 工资包含加班费 ·

工资中是否可以包含加班费，劳动合同法及其实施条例对此没有明确规定，司法实践中也存在不同的处理意见。比如《北京市高级人民法院、北京市劳动争议仲裁委员会关于劳动争议案件法律适用问题研讨会会议纪要》第23条规定，用人单位与劳动者虽然未书面约定实际支付的工资是否包含加班工资，但用人单位有证据证明已支付的工资包含正常工作时间工资和加班工资的，可以认定用人单位已支付的工资包含加班工资。但折算后的正常工作时间工资不得低于当地最低工资标准。其他地方的指导意见也有类似规定。

具体来说，假设双方没有对加班费用进行约定，但是在用人单位的证据中，例如工资单中，明确加班费用的明细，可以认为用人单位已经支付加班费用。但是，除该部分加班费用外，劳动者的正常工作时间的工资必须超过最低工资标准。根据上述规定，无论是合同约定工资之中包含加班工资，还是用人单位举证证明实发工资之中包含了加班工资，只要依法折算加班工资后的正常工作时间工资不低于当地最低工资标准，都可以认定有效。

固定数额的“加班费”，是否属于法定标准工作时间内的工资？

案例

孙某入职服装公司，担任仓库质检员。其后孙某因个人原因离职。孙某认为服装公司发放的工资扣除加班费之后，低于当地最低工资标准，公司应补发低于最低工资差额。服装公司对孙某实行打卡考勤制度，工作时间为每日8：30至17：30。孙某考勤记录显示，其每天下班均于17：30后至18：00左右打卡，仅有两天下班时间为22：30、22：37。孙某表示其存在平日延时加班情况，因服装公司每天要求孙某17：30就打卡，故平日延时加班在考勤记录中无法显示，服装公司每月发放的固定数额加班费即为此类加班的报酬。服装公司表示，不认可孙某所述存在平日延时加班的情况，每月发放的固定数额的“加班费”实际并非加班费，只是项目名称为“加班费”，不加班的情况下也会发放，属于工资的一部分，如果另有加班则另行支付加班费。该纠纷经仲裁及诉讼程序，法院认定服装公司发放工资未低于当地最低工资标准。

解析

本案争议焦点在于服装公司每月向孙某发放的固定数额的“加班费”是否属于孙某在法定标准工作时间内的应得工资。孙某的考勤卡显示孙某并无平日延时加班情况，一年内仅各有一天延时加班至22：30左右的情况，服装公司已经额外支付了这两天延时的加班费以及所有周末和法定节假日的加班费，故孙某每月获得的固定数额的“加班费”并无对应的加班事实存在；孙某称存在平日延时加班的情况，迫于服装公司管理只能在正常下班时间打卡的陈述没有证据支持，该陈述不能采信。《最高人民法院关于审理劳动争议案件适用法律若干问题的解释（三）》第9条规定，劳动者主张加班费的，应当就加班事实的存在承担举证责任。但劳动者有证据证明用人单位掌握加班事实存在的证据，用人单位不提供的，由用人单位承担不利后果。本案中，孙某未能提供证据证明其存在平日延时加班的事实，亦未能对其加班时间作出明确的陈述。综合以上考虑，不能仅以“加班费”的名称确定款项的性质，孙某获得的每月固定数额的“加班费”实际应为法定标准工作时间内的工资。因此，服装公司向孙某发放的工资未低于当地最低工资标准。

· 工资记录保存义务 ·

用人单位具有保存工资记录的义务，资料灭失的可能会承担不利后果。《北京市高级人民法院、北京市劳动争议仲裁委员会关于劳动争议案件法律适用问题研讨会会议纪要》第17条明确，用人单位应当按照工资支付周期编制工资支付记录表，并至少保存两年备查。劳动者与用人单位因劳动报酬问题产生争议时，在两年保存期间内，由用人单位承担举证责任。超出这一期间的则应适用“谁主张，谁举证”的证明责任分配规则。“两年”是指劳动者申请仲裁之日起往前推算两年。

用人单位保存工资记录的时限是多长？

案例

杨某进入超市公司处工作，双方签订了劳动合同，工作期限为3年，工作岗位为生鲜员工，杨某实行每周六天工作制，并实行轮休。杨某向超市公司通过邮政快递的方式寄送了关于解除劳动关系的函，认为超市公司一直安排杨某加班，未及时足额支付劳动报酬。通知解除与超市公司之间的劳动关系，并请结清工资，同时支付经济补偿金、加班工资、补办社会保险。超市公司对杨某所在门店的营业员（含生鲜员工、理货员等）实行以月为周期综合计算工时工作制，经当地人力资源和社会保障局批准。杨某在《职工劳动报酬签收确认单》中签名捺印，该确认单主要载明，杨某已在公司办公平台上查询工资清单，已知悉并确认公司已足额支付了上述期间的工资、加班费、补贴、绩效等所有劳动报酬。法院没有支持杨某的诉讼请求。

解析

劳动者请求用人单位支付加班工资，应对用人单位安排加班的事实负有举证责任，用人单位对已经支付加班工资的事实负举证责任。劳动部《工资支付暂行规定》第6条第3款规定，用人单位必须书面记录支付劳动者工资的数额、时间、领取者的姓名以及签字，并保存两年以上备查。用人单位在支付工资时应向劳动者提供一份其个人的工资清单。第一，劳动关系终止前两年内，用人单位因有保存工资记录“保存两年以上”的法定义务，用人单位负有举证责任。因杨某在《职工劳动报酬签收确认单》中签字确认，认可超市公司已经足额向其支付的工资、加班费、补贴、绩效等所有劳动报酬，故法院认为该期限内超市公司不应向其支付上述期间加班工资。第二，以劳动关系终止前两年之日，向后推算的工作期限。因用人单位不负有保存工资记录的法定义务，由劳动者负举证责任。杨某主张加班工资，而超市公司不认可存在加班及超市公司未足额支付加班工资的事实。杨某对其与超市公司存在加班的事实以及超市公司未足额向其支付加班工资的事实负有举证证明的责任。杨某举示的证据亦不足以证明上述事实，应承担不利的法律后果。

· 以拖欠加班费解除劳动合同的经济补偿 ·

一般认为，实践中因用人单位未足额支付加班费的原因多种多样，故劳动者以用人单位未足额支付加班费为由解除劳动合同，主张经济补偿金的，应当根据具体案件情况予以认定。劳动者有证据证明其长期存在加班，而用人单位长期、持续拖欠加班工资，劳动者以此为由提出解除合同，主张经济补偿金的，应予支持；但如果用人单位已经向劳动者支付了加班工资，且其能够提供明确的加班费计算依据，金额亦趋于合理，即使法院最终核算的数额与用人单位计算的数额有偏差，劳动者以用人单位未足额支付加班费主张经济补偿金的，不予支持。

· 加班费的举证责任 ·

对加班费纠纷，劳动者应当收集的证据有工作卡、签到册、工资条、银行卡的打印记录、纳税单、劳动合同等，这些可以证明劳动关系是否存在、是否存在加班事实、工资标准是否正常等，同时也为加班费的计算基数提供依据。劳动者主张加班费要证明有加班事实的存在。现实生活中，劳动者主张加班费往往在证明的环节上出现种种困难。比如，加班的工作记录、审批单、反映加班事实存在的工资单由用人单位保管。劳动者主张加班费的，应当就加班事实的存在承担举证责任。但劳动者有证据证明用人单位掌握加班事实存在的证据，用人单位不提供的，由用人单位承担不利后果。

当争议发生时，用人单位不愿对加班事实出具任何证明。在这种情况下，第一，劳动者应主张加班事实的存在。第二，要有证据证明用人单位掌握加班事实存在的证据。第三，用人单位不提供加班事实存在的证据。满足以上条件，用人单位应当承担不利后果。这个“不利后果”是说劳动者主张的加班事实可以得到认可。

针对员工拒绝加班的情况，用人单位应根据自身实际情况和行业特点，设置科学合理的绩效考核体系和奖励制度，平时注意培育创业进取的企业文化，培养员工对企业的忠诚度，加强与员工的沟通，形成良好的工作氛围，而非单纯地以规章制度的处罚措施应对。

· 加班费诉讼时效 ·

加班费属于劳动报酬范畴，劳动者因加班费支付与用人单位发生争议的，诉讼时效从知道或应当知道其权利被侵害之日起计算一年；劳动关系存续期间发生争议的，不受该一年的限制；劳动关系终止的，劳动者应在劳动关系解除或终止之日起一年以内申请仲裁。劳动者应对其加班的事实提交相关证据予以证明。

年休假工资

· 带薪年休假 ·

带薪年休假，是指在带薪年休假期间，职工享受与正常工作期间相同的工资收入。这里比较特殊的是如何理解实行计件工资、提成工资或者其他实行绩效工资制职工的正常工资。对于这些员工应当先计算其前 12 个月的月平均工资，其中不包含加班工资，再除以计薪日天数即 21.75，得出正常的日工资。

只有在用人单位安排职工休年休假，但是职工因本人原因且书面提出不休年休假的情况下，用人单位才可以只支付职工正常工作期间的工资收入；其他情况下对职工应休未休的年休假天数，单位应当按照该职工日工资收入的 300% 支付年休假工资报酬。这就意味着，用人单位经职工同意不安排年休假以及对于职工离职未休年休假的，用人单位都应按照该职工日工资收入的 300% 支付年休假工资报酬。

如果用人单位不安排职工休年休假，又不依法支付工资报酬，劳动行政部门可依职权责令限期改正；对逾期不改正的，用人单位除应支付未休年休假工资报酬外，还应当按照未休年休假工资报酬的数额向职工加付赔偿金。

员工入职到新单位不到一年，能否要求休年休假?

案例

段某在其他单位工作8年，跳槽到培训公司工作，担任销售部主管，其工资由基本工资加上销售提成构成，年底另有年终奖发放。段某入职不到一年，感觉在公司发展前景有限，自行提出离职。双方办理了离职手续和档案转移等。段某在职期间，培训公司没有安排段某的年休假。段某提出，公司应支付其在职期间5天年假未休的工资。培训公司认为，段某入职公司不到一年，根据公司的规章制度，其不符合休年休假的条件。据查，该制度在段某签订合同之初，培训公司已明确告知段某，段某也签字确认，理解并同意该规章制度。双方就年假问题发生争议。该案经仲裁和诉讼程序，法院判决支持段某的请求，培训公司应支付年假未休的工资。

解析

关于段某是否享有年假的问题。公司认为，只有员工在本单位工作满一年且满一年后继续工作，方可享有年休假。该规章制度经过职工民主讨论，已公示或告知职工，有段某签字记录为证。因此规章制度是合法有效的，应遵照执行。段某认为，自己在其他单位工作有8年的工龄，应根据国家有关年休假规定，按照累计工作年限计算自己的年休假。自己虽然在培训公司的规章制度上签名，但是该规章制度违反法律的禁止性规定，是无效的。因培训公司没有安排年休假，员工自己提出年休假申请于法有据。法院认为，根据国务院《职工带薪年休假条例》第3条规定，职工累计工作已满1年不满10年的，年休假5天。段某没有不享受年休假的法定情形（休寒暑假、请假累计天数超过规定等），依法享有年休假的权利。公司应当安排年假而没有安排的，应按照劳动者累计工作时间计算年休假，支付未休年假工资。

· 劳动者享受带薪年休假的时间计算 ·

《职工带薪年休假条例》中规定职工累计已满一年不满10年的，年休假5天；已满10年不满20年的，年休假10天；已满20年的，年休假15天。其中“累计”应指工作时间的相加，其中中断工作时间予以扣除。对于参加工作第一年的时间的“累计”，应按《企业职工带薪年休假实施办法》“连续工作满12个月”的规定执行。“连续工作满12个月”，指劳动者在参加工作后曾经在同一或两个以上用人单位连续不中断工作满12个月。劳动者在符合参加工作后曾经“连续工作满12个月”条件后，此后年休假时间以当年度在用人单位已工作时间计算。

用人单位未安排职工休满应休年休假的，应当按照职工当年已工作时间折算应休未休年休假天数并支付未休年休假工资报酬，但折算后不足1整天的部分不支付未休年休假工资报酬。未休年休假折算方法为：当年度在本单位已过日历天数÷365天×职工本人全年应当享受的年休假天数－当年度已安排年休假天数。

· 未休年休假工资 ·

《北京市高级人民法院、北京市劳动人事争议仲裁委员会关于审理劳动争议案件法律适用问题的解答》第19条明确，对劳动者应休未休的年休假天数，单位应当按照该职工日工资收入的300%支付年休假工资报酬。劳动者要求用人单位支付其未休带薪年休假工资中法定补偿（200%福利部分）诉请的仲裁时效期间应适用《劳动争议调解仲裁法》第27条第1款规定，即劳动争议申请仲裁的时效期间为一年。仲裁时效期间从当事人知道或者应当知道其权利被侵害之日起计算。考虑年休假可以集中、分段和跨年度安排的特点，故劳动者每年未休带薪年休假应获得年休假工资报酬的时间从第二年的 12 月 31 日起算。

· 待岗的未休年休假工资 ·

用人单位已安排劳动者待岗，劳动者主张未休年休假工资的，对此，（1）用人单位有证据证明其确实基于生产需要安排劳动者待岗，待岗期限超过了劳动者按照法律规定应享有的年休假天数，且用人单位在待岗期间已经按照《工资支付暂行规定》支付了工资或生活费，劳动者再主张未休年休假工资的，不予支持；但用人单位恶意规避法律规定，侵害劳动者休假权利的除外。（2）劳动者非因本人原因被安排待岗，用人单位没有按照规定向其支付待岗期间工资或生活费的，劳动者向用人单位主张未休年休假工资的，可予以支持。

· 未休年休假解除劳动合同的经济补偿 ·

《北京市高级人民法院、北京市劳动人事争议仲裁委员会关于审理劳动争议案件法律适用问题的解答》第 20 条明确，劳动者因用人单位不支付未休年休假工资，而依据《劳动合同法》第 38 条“未及时足额支付劳动报酬”的规定要求解除劳动合同并支付经济补偿，如何处理？劳动者未休年休假，根据《职工带薪年休假条例》第 5 条规定，用人单位按职工日工资收入 300% 支付年休假工资报酬。支付未休年休假的工资报酬与正常劳动工资报酬、加班工资报酬的性质不同，其中包含用人单位支付职工正常工作期间的工资收入（100% 部分）及法定补偿（200% 部分）。《职工带薪年休假条例》在于维护劳动者休息休假权利，劳动者以用人单位未支付其未休带薪年休假工资中法定补偿（仅 200% 部分）而提出解除劳动合同时，不宜认定属于用人单位“未及时足额支付劳动报酬”的情形。

公司能否以员工没有申请休年假为由，免除相应工资支付义务？

案例

张某入职工贸公司工作，双方没有签订劳动合同。双方发生纠纷，张某以工资拖欠为由，从工贸公司处离职。张某主张入职期间其符合休年假的标准，但是公司一直没有安排其休年假。公司主张其督促过张某进行休年假，张某自身没有进行申请，张某未举证证明其已安排工贸公司年休假。张某申请劳动仲裁，要求公司支付：未签订劳动合同的双倍工资差额、未休年休假工资、解除劳动关系的经济补偿金。该纠纷经仲裁及诉讼程序，法院判决工贸公司向张某支付未签订劳动合同的双倍工资差额、未休的年假工资和解除劳动关系的经济补偿金。

解析

根据国务院《职工带薪年休假条例》第2条和第5条的规定，单位根据生产、工作的具体情况，并考虑职工本人意愿，统筹安排职工年休假。年休假在1个年度内可以集中安排，也可以分段安排，一般不跨年度安排。单位因生产、工作特点确有必要跨年度安排职工年休假的，可以跨1个年度安排。单位确因工作需要不能安排职工休年休假的，经职工本人同意，可以不安排职工休年休假。对职工应休未休的年休假天数，单位应当按照该职工日工资收入的300%支付年休假工资报酬。机关、团体、企业、事业单位、民办非企业单位、有雇工的个体工商户等单位的职工连续工作1年以上的，享受带薪年休假。单位应当保证职工享受年休假。职工在年休假期间享受与正常工作期间相同的工资收入。用人单位没有证据证明已经安排了劳动者年休假，理应支付相应的工资报酬。

年终奖

·年终奖的性质·

劳动合同解除或终止，劳动者要求用人单位支付年终奖的，从法律上来讲，一般是主张年终奖是奖金的一种，进而是工资的一部分，也就是属于劳动报酬的范围，因此用人单位有法定义务进行支付。根据《国家统计局关于工资总额组成的规定》《国家统计局〈关于工资总额组成的规定〉若干具体范围的解释》的规定，劳动者可以主张年终奖是奖金的一种，进而是工资的一部分，属于劳动报酬的范围。既然年终奖属于劳动报酬的范围，用人单位不得克扣或者无故拖欠劳动者的奖金，否则由劳动行政部门责令支付劳动者的奖金报酬、经济补偿，并可以责令支付赔偿金。

司法实践中，对于离职员工是否有权主张年终奖有不同的判例。但总体而言，仲裁委或法院倾向支持劳动者的情形多一些。裁判理由通常为，年终奖是用人单位根据全年经济效益和对员工全年工作业绩的综合考核情况而发放的一次性奖金，属于合法劳动报酬的范畴，而不只是用人单位激励员工、留住人才的手段，用人单位不得无故拖欠或克扣。公司关于提前离职即不能享受年终奖的规定，实际是公司免除自身法定责任，排除劳动者权利的规定，应属无效条款。

·年终奖发放规则·

年终奖是用人单位根据自身的经营状况，通过其内部规章制度规定或劳动合同约定或其他方式，在年终时由用人单位向劳动者发放的奖金。从发放是否有条件的角度划分，年终奖分为固定的年终奖和附条件的年终奖。发放年终奖非用人单位的法定义务，作为激励劳动者的一种手段，用人单位具有一定的自主权。劳动合同未约定或规章制度未规定年终奖的，则通常情况下用人单位无需向劳动者发放年终奖。

劳动合同约定或规章制度规定年终奖，但未约定或规定发放条件或发放标准，用人单位应全额支付年终奖或依据往年的数额发放年终奖。用人单位未规定发放条件的，即视为劳动者领取年终奖无须任何附加条件；如果已规定年终奖基数，但未规定计算标准的，则应全额发放年终奖；如果仅约定年终奖，但无法确定发放数额的，则可以根据往年的数额进行发放。

因用人单位违法解除劳动合同而导致未考核，仍应支付年终奖。约定或规定年终奖根据考核情况发放的，如果因用人单位的原因，如违法解除劳动合同，导致劳动者无法参加考核的，则应由用人单位承担未考核的不利后果，结合往年考核情况发放年终奖。

以用人单位当年度未盈利为由不发放年终奖的，用人单位应提供相应的证据。用人单位可以约定或规定在当年度没有盈利或发生亏损的情况，不向劳动者发放年终奖。发生争议时，用人单位主张亏损而不发放年终奖，则需提供财务审计报告等能够证明当年度未盈利甚至亏损的证据。然而，如果劳动者能够提供用人单位曾对外公布当年度盈利状况的证据，则法院很有可能采信对用人单位不利的证据而支持发放年终奖。

用人单位可以在对劳动报酬进行一般规定之外，另行详细明确年终奖的发放范围、发放标准和发放方式。如果在年终奖考核的年度，劳动者工作时间已经满一年，之后离开公司，这时年终奖的考核依据已经确定，只是实际计核和发放的时候员工已经离开公司，这种情形下劳动者离职后，要求用人单位支付年终奖，很容易得到仲裁委或法院的支持。如果在年终奖考核的年度，劳动者的工作时间不满一年，提前离职。除非劳动合同有特别约定或者公司有特别规定，其年终奖的计算标准一般按照一年业绩的月份比例来比照折算。

公司和员工对年终奖存在异议，应如何认定？

案例

涂某入职置业公司，双方签订了劳动合同书。其间，置业公司、建筑公司与涂某达成三方协议，约定置业公司与涂某签订的劳动合同终止。同日建筑公司、涂某双方签订了劳动合同。涂某在建筑公司处担任工程部副经理。其后建筑公司、涂某双方解除劳动关系。涂某申请仲裁，要求建筑公司向其支付加班工资，带薪年休假工资及年终奖金，违法解除劳动合同赔偿金等。建筑公司认为，根据公司《薪酬管理制度》的规定，年终奖是完全浮动奖金，属于不承诺部分，视企业效益而定。涂某当年度绩效等级为C+，考核不合格，不应发放年终奖。该纠纷经仲裁及诉讼程序，法院支持涂某的部分请求。

解析

关于年终奖，涂某主张建筑公司应根据公司的年终奖总额按比例支付其年终奖金，但涂某对此未提交相应证据予以佐证，建筑公司对此亦不予认可，故法院对涂某的上述主张不予采信。建筑公司虽称年终奖的发放金额与绩效等级有关，因涂某的绩效考核为C^{+}级，建筑公司按照计算公式核算出应向涂某发放年终奖，但涂某对此不予认可，认为应将其评定为B级。法院认为，从建筑公司提交的现有证据上看，涂某当年第四季度的绩效考核表（评定结果为C+级）因缺少涂某的签字确认而存在形式上的瑕疵，建筑公司亦未提交其他充分、有效的证据证明涂某的绩效等级应当被评定为C+级，结合涂某前三个季度的考核成绩情况（分别为B级、B级、B^{-}级），法院认为建筑公司将涂某当年的绩效考核成绩评定为C+级欠妥，因此，法院采信涂某的主张，将其当年的绩效考核等级评定为B级。

关于年终奖的具体计算方式，建筑公司提供了涂某当年年终奖的核算公式，涂某对此虽不予认可，但未提交进一步的证据予以反驳，参照建筑公司工程部其他员工的年终奖数额的发放情况，结合《薪酬管理制度》亦对年终奖是与公司效益及个人业绩挂钩的完全浮动奖金作出了明确的规定，故法院对建筑公司提供的年终奖计算方式予以采信。在涂某当年的绩效考核等级被评为B级的情况下，公司应补足剩余的年终奖差额，故法院对建筑公司要求不支付涂某年终奖的合理部分，予以支持，不合理部分，不予支持。

公司以员工病假规定为由，取消年终奖是否合法?

案例

季某在信息公司工作，其间季某因病多次请假，后双方终止劳动关系。双方就年终奖发放产生争议。季某认为，信息公司拖欠其工资奖金，要求信息公司支付拖欠奖金及利息、支付经济补偿金、赔偿金。信息公司认为，按照公司的规章制度，季某因请病假天数超过公司规定天数，不符合发放年终奖条件。季某申请劳动争议仲裁。据查明，季某辞职当年已连续请病假达42天，超过信息公司考勤规定：请假超过30个工作日，取消年终奖金。该纠纷经仲裁及诉讼程序，法院认为，公司的规章制度合法有效，公司根据合法有效的规章制度取消季某的年终奖，并无不当。

解析

依据信息公司提供的考勤制度，季某的请假条、病假条来看，季年度已连续请病假达42天，超过信息公司考勤规定：请假超过30个工作日，取消年终奖金，对该事实法院予以认定。季某主张奖金与年终奖不能混为一谈，其向信息公司主张的是包含在每月工资里的奖金，而非年终奖。法院查明，从季某提供的《季某工资提成表》注3："5、6月份因公司效益较好，未按考核办法，先按去年的执行作为预付年终奖。”与信息公司提供的季某确认的工资表上显示奖金为0.00元来看，信息公司发放工资每月并不单独发放奖金，而是只发放年终奖金，该年度5、6月份多发工资为预付年终奖金，并非该年度5、6月份的奖金。故季某要求信息公司支付拖欠奖金及利息的理由不足，法院不予支持。季某要求信息公司支付经济补偿金、赔偿金的理由不足，缺少法律依据，法院不予支持。

员工离职不发年终奖之规定是否合法?

案例

苗某系物业公司员工。苗某申请离职，公司向苗某发放了工资，未发放年度年终奖。因年终奖支付问题，双方发生争议。双方均认可苗某主张的年终奖即员工手册规定的绩效奖金。苗某称，根据员工手册中的计算方法，对应标准年终奖数额为四倍本人月工资。公司认为苗某年终评级为PL5没有年终奖，且员工手册规定“若双方的劳动合同在绩效奖金发放之前解除或终止或员工本人在绩效奖金发放前提出辞职申请的，则员工无权享受上述奖金”，苗某不符合年终奖的发放条件。该纠纷经仲裁及诉讼程序，法院判决认定物业公司的规定不合法，公司支付苗某年终奖。

解析

法院认为，公司主张苗某在发放年终奖之前申请离职，根据员工手册中“若双方的劳动合同在绩效奖金发放之前解除或终止或员工本人在绩效奖金发放前提出辞职申请的，则员工无权享受上述奖金”的规定，其公司无须支付年终奖。因劳动者享有取得劳动报酬的权利，年终奖亦是其正常劳动的劳动报酬，员工手册的此项规定排除了劳动者获得劳动报酬的权利，应为无效。公司主张苗某的年终评级为PL5级，该评级的员工不应享受年终奖。因用人单位作出的开除、除名、辞退、解除劳动合同、减少劳动报酬、计算劳动者工作年限等决定而发生的劳动争议，用人单位负举证责任。因此，公司应对苗某评级为PL5级的评价依据，以及经过合法程序制定的PL5级不享受年终奖的相关制度承担举证责任，但公司提交的证据不足以证明上述事项，公司应承担举证不能的不利后果。

工资支付

· 工资标准计算基数 ·

《北京市高级人民法院、北京市劳动人事争议仲裁委员会关于审理劳动争议案件法律适用问题的解答》第21条明确，工资标准计算基数确定原则：

（1）劳动者每月应得工资与实得工资的主要差别在于各类扣款和费用，应得工资包括个人应当承担的社会保险金、税费等。对于社会保险金、税费，用人单位承担的仅是代缴义务，劳动者的纳税由税务机关负责，社会保险金缴纳由社会保险机构负责，审理中一般按照劳动者应得工资确定工资标准。

（2）用人单位与劳动者在劳动合同中约定了工资标准的，以该约定为准。劳动合同没有约定的，按照集体合同约定的工资标准确定。劳动合同、集体合同均未约定的，按照劳动者本人正常劳动实际发放的工资标准工资确定。依照本款确定的工资标准不得低于本市规定的最低工资标准。

（3）计算“二倍工资”的工资标准时，因基本工资、岗位工资、职务工资、工龄工资、级别工资等按月支付的工资组成项目具有连续性、稳定性特征，金额相对固定，属于劳动者正常劳动的应得工资，应作为未订立劳动合同二倍工资差额的计算基数，不固定发放的提成工资、奖金等一般不作为未订立劳动合同二倍工资差额的计算基数。

（4）在计算劳动者解除劳动合同前十二个月平均工资时，应当包括计时工资或者计件工资以及奖金、津贴和补贴等货币性收入。其中包括正常工作时间的工资，还包括劳动者延长工作时间的加班费。劳动者应得的年终奖或年终双薪，计入工资基数时应按每年十二个月平均分摊。《劳动合同法》第 47 条规定的计算经济补偿的月工资标准应依照《劳动合同法实施条例》第 27 条规定予以确定；《劳动合同法实施条例》第 27 条中的“应得工资”包含由个人缴纳的社会保险和住房公积金以及所得税。

（5）劳动者所得实际工资扣除该月加班费后的数额低于本市规定的最低工资标准的，按照本市规定的最低工资标准执行。

· 最低工资 ·

根据劳动和社会保障部《最低工资规定》第 3 条，最低工资标准，是指劳动者在法定工作时间或依法签订的劳动合同约定的工作时间内提供了正常劳动的前提下，用人单位依法应支付的最低劳动报酬。本规定所称正常劳动，是指劳动者按依法签订的劳动合同约定，在法定工作时间或劳动合同约定的工作时间内从事的劳动。劳动者依法享受带薪年休假、探亲假、婚丧假、生育（产）假、节育手术假等国家规定的假期间，以及法定工作时间内依法参加社会活动期间，视为提供了正常劳动。

第 12 条规定，在劳动者提供正常劳动的情况下，用人单位应支付给劳动者的工资在剔除下列各项以后，不得低于当地最低工资标准：（1）延长工作时间工资；（2）中班、夜班、高温、低温、井下、有毒有害等特殊工作环境、条件下的津贴；（3）法律、法规和国家规定的劳动者福利待遇等。实行计件工资或提成工资等工资形式的用人单位，在科学合理的劳动定额基础上，其支付劳动者的工资不得低于相应的最低工资标准。

· 休假工资 ·

对假期中工资如何支付的情形，目前法律有一些强制性的规定。《劳动法》第51条规定，劳动者在法定休假日和婚丧假期间以及依法参加社会活动期间，用人单位应当依法支付工资。根据《劳动部办公厅关于〈劳动法〉若干条文的说明》，法定休假日，是指法律、法规规定的劳动者休假的时间，包括法定节日（即元旦、春节、国际劳动节、国庆节及其他节假日）以及法定带薪休假。婚丧假，是指劳动者本人结婚以及其直系亲属死亡时依法享受的假期。依法参加社会活动是指：行使选举权；当选代表，出席政府、党派、工会、青年团、妇女联合会等组织召开的会议；担任人民法庭的人民陪审员、证明人、辩护人；出席劳动模范、先进工作者大会；《工会法》规定的不脱产工会基层委员会委员因工会活动占用的生产时间等。

· 产假工资 ·

《女职工劳动保护特别规定》第8条规定，女职工产假期间的生育津贴，对已经参加生育保险的，按照用人单位上年度职工月平均工资的标准由生育保险基金支付；对未参加生育保险的，按照女职工产假前工资的标准由用人单位支付。女职工生育或者流产的医疗费用，按照生育保险规定的项目和标准，对已经参加生育保险的，由生育保险基金支付；对未参加生育保险的，由用人单位支付。第5条规定，用人单位不得因女职工怀孕、生育、哺乳而降低其工资、予以辞退、与其解除劳动或者聘用合同。

· 工资 ·

职工患病或非因工负伤治疗期间，在规定的医疗期内由企业按有关规定支付其病假工资或疾病救济费，病假工资或疾病救济费可以低于当地最低工资标准支付，但不能低于最低工资标准的 80% 。

《劳动保险条例》规定对职工因病或非因公负伤请假期间的工资计算做了规定：

职工因病或非因公负伤停止工作医疗时，其停止工作连续医疗期间在 6 个月以内的，按连续工龄的长短发给伤假工资，其标准为：连续工作不满 2 年者，发给本人工资的 60%；满期 2 年不满 4 年者，发给本人工资的 70%；满期 4 年不满 6 年者，发给本人工资的 80%；满期 6 年不满 8 年者，发给本人工资的 90%；满期 8 年以上者，发给本人工资 100% 。

停止工作医疗期满 6 个月的，按连续工龄长短发给疾病救济费，其标准为：连续工龄不满 1 年者，发给本人工资的 40%；满 1 年不满 3 年者，发给本人工资的 50%；满 3 年以上者发给本人工资的 60% 。企业或者地方标准高于这个标准的，按照企业和地方标准。

· 高温补贴 ·

高温补贴是劳动者劳动报酬的组成部分，属于劳动保护的范畴。目前关于高温补贴发放的依据主要是《防暑降温措施管理办法》、国家四部委发布的《关于进一步加强工作场所夏季防暑降温工作的通知》。劳动者在劳动争议案件中主张高温补贴的，应审查其工作岗位、工作特点、工作时间是否符合高温补贴发放的具体条件，对于符合条件的，应予以支持；对于劳动者无法证明其工作岗位、工作性质、工作时间确实符合高温补贴发放条件的，不予支持。

劳动者主张高温津贴，应符合什么条件？

案例

彭某入职酒店公司，其后离职。彭某主张酒店公司没有按照当地政府规定发放最低标准发放高温津贴，酒店公司每月克扣彭某 50 元高温津贴，要求酒店公司支付高温费差额部分及赔偿金。酒店公司认为，彭某不属于从事“室外露天作业以及不能采取有效措施将工作场所温度降低到33℃以下的”的相关规定之情形，不应发放高温津贴。该纠纷经仲裁及诉讼程序，法院判决酒店公司不支付高温津贴。

解析

关于高温津贴，国家安全生产监督管理总局、卫生部、人力资源和社会保障部下发的《防暑降温措施管理办法》第17条第2款规定：“用人单位安排劳动者在35℃以上高温天气从事室外露天作业以及不能采取有效措施将工作场所温度降低到33℃以下的，应当向劳动者发放高温津贴，并纳入工资总额……”本案中彭某并未提供证据证明其在酒店公司所从事的楼层服务员工作，属于符合上述规定的应由用人单位发放高温津贴的工作范畴。其次，彭某主张酒店公司本应每月向其发放100元高温津贴，但每月仅发放50元，每月被扣50元。对此，据彭某提供的工资单反映，彭某主张的“高温津贴”列在工资单“税前调整”栏下，劳动合同履行期间该栏均有发放金额，彭某称该笔款项为高温津贴依据不足。故彭某要求酒店公司支付2012年高温津贴及赔偿金依据不足，不能成立。

· 试用期工资 ·

在试用期内，劳动者的工资不得低于单位相同岗位最低档工资或劳动合同约定工资的80%，并不低于用人单位所在地的最低工资标准。用人单位未按照劳动合同约定及时足额向劳动者支付劳动报酬的，劳动者可以随时提出解除劳动合同，并可要求用人单位支付解除和终止劳动合同的经济补偿。

· 服务期工资 ·

用人单位与劳动者签订专业技术培训。劳动者培训期间，包括经单位批准的合同约定培训期后的延长期，应当视为劳动者正常的工作期间，劳动者参加专业技术培训是为了提高工作技能、更好地完成用人单位的工作任务。因此，劳动者培训期的工资、奖金、津贴、补贴、社会保险及其他社会福利都应该按照劳动者正常上岗的标准落实相应的待遇。用人单位与劳动者约定服务期的，不影响按照正常的工资调整机制提高劳动者在服务期期间的劳动报酬。

但是，若劳动者违反培训协议约定，培训期满无故逾期不归，用人单位除了可以与劳动者解除劳动关系外，还可以向劳动者追偿培训费用，包括直接支付的培训费用，培训期间支付给劳动者的工资、奖金与其他福利待遇。

· 停工歇业期工资 ·

《工资支付暂行规定》第12条规定，非因劳动者原因造成单位停工、停产在一个工资支付周期内的，用人单位应按劳动合同规定的标准支付劳动者工资……超过一个工资支付周期的，若劳动者提供了正常劳动，则支付给劳动者的劳动报酬不得低于当地的最低工资标准；若劳动者没有提供正常劳动，应按国家有关规定办理。

这里的国家有关规定，是指国家关于职工基本生活保障制度的规定，即用人单位应向职工支付基本的生活费。对于该笔费用的标准，各地的标准不一。一般的做法是，基本参照当地最低工资标准的70%～80%支付，同时承担应由劳动者个人缴纳的社会保险费和住房公积金。

困难企业停产停工，公司能否安排工会主席待岗？

案例

陈某进入乳制品公司工作，工作岗位为总经理助理，同时任乳制品公司工会主席。乳制品公司出具《公司转产及人员分流方案》，内容为：因乳制品公司经营状况愈来愈差，连续六年亏损，目前生产经营状况严重困难，故公司决定实行转产和人员分流。陈某作为乳制品公司的工会主席在上面签字表示“同意分流方案”，并加盖了工会印章。乳制品公司的裁员及分流方案经乳制品公司职工代表大会通过。乳制品公司正式停产停业，向陈某出具一份《停产待工通知》，通知陈某开始回家待工，待工期间劳动关系仍然存续，每月发放生活费，个人应承担的保险费及公积金费用将由乳制品公司从中代扣代缴。陈某以自己任工会主席为由拒绝接受企业的待岗安排，其申请劳动仲裁，要求乳制品公司按照正常工作期间支付工资。该纠纷经仲裁及诉讼程序，法院判决对陈某的诉讼请求不予支持。

解析

企业因经营困难实施停产，保留职工的劳动关系，仅发放生活费，并待经济形势好转再谋经营，是企业为维持生存不得已采取的措施，在此期间，因不需要陈某提供正常劳动，故企业向陈某发放生活费属于合理。企业确因连续亏损，经营严重困难而实施人员分流和停产。陈某的工作内容是物流管理，而企业停产停工后主要从事工会工作，目前没有具体的工作任务，故法院认为企业实施分流方案和停产之后，陈某在总经理助理的岗位上确无法提供正常劳动，企业根据需要安排陈某停产待工，属于行使企业的自主经营权，且企业已向陈某发放停工期间的生活费，不违反法律、法规的禁止性规定。陈某虽然兼任企业的工会主席，依法履行工会主席职责，但工会工作并非陈某作为劳动者的本职工作，也并非企业的日常性工作。根据法律规定，基层工会委员会召开会议或者组织职工活动，一般不占用生产或者工作时间，基层工会的非专职委员占用生产或者工作时间参加会议或者从事工会工作，每月不超过三个工作日。企业只是安排陈某停工待岗，并未解除陈某的工会主席职务，也未阻挠其履行工会主席职责。而且现行法律、法规对困难企业因停产停工安排工会主席待岗并未明确禁止。

· 停工留薪期工资 ·

工伤职工评定伤残等级后，停发原待遇，按照有关规定享受伤残待遇。工伤职工在停工留薪期满后仍需治疗的，继续享受工伤医疗待遇。停工留薪期截止于劳动能力鉴定结论作出之日。《工伤保险条例》第33条规定，工伤职工评定伤残等级后，停发原待遇。对于原待遇，有意见认为应以正常工作时间工资报酬为依据。有意见认为应以受伤前12个月的平均工资作为核算原工资福利待遇。

· 员工参加社会活动期间工资 ·

对员工参加社会活动履行法律赋予的义务，用人单位应支付其参加活动期间的工资，不得克扣。主要有如下情形：依法行使选举权或被选举权；当选代表出席乡（镇）、区以上政府、党派、工会、青年团、妇女联合会等组织召开的会议；出任人民法庭证明人；出席劳动模范、先进工作者大会；《工会法》规定的不脱产工会基层委员会委员因工作活动占用的生产或工作时间；其他依法参加的社会活动。

《劳动法》第51条规定，劳动者在法定休假日和婚丧假期间以及依法参加社会活动期间，用人单位应当依法支付工资。《工资支付暂行规定》第10条规定，劳动者在法定工作时间内依法参加社会活动期间，用人单位应视同其提供了正常劳动而支付工资。

·劳动纠纷期间工资·

在用人单位解除劳动合同的纠纷中，经常出现的一种情况是，劳动者要求确认用人单位解除劳动合同的行为违法，要求撤销用人单位解除劳动合同的处理决定，继续履行劳动合同，同时要求用人单位补发劳动争议期间的拖欠工资。从双方的劳动争议发生之日起，到劳动合同被认定为有效，劳动合同继续履行之日止，这段期间属于劳动争议的期间，通常劳动者没有正常到用人单位上班提供劳动，或者用人单位拒绝劳动者上班。当劳动合同被判令继续履行时，用人单位应补发劳动争议期间劳动者的工资，并无疑义。因为用人单位解除劳动合同已经被认定具有违法性，所以用人单位不能以劳动者并没有提供实际劳动进行抗辩，拒绝支付。但是按照什么样的标准补发劳动争议期间的工资，这一点现行法律并没有明确规定。

对此可以参考司法实践中比较成熟的做法。例如《北京市高级人民法院、北京市劳动争议仲裁委员会关于劳动争议案件法律适用问题研讨会会议纪要》第 24 条规定，用人单位作出的与劳动者解除劳动合同的处理决定被劳动仲裁委或人民法院依法撤销后，劳动者主张用人单位给付上述处理决定作出后至仲裁或诉讼期间的工资，应按以下原则把握：（1）用人单位作出的处理决定仅因程序方面存在瑕疵而被依法撤销的，用人单位应按最低工资标准向劳动者支付上述期间的工资；（2）用人单位作出的处理决定因在实体方面存在问题而被依法撤销的，用人单位应按劳动者正常劳动时的工资标准向劳动者支付上述期间的工资。

·劳动合同无效的劳动报酬·

无效劳动合同在司法实践中并不少见。例如，员工虚构学历和工作经历，以欺诈方式被录取为高薪岗位，其后因工作能力等原因被公司发现，公司主张劳动合同无效。对该员工入职期间发放的高额工资，公司请求进行调整降低。这就涉及劳动合同无效工资应如何发放的问题。《劳动合同法》第 28 条规定，劳动合同被确认无效，劳动者已付出劳动的，用人单位应当向劳动者支付劳动报酬。劳动报酬的数额，参照本单位相同或者相近岗位劳动者的劳动报酬确定。

根据《最高人民法院关于审理劳动争议案件适用法律若干问题的解释》第14条之规定，劳动合同被确认为无效后，用人单位对劳动者付出的劳动，一般可参照本单位同期、同工种、同岗位的工资标准支付劳动报酬。由于用人单位的原因订立的无效合同，给劳动者造成损害的，应当比照违反和解除劳动合同经济补偿金的支付标准，赔偿劳动者因合同无效所造成的经济损失。

· 工资克扣拖欠 ·

《劳动法》第50条规定，工资应当以货币形式按月支付给劳动者本人。不得克扣或者无故拖欠劳动者的工资。《工资支付暂行规定》第15条规定，用人单位不得克扣劳动者工资。根据《劳动部对〈工资支付暂行规定〉有关问题的补充规定》，“克扣”系指用人单位无正当理由扣减劳动者应得工资，即在劳动者已提供正常劳动的前提下用人单位按劳动合同规定的标准应当支付给劳动者的全部劳动报酬。不包括以下减发工资的情况：（1）国家的法律、法规中有明确规定的；（2）依法签订的劳动合同中有明确规定的；（3）用人单位依法制定并经职代会批准的厂规、厂纪中有明确规定的；（4）企业工资总额与经济效益相联系，经济效益下浮时，工资必须下浮的（但支付给劳动者工资不得低于当地最低工资标准）；（5）因劳动者请事假等相应减发工资等。

“无故拖欠”系指用人单位无正当理由超过规定付薪时间未支付劳动者工资。不包括：（1）用人单位遇到非人力所能抗拒的自然灾害、战争等原因，无法按时支付工资；（2）用人单位确因生产经营困难、资金周转受到影响，在征得本单位工会同意后，可暂时延期支付劳动者工资，延期时间的最长限制可由各省、自治区、直辖市劳动行政部门根据各地情况确定。其他情况下拖欠工资均属无故拖欠。

企业工会副主席主张基于职务的工资差额，是否属于劳动争议？

案例

陈某到饮料公司工作，期间先后担任公司设备部副经理、经理职务，陈某主张在兼任公司工会副主席、主席期间享受部门正职、公司行政副职待遇，饮料公司认为陈某没有法律依据享受部门正职、行政副职的待遇。饮料公司认为：（1）企业的专职或兼职工会主席是否享受行政副职待遇，不属于劳动仲裁委员会的受案范围。工会主席和企业之间是一种平等关系，不是劳动合同关系，工会主席也不是作为劳动者与用人单位之间存在劳动合同关系，所以不受劳动法的调整。（2）工会副主席享受部门正职、主席享受企业行政副职待遇没有法律依据。（3）陈某主张享受请求补足其担任工会副主席、工会主席期间的工资差额没有事实依据。该纠纷经仲裁及诉讼程序，法院判决饮料公司支付陈某的工资差额。

解析

因陈某向仲裁委申请的是其在饮料公司处兼任工会副主席、主席期间的差额工资待遇即劳动报酬，应属于劳动争议仲裁委员会的受案范围。中华全国总工会制定的《企业工会工作条例》第1条规定：“根据《工会法》、《劳动法》和《中国工会章程》，制定本条例。”第24条规定：“专职工会副主席按不低于企业中层正职配备，工会主席享受行政副职待遇。”第58条规定：“本条例适用于中华人民共和国境内所有企业和实行企业化管理的事业单位工会。”该条例虽不是法律法规，但与我国的法律法规并不抵触，饮料公司作为中华人民共和国境内的外资企业应受该条例调整，故陈某要求其在饮料公司兼任工会副主席期间应享受中层正职待遇，兼任工会主席期间应享受行政副职待遇的请求，法院予以支持。

饮料公司属于应当设立专职工会副主席、主席的企业，但饮料公司未设专职工会主席、副主席，而只设兼职工会副主席、主席，那么陈某作为饮料公司兼职的工会副主席、主席，会付出比专职主席更多的劳动，所以对于兼职与专职人员的待遇应有所区别。本案陈某在做好饮料公司设备部副经理、经理职位工作的同时，要求另外发放兼职工会副主席、主席职位期间的工资待遇差额，应予支持。但由于陈某要求补发兼职期间工资待遇差额明显过高，且不符合民法的公平原则，故法院对多出部分不予支持。本着劳动法关于同工同酬、按劳分配、公平公正的原则，对于陈某兼职饮料公司工会副主席、主席期间多付出的劳动，应当在劳动报酬上有所体现。综上，陈某兼职饮料公司工会副主席期间的工资待遇差额，应以陈某作为部门中层正职的工资待遇为标准计算差额。

· 克扣拖欠工资的救济 ·

1. 劳动监察救济。《劳动保障监察条例》第 26 条规定，用人单位有下列行为之一的，由劳动保障行政部门分别责令限期支付劳动者的工资报酬、劳动者工资低于当地最低工资标准的差额或者解除劳动合同的经济补偿；逾期不支付的，责令用人单位按照应付金额 50% 以上 1 倍以下的标准计算，向劳动者加付赔偿金：（一）克扣或者无故拖欠劳动者工资报酬的；（二）支付劳动者的工资低于当地最低工资标准的；（三）解除劳动合同未依法给予劳动者经济补偿的。《劳动合同法》第 85 条规定，用人单位有下列情形之一的，由劳动行政部门责令限期支付劳动报酬、加班费或者经济补偿；劳动报酬低于当地最低工资标准的，应当支付其差额部分；逾期不支付的，责令用人单位按应付金额百分之五十以上百分之一百以下的标准向劳动者加付赔偿金：（一）未按照劳动合同的约定或者国家规定及时足额支付劳动者劳动报酬的；（二）低于当地最低工资标准支付劳动者工资的；（三）安排加班不支付加班费的；（四）解除或者终止劳动合同，未依照本法规定向劳动者支付经济补偿的。

2. 劳动仲裁救济。根据《劳动合同法》第38条之规定，用人单位未及时足额支付劳动报酬的；或者未依法为劳动者缴纳社会保险费的，劳动者可以解除劳动合同。根据第46条，用人单位应当向劳动者支付经济补偿。劳动者可以劳动仲裁。

3. 司法救济途径。《劳动合同法》第30条规定，用人单位应当按照劳动合同约定和国家规定，向劳动者及时足额支付劳动报酬。用人单位拖欠或者未足额支付劳动报酬的，劳动者可以依法向当地人民法院申请支付令，人民法院应当依法发出支付令。

· 拖欠劳动报酬罪 ·

《刑法修正案（八）》将部分拒不支付劳动报酬的行为纳入了刑法调整范围。《最高人民法院关于审理拒不支付劳动报酬刑事案件适用法律若干问题的解释》对“劳动者的劳动报酬”“以转移财产、逃匿等方法逃避支付劳动者的劳动报酬”“数额较大”“经政府有关部门责令支付仍不支付”以及“造成严重后果”等概念明确了含义。立法者将恶意欠薪行为纳入刑法的调整对象，对拖欠劳动报酬的社会顽疾起到了震慑作用。《刑法》第276条关于不支付劳动报酬罪规定了两种行为类型。一种是“以转移财产、逃匿等方法逃避支付劳动者的劳动报酬”，另一种是“有能力支付而不支付劳动者的劳动报酬”。实践中，用人单位有资金的流动并导致无法及时足额支付劳动者报酬，可能涉嫌转移财产。

如何认定构成“拒不支付劳动报酬罪”？

案例

胡某分包了位于景观工程的部分劳务工程，之后聘请了多名民工入场施工。工程完工后，胡某以工程亏损为由拖欠李某等20余名民工工资12万余元未支付。当地劳动行政主管部门责令胡某支付拖欠的民工工资，胡某于当晚订购机票并在次日早上携妻乘飞机逃匿。工程公司代胡某垫付民工工资 12 万余元。其后，胡某被警察机关抓获。胡某在开庭审理过程中亦无异议并认罪。法院判决被告胡某犯拒不支付劳动报酬罪，判处有期徒刑一年，并处罚金人民币二万元。

解析

不具备用工主体资格的单位或自然人，违法用工拒不支付劳动报酬，且经政府有关部门责令支付后逃匿的，即使工程总承包商垫付劳动报酬，也不影响追究其拒不支付劳动报酬罪的刑事责任。人力资源和劳动保障部门作出的含有要求行为人“支付劳动报酬”的意思表示的责令改正通知书，是构成拒不支付劳动报酬罪的前置条件的法律文书。行为人在被责令支付后以逃匿方式实施拒不支付劳动报酬的，构成拒不支付劳动报酬罪。本案中，胡某以逃匿的方法逃避支付劳动者的劳动报酬，数额较大，经政府有关部门责令支付仍不支付，其行为已构成拒不支付劳动报酬罪，即使工程公司已垫付工资款，亦不影响依法追究胡某的刑事责任。检察院起诉指控成立，予以支持。鉴于被告人胡某系初犯、认罪态度好，法院酌情予以从轻处罚。

· 劳动者扣留公司财物的刑事风险 ·

实践中部分劳动者在用人单位拖欠其薪酬时，直接将所掌握公司财物据为己有，以抵偿拖欠工资；有的会要求公司补偿工资，否则拒绝退还所掌握的公司财物，并视自身的行为是合法的维权手段，是在行使民事权利，是为了讨薪，主观上并非意图非法占有。但是劳动者的这两种行为都有可能涉嫌刑事犯罪。出现上述情况，根据公司性质为国有或非国有，可能涉嫌职务侵占罪或贪污罪。劳资纠纷中扣留公司财物行为可能构成犯罪，劳动者应当自觉增强法律意识，运用法律武器来维护自己的正当权益，避免使用不正当手段而陷入牢狱之灾。

· 职务侵占罪 ·

职务侵占罪，是指公司、企业或者其他单位的人员，利用职务上的便利，将本单位财物非法占为己有，数额较大的行为。本罪的犯罪客体是公司、企业或者其他单位的财产所有权。侵犯的对象是公司、企业或者其他单位的财物，包括动产和不动产。客观方面表现为利用职务上的便利，侵占本单位财物，数额较大的行为。主体为特殊主体，必须是公司、企业或者其他单位的内部人员。主观方面是直接故意，且具有非法占有公司、企业或其他单位财物的目的。

《刑法》第271条规定，公司、企业或者其他单位的人员，利用职务上的便利，将本单位财物非法占为己有，数额较大的，处五年以下有期徒刑或者拘役；数额巨大的，处五年以上有期徒刑，可以并处没收财产。《最高人民检察院、公安部关于公安机关管辖的刑事案件立案追诉标准的规定（二）》第84条规定："公司、企业或者其他单位的人员，利用职务上的便利，将本单位财物非法占为己有，数额在五千元至一万元以上的，应予立案追诉。"

· 工资薪酬调整 ·

用人单位单方调整劳动者的薪酬待遇，主要是降低薪酬待遇，属于对劳动合同的更改，应当经过双方的协商一致，否则就是无效的。但是，劳动者患病负伤（包括患有职业禁忌、职业病、非因工负伤等）享受医疗期或者不能胜任工作等法定情形下，用人单位可以单方调整薪酬。也就是说，如果用人单位调整工作岗位的行为是合法的，那么相应的调整薪酬待遇也具有合法性。

用人单位还可以依据合法有效的内部规章制度，经过考核调整劳动者的薪酬待遇。实践中用人单位往往通过调整薪酬待遇的方法实现对劳动者的激励奖惩，以促进企业的健康发展。用人单位应当注意，在有关劳动报酬的劳动合同中约定或在用人单位的规章制度中明确规定薪酬的计算方法，比如基本底薪为固定数额（不能低于所在地最低工资标准），约定绩效工资或项目提成、奖金的计算方法，当劳动者业绩不佳时，以不发或少发绩效工资、奖金的形式实现降低薪水的目的。此薪酬计算方法和业绩考核标准等，无论是在劳动合同中约定还是在用人单位的规章制度中规定，都应保证具有合理性，公示或告知劳动者本人。

用人单位应尽量通过协商一致的方式，处理包括调整薪酬在内的合同变更事宜。在降低薪酬时，用人单位应注意保留劳动者的业绩表现不佳，工作中出现重大过失或出现工作能力胜任问题的书面记录或材料等相关证据，以避免在发生争议时使自己处于不利地位。

· 工资薪酬处罚 ·

一些用人单位往往根据本单位的规章制度、员工手册等的规定，对员工违反规章制度的行为予以一定数额的罚款，这种做法是不合法的。宪法规定，公民合法的私有财产权不受侵犯。罚款是剥夺公民的财产权，属于财产罚的范畴。依照《立法法》和《行政处罚法》的规定，对财产的处罚只能由法律、法规和规章设定。

员工薪酬福利管理制度是公司依据自身生产经营的特点，对员工的工作表现进行量化管理。从内容上看，规章制度的规定明确，没有违反法律的条款，也没有显失公平、明显不合理的地方。从程序上看，用人单位是在劳动合同中约定，将员工薪酬福利管理制度作为合同的附件，对员工进行告知的。在执行过程中，月度考核表应有员工的签字确认公司的规章制度已经依法向劳动者公示，可以作为用人单位考核员工的依据。这一制度并不是用人单位对考核不合格员工直接进行罚款，而是明确在用人单位发放的劳动报酬中，部分特定的工资具有奖励的性质，只有员工达到公司的考核标准，才可以获得该部分奖励。所以，用人单位依据其有效的规章制度扣除考核不合格的劳动者的绩效奖励并无不当。

《工资支付暂行规定》第16条规定，因劳动者本人原因给用人单位造成经济损失的，用人单位可按照劳动合同的约定要求其赔偿经济损失。经济损失的赔偿，可从劳动者本人的工资中扣除。但每月扣除的部分不得超过劳动者当月工资的20%。若扣除后的剩余工资部分低于当地月最低工资标准，则按最低工资标准支付。

· 劳动者与用人单位往来款项 ·

现实情况中，劳动者与用人单位之间存在垫支资金或借款的往来情况，有的属于员工为履行职务预先支取的费用，有的属于员工向单位的借贷等。对于前者，涉及劳动纠纷，可依劳动争议途径解决，而后者涉及平等主体的民事关系，应按照借贷关系选择诉讼，无须劳动争议前置程序。《最高人民法院关于职工执行公务在单位借款长期挂账发生纠纷法院是否受理的答复》对类似问题曾作出以下答复意见：职工受单位委派，从单位预支款项处理交通事故是职务行为，其与单位之间不存在平等主体间的债权债务关系，人民法院不应作为民事案件受理，职工在受托事项完成后，因未及时报销冲账与单位发生纠纷，应由单位按其内部财会制度处理。

对于职工因履行职务向单位预支款项产生的纠纷，有意见认为应区分不同情况：

（1）暂支单已写明或者双方对暂支事由陈述一致的情况。若事由为“购买材料”“垫付货款”“扣缴税款”等履行单位职务所需的费用，应当认定为公务支出，即非平等主体之间的民事争议；若事由为“个人生活需要”“家庭应急”“个人经营需要”等暂支者为了满足自身利益的需求而暂支的款项，应当作为平等主体之间的债务关系。

（2）双方对暂支款的结算有约定的情况。虽职工系因履行职务暂支款项，但此后双方按照劳动合同约定或因其他债权债务原因已对暂支款的归还、抵扣等作出约定、结算，或因此出具相应的借条、欠条的，则可作为平等主体间的债权债务纠纷处理。

（3）对“暂支用途”表述不明确或双方对暂支事由存在争议的，按照“谁主张，谁举证”的原则处理。如企业提供的暂支单中未写明暂支用途，双方当事人对款项的暂支事由又陈述不一致的，若企业坚持暂支款项为员工向企业的借款的，可提供公司章程、账册等有明确记载内容的证据，若不足以证明的，则承担该诉讼请求下举证不能的法律后果。

福利待遇

一般福利待遇

劳动合同中除了必须具备劳动合同法规定的必备条款，用人单位和劳动者可以约定包括福利待遇在内的其他事项。这里的福利待遇因各用人单位而异，主要包括住房补贴、交通补贴、通讯补贴、工作餐补贴和子女教育等。

特殊福利待遇

用人单位提供特殊福利待遇，不能与劳动者约定服务期和违约金。在新的形势下，企业要适应用工市场的变化，调整福利政策。比如，企业可以保留该商品房的所有权，约定以极低的价格租给引进的员工。或者约定员工在单位服务一定的年限后，比如五年或八年，公司自动将房屋的所有权无偿转让给员工。或者与员工签订借款协议，形成债权债务关系，公司出资购买的商品房由员工所有，但是该购房款或者补贴款分年限逐额减免。如果员工提前离职，公司有权主张债务。这种做法并不违反法律，但是能够起到约束劳动者轻易离职的作用。

因服务期而引发的特殊物质待遇争议是劳动人事争议出现的新情况。不属于《劳动合同法》第38条规定的情况下，即用人单位不存在违法用工，劳动者违反劳动合同约定的期限提前解除合同，用人单位拒绝继续履行约定的正常劳动报酬、福利外的经济方面的特殊待遇，或者要求劳动者返还正常劳动报酬、福利外的经济方面的特殊待遇，如何处理?

《北京市高级人民法院、北京市劳动人事争议仲裁委员会关于审理劳动争议案件法律适用问题的解答》第14条明确，用人单位除向劳动者支付正常劳动报酬外，还特别给予劳动者如汽车、房屋、住房补贴等经济方面特殊待遇，双方对特殊待遇与约定工作期限的关联性有明确约定的按约定；虽无明确约定，但能够认定用人单位系基于劳动者的工作期限给予劳动者特殊待遇的，由于劳动者未完全履行合同，用人单位可以就劳动者未履行合同对应部分拒绝给付特殊待遇，对已经预先给付的，可以按照相应比例要求返还。

《上海市高级人民法院关于适用〈劳动合同法〉若干问题的意见》第7条规定，用人单位向劳动者支付报酬，劳动者付出相应的劳动，是劳动合同双方当事人的基本合同义务。用人单位给予劳动者价值较高的财物，如汽车、房屋或住房补贴等特殊待遇的，属于预付性质。劳动者未按照约定期限付出劳动的，属于不完全履行合同。根据合同履行的对等原则，对劳动者未履行的部分，用人单位可以拒绝给付；已经给付的，也可以要求相应返还。因此，用人单位以劳动者未完全履行劳动合同为由，要求劳动者按照相应比例返还的，可以支持。

员工提前离职是否应退还购房补贴?

案例

陶某与置地公司签订劳动合同，约定陶某在置地公司从事工程部执行员工作，在劳动合同履行过程中，双方签订一份《购房补贴协议》，约定“一、乙方（陶某）满足《中新置地购房补贴政策》中关于享受购房补贴的资格。根据乙方申请，甲方（置地公司）同意乙方选购甲方开发或者委托开发的花园小区一套住房，并补贴乙方房价的15%。共计95545元（该补贴实际以购房同等金额折扣形式体现，一旦乙方或者乙方配偶与甲方就上述住房签订了购房合同，则视为乙方享受了该住房补贴）。二、从乙方享受购房补贴之日起，乙方必须为甲方服务至少三年（36个月）。三、乙方无论因任何原因（包括但不限于辞职、解聘、开除等情况），从乙方享受购房补贴之日起在甲方服务未满三年（36个月）或在三年之内转让上述房产的，乙方均应全额向甲方退还上述购房补贴……”陶某据此享受了置地公司给予的95545元购房补贴。劳动合同到期，双方未续签劳动合同，陶某因个人原因提出辞职，其向置地公司出具了《承诺书》，该补充协议签订后，陶某按约退还置地公司50000元。嗣后，陶某未再向置地公司退还款项，置地公司遂提请仲裁，请求裁决陶某偿还购房优惠款项45545元，并支付逾期付款违约金。该纠纷经过仲裁及诉讼程序，法院判决陶某理应承担返还责任。

解析

置地公司没有为陶某提供专项培训费用，对其进行专业技术培训，故双方签订的购房补贴协议中关于自陶某享受购房补贴之日起，陶某必须为置地公司服务至少三年的约定，并非属于《劳动合同法》第22条所规定的服务期。从该协议内容分析，符合附条件的民事法律行为的法律特征，附条件的民事法律行为只有在所附条件成就时才生效。根据购房补贴协议，陶某享受购房补贴的前提条件是自其享受购房补贴之日起，为置地公司服务满三年。双方在该协议中还约定了如果陶某没有在享受购房补贴后为置地公司服务满三年而提出辞职，陶某应当全额返还购房补贴。陶某因个人原因，正式提出离职，此时距陶某享受购房补贴未满三年，其享受购房补贴所附条件并未成就，故陶某负有返还95545元购房补贴的义务。且在补充协议签订后，陶某已经按照补充协议返还了50000元购房补贴，该行为应当视为陶某对双方协议的认可，故对剩余的45545元购房补贴，陶某理应承担返还责任。陶某主张无须返还剩余购房补贴，缺乏事实与法律依据，法院不予支持。

公司承诺给予房产奖励无法兑现，是否承担责任？

案例

吕某与钢铁公司签订劳动合同。其中约定，5年劳动合同期满，钢铁公司给予吕某一次性奖励50万元。同年吕某与钢铁公司签订劳动合同补充协议，约定钢铁公司提供坐落房屋供吕某居住，并提供装修费用；若吕某为钢铁公司服务满劳动合同约定的5年期限，则该套房屋作为钢铁公司对吕某的一次性奖励，届时钢铁公司必须将该套房屋的完全产权转让给吕某，并确保上面不存在任何抵押和贷款情况；钢铁公司将该套住房奖励给吕某后，原劳动合同中约定的一次性奖励50万元不再执行。此后房屋却因他案被法院查封，至今无法过户。双方由此发生争议。该纠纷经仲裁及诉讼程序，法院判决钢铁公司按照鉴定的房屋市场价值支付吕某一次性奖励。

解析

劳动争议案件处理的是劳动者与用人单位之间因工资报酬、劳动保护、合同履行等事宜产生的纠纷。本案中，系争房屋实为钢铁公司给予吕某服务期满的一种奖励，义务履行主体为钢铁公司。因钢铁公司承诺的奖励为实物，并非现金，而实物的价值处于不断变动当中，实物履行不能时，当然应以该实物目前的市场价值为据进行替代偿付，故钢铁公司仅同意按照劳动合同中50万元约定价格为据履行偿付义务，有失公允，法院不予支持。至于吕某为办理系争房屋过户手续而支付的有关税费，并不属于劳动争议案件处理的范畴，故而本案中不予处理。依据《劳动合同法》第2条、第29条及第30条之规定，法院判决被告钢铁公司支付吕某一次性奖励1288300元，驳回吕某的其余诉讼请求。

社会保险

社会保险制度

社会保险是一种为丧失劳动能力、暂时失去劳动岗位或因健康原因造成损失的人口提供收入或补偿的一种经济制度。由国家通过立法强制实施，劳动者、用人单位以及国家三方共同筹资。依法缴纳社会保险是用人单位与劳动者的法定义务，基本养老保险、基本医疗保险和失业保险由用人单位与劳动者共同承担，工伤保险和生育保险的缴纳均由用人单位全部承担。对于劳动者应当承担的费用，一般由用人单位代为向社会保障部门缴纳。

用人单位的保险福利制度除了合同约定的内容外，用人单位必须遵守国家和地方强制规定。有些地区、有些行业考虑到本地区、本行业的特点，为了加强对劳动者的保护，对劳动者的保险福利有一些特殊的强制性的规定。比如《建筑法》第 48 条规定，建筑施工企业必须为从事危险作业的职工办理意外伤害保险，支付保险费。《建设部关于加强建筑意外伤害保险工作的指导意见》也要求建筑施工企业全面推行建筑意外伤害保险工作。

有的用人单位为了降低成本，以工资的形式直接支付给劳动者所谓社会保险费用，企图逃避缴纳社会保险的法定义务。而部分劳动者只是重视眼前利益，或者因用人单位的强势地位被迫接受这种方式。公司将社会保险费直接支付给劳动者，即使在劳动者自身同意的前提下，也不能免除其法定的缴纳义务。劳动法律法规明确规定用人单位和劳动者都必须依法参加社会保险，缴纳社会保险费用。双方在劳动合同中关于缴纳社会保险的约定，违反我国法律的禁止性规定，因而是无效的。

女职工要求公司给付生育保险金，是否属于劳动仲裁范围？

案例

王某入职担保公司。双方签订劳动合同。其间王某生育一女，之后王某回担保公司上班。王某休产假期间，担保公司未向其支付工资。王某与担保公司工作人员办理一次性营养补助费和生育津贴的申领手续。生育保险基金将一次性营养补助费、生育津贴划拨至担保公司账户。后因担保公司账户有误，上述款项被退票。王某离职后要求公司支付产假工资，提起劳动仲裁。仲裁委以王某主张担保公司给付生育保险金的申请请求不属劳动争议处理范围为由，下达不予受理通知书，王某不服，诉至法院。法院判决支持王某诉求。

解析

女职工生育，依法享受产假工资，产假工资由用人单位发放，生育保险基金以生育津贴形式予以补偿，由用人单位到本统筹地区医疗保险经办机构办理生育津贴申领手续。用人单位发放的产假工资低于生育津贴标准的，由用人单位按规定标准补足。王某在休产假期间，酒店公司未向其支付产假工资。经生育保险基金核算，因王某生育，生育保险基金应补偿用人单位生育津贴。王某要求用人单位支付产假工资并明确标准自愿参照生育保险基金核算的生育津贴，不违反法律规定。《劳动法》第73条规定，劳动者在下列情形下，依法享受社会保险待遇：(一）退休；(二）患病、负伤；(三）因工伤残或者患职业病；(四）失业；(五）生育。劳动者死亡后，其遗属依法享受遗属津贴。劳动者享受社会保险待遇的条件和标准由法律、法规规定。劳动者享受的社会保险金必须按时足额支付。法院据此判决担保公司一次性支付王某产假工资。

降低社会保险缴费基数的协议书，是否有效？

案例

陈某应聘到酒店公司工程部工作。其后陈某以酒店公司有违反劳动法律法规的行为为由，书面解除与酒店公司之间的劳动关系。在职期间双方就缴纳社会保险费的工资基数协商一致，单位缴纳社会保险费数额低于国家法定标准。陈某离职后，主张关于社会保险费缴费标准的承诺书无效、应按工资标准足额缴纳的问题，而公司主张因该缴费标准系双方自愿协商，并不违反相关的法律法规的规定。一、二审法院认为，该协议书不存在胁迫、欺诈及重大误解等情形，合法有效。检察院对此抗诉，经再审法院予以改判，判决认定违反社会保险制度的承诺条款应属无效，公司应为职工购买社会保险。

解析

国务院《社会保险费征缴暂行条例》第4条第1款规定："缴费单位、缴费个人应当按时足额缴纳社会保险费"，第12条第3款规定："社会保险费不得减免"，第23条规定："缴费单位……未按照规定申报应缴纳的社会保险费数额的，由劳动保障行政部门责令限期改正……"，以上规定说明社会保险费应按工资总额按比例足额缴纳，不应减少。实行社会保险制度是国家强制实行的一项制度，企业单位和个人都必须参加，任何违反社会保险制度的承诺条款都是无效的。酒店公司以职工签订承诺书的形式，降低养老保险缴费基数，是为了减少单位缴纳数额，排除自己的法定责任，系侵犯劳动者权利的行为，根据《劳动合同法》第26条第（2）项之规定，应属于合同无效的情形。因此，一、二审法院判决认定陈某签订的承诺书合法有效是错误的。法院再审认定，违反社会保险制度的承诺条款应属无效，酒店公司应严格按照法律法规及社会保险相关政策的规定为其职工购买社会保险。

社会保险纠纷

·未依法缴纳社会保险的司法救济·

劳动者以用人单位未依法为其缴纳社会保险为由提出解除劳动合同，要求用人单位支付经济补偿的，如何处理？有意见认为，劳动者提出解除劳动合同前一年内，存在因用人单位过错未为劳动者建立社保账户或虽建立了社保账户但缴纳险种不全情形的，劳动者依据《劳动合同法》第38条的规定以用人单位未依法为其缴纳社会保险为由提出解除劳动合同并主张经济补偿的，一般应予支持。

关于养老金损失，当劳动者向法院提出申请，要求社保机构测算其养老金损失，而此类养老金损失的测算无明确标准，社保机构无法提供精确的测算结果时，法院应根据养老保险待遇受劳动者工作年限、退休时间、缴费金额、政策变化等因素影响，参照劳动者达到法定退休年龄时的上年度城镇职工基本养老保险企业退休人员月人均养老金的水平，结合劳动者的工作年限以及本区域人口平均寿命，确定其养老金损失。

用人单位已为劳动者建立社保账户且险种齐全，但存在缴纳年限不足、缴费基数低等问题的，劳动者的社保权益可通过用人单位补缴或社保管理部门强制征缴的方式实现，在此情形下，劳动者以此为由主张解除劳动合同经济补偿的，一般不予支持。

用人单位未缴纳社会保险，劳动者能否主张赔偿？

案例

李某与劳务公司签订劳动合同书，该公司将李某派遣至客运公司工作。劳务公司没有为李某缴纳社会保险，客运公司支付的劳务派遣费用中也没有包含缴纳社会保险的费用。因劳务公司不给李某补缴保险，李某提前解除劳动合同。其后李某提起劳动仲裁，主张解除劳动合同经济补偿金、补偿养老保险和医疗保险。劳动争议仲裁委员会作出不予受理通知书。李某不服，诉至法院，法院判决，劳务公司给付李某未缴纳养老保险赔偿，驳回李某的其他诉讼请求。

解析

《劳动法》第72条规定，社会保险基金按照保险类型确定资金来源，逐步实行社会统筹。用人单位和劳动者必须依法参加社会保险，缴纳社会保险费。为劳动者缴纳社会保险是用人单位的一项法定义务。《最高人民法院关于审理劳动争议案件适用法律若干问题的解释（三）》第1条规定，劳动者以用人单位未为其办理社会保险手续，且社会保险经办机构不能补办导致其无法享受社会保险待遇为由，要求用人单位赔偿损失而发生争议的，人民法院应予受理。所以，李某的主张属于法院受案范围。关于李某要求补偿未缴纳养老保险的请求，客运公司应补偿李某未缴纳养老保险的赔偿。关于李某要求未缴纳医疗保险的补偿，李某未提供未缴纳医疗保险造成的损失，法院没有支持。如果李某可以提供相应的证据，比如李某因为没有缴纳医疗保险，因为就医自行承担了医疗费用，而无法享受到医疗保险按照比例报销的国家政策，法院对此是可以支持的。

用人单位未办理社会保险且无法补办，员工能否主张赔偿？

案例

常某系某村农民，入职到陶瓷公司从事陶瓷生存及销售。常某没有与陶瓷公司签订劳动合同，陶瓷公司也没有为其办理相关社会保险。常某在工作中突发疾病，送往医院治疗，被诊断出脑出血，一个多月后医治无效死亡。常某参加了新型农村合作医疗，新型农村合作医疗经办中心报销了常某部分医疗费。常某之妻与陶瓷公司就医疗费的承担问题发生争议，常某之妻申请劳动仲裁。仲裁委裁决认为，陶瓷公司没有给常某办理相关社会保险，应承担常某按照城镇职工医疗保险待遇可报销医疗费的相关费用。陶瓷公司不服诉至法院，法院维持了陶瓷公司承担部分医疗费的裁决。

解析

《最高人民法院关于审理劳动争议案件适用法律若干问题的解释（三）》第1条规定，劳动者以用人单位未为其办理社会保险手续，且社会保险经办机构不能补办导致其无法享受社会保险待遇为由，要求用人单位赔偿损失而发生争议的，人民法院应予受理。据此，因公司的过错，没有为劳动者办理社会保险，且社会保险无法补办，劳动者可以就实际损失部分要求用人单位承担赔偿责任，实际损失为未达职工基本医疗报销金额的差额部分。法院认为，本案中劳动者为农业人口，在户籍所在地参加了新型农村合作医疗，在其住院治疗期间医疗费经新农合报销。劳动者不得重复享受社会医疗待遇。因此，对经新农合报销后不能达到职工医保报销标准的差额部分，用人单位应进行赔偿。

· 未足额缴纳社会保险的救济 ·

实践中存在用人单位不足额缴费，即没有按照发送给员工的真实的工资基数标准进行缴费。对不足额缴费，劳动者不能通过仲裁或诉讼等司法途径解决，应向相关行政部门反映情况。最高人民法院在其官网就此问题进行多次答复，其主要意思是，《社会保险费征缴暂行条例》明确规定了征缴社会保险费用是社会管理部门的职责，用人单位必须为劳动者依法办理社会保险。如果劳动者、用人单位与社保机构就欠费等发生争议，是征收与缴纳之间的纠纷，属于行政管理的范畴，带有社会管理性质，不是单一的劳动者与用人单位之间的社保争议。因此，此类争议不宜纳入民事审判的范围，劳动者对用人单位欠缴社会保险费或者因缴费年限、缴费数额等发生争议的，应向相关部门申请解决。最高人民法院及各级人民法院众多案例均显示：补缴社会保险不属于人民法院受理劳动争议案件受案范围。

符合征缴范围规定的单位和个人应当依法参加社会保险，并按照法律法规规定的费基、费率，以法定货币形式按时足额缴纳社会保险费。缴费单位应当根据本单位职工工资总额、职工工资收入和费率按月向社会保险经办机构申报应当缴纳的社会保险费数额，经社会保险机构核定后，在规定的期限内按月缴纳社会保险费，并依法履行代扣代缴保险费的义务。公司未足额为员工缴纳社会保险费，属于未依法缴纳社会保险费的情形。依据《劳动合同法》第 38 条第 1 款第 3 项、第 46 条第 1 项之规定，用人单位未依法为劳动者缴纳社会保险费的，劳动者可以解除劳动合同，用人单位应当向劳动者支付经济补偿金。

用人单位少缴社会保险，劳动者要求补足，法院是否予以受理？

案例

刘某多年前因企业效益不好，离开工作岗位。其后公司依法进行破产及进行有关人员安置，与刘某解除劳动合同。刘某待岗期间，企业为刘某缴纳各种社会保险，刘某享有社会保险账户。但刘某认为企业为其缴纳的保险存在少缴的情况。刘某对安置方案的效力及经济补偿金的计算年限也提出质疑，认为公司召开职工代表大会未通知全体职工，会议内容未向全体职工公示，召开程序违法。该纠纷经过仲裁和诉讼，法院判决驳回刘某的诉讼请求。

解析

关于刘某诉请补缴社会保险金是否属于人民法院受理劳动争议案件受案范围的问题。依据《劳动争议调解仲裁法》第 2 条第（4）项的规定，因社会保险发生的争议，属于劳动争议。但是，并非所有的社会保险争议都属于人民法院受理劳动争议案件的范围，主要区分两种情形：

（一）对于已经由用人单位为劳动者办理了社会保险手续，但因用人单位欠缴、拒缴社会保险费或者劳动者对缴费年限、缴费基数有异议等发生的争议，因为《社会保险费征缴暂行条例》《劳动保障监察条例》等行政法规赋予了劳动行政部门对用人单位为劳动者办理社会保险的专属管理权、监察权和处罚权，用人单位、劳动者和社会保险机构就欠费发生争议，是征收与缴纳之间的纠纷，属于行政管理的范畴，带有社会管理的性质，不是单一的劳动者与用人单位之间的社会保险争议。因此，此类纠纷应由社会保险管理部门解决处理，不属于人民法院受理劳动争议案件受案范围。

（二）对于用人单位没有为劳动者办理社会保险手续，且社会保险经办机构不能补办导致劳动者不能享受社会保险待遇，要求用人单位赔偿损失发生的争议，人民法院应予以受理。《最高人民法院关于审理劳动争议案件适用法律若干问题的解释(三)》第1条所规定的人民法院应予受理的社会保险争议即是上述第二种情形，该条规定："劳动者以用人单位未为其办理社会保险手续，且社会保险经办机构不能补办导致其无法享受社会保险待遇为由，要求用人单位赔偿损失而发生争议的，人民法院应予受理。"本案中，刘某诉请公司补缴除医疗保险以外的养老、失业、工伤、生育等四种社会保险。用人单位为刘某办理了医疗、养老、失业、工伤、生育保险的社会保险手续，其享有以上社会保险账户。据此，刘某关于补缴社会保险金的诉讼请求应属于上述第一种情形即已经由用人单位办理了社会保险手续，但因用人单位欠缴保险费引发的争议，不属于司法解释所规定的人民法院应予受理的情形。

员工因用人单位违法用工而提出离职，是否符合失业保险金的条件？

案例

李某入电气公司工作。因电气公司未足额支付李某劳动报酬，并单方面调岗降薪并停止李某工作，李某向电气公司提出辞职，电气公司同意李某辞职。李某在岗期间电气公司一直为其缴纳了失业保险费。李某离职后，电气公司未为李某出具解除劳动关系证明。李某要求电气公司支付因单方面调岗降薪而终止劳动合同的赔偿金、未休年休假工资等。该纠纷经仲裁及诉讼程序，法院判决电气公司向李某支付未休年休假工资，赔偿李某无法领取失业保险金和自行缴纳本因失业可以免交的基本医疗保险费等损失。

解析

电气公司确实存在未足额支付李某工资的情况，且李某系以此为由解除双方劳动关系，故李某解除劳动合同的行为属用人单位未按照劳动合同约定支付劳动报酬，劳动者通知用人单位解除劳动合同的情形。依照《人力资源和社会保障部实施〈中华人民共和国社会保险法〉若干规定》第13条“失业人员符合社会保险法第四十五条规定条件的，可以申请领取失业保险金并享受其他失业保险待遇。其中，非因本人意愿中断就业包括下列情形：……（五）劳动者本人依照劳动合同法第三十八条规定解除劳动合同的……”。李某属于“非因本人意愿中断就业”的情形。李某与电气公司解除劳动关系后，电气公司未及时向李某出具终止劳动关系的证明，导致李某无法领取失业保险金和自行缴纳本因失业可以免交的基本医疗保险费，由此给李某造成损失。根据《劳动合同法》第89条之规定，电气公司应予以赔偿，李某主张电气公司赔偿相关损失的请求，法院予以支持。

住房公积金

公积金制度

住房公积金，是指国家机关、国有企业、城镇集体企业、外商投资企业、城镇私营企业和其他城镇企业、事业单位、民办非企业单位、社会团体以及其在职职工缴存的长期住房储金。劳动者所在单位也应按规定为劳动者缴纳缴存住房公积金。根据国务院《住房公积金管理条例》第37条规定，违反本条例的规定，单位不办理住房公积金缴存登记或者不为本单位职工办理住房公积金账户设立手续的，由住房公积金管理中心责令限期办理；逾期不办理的，处1万元以上5万元以下的罚款。第38条规定，违反本条例的规定，单位逾期不缴或者少缴住房公积金的，由住房公积金管理中心责令限期缴存；逾期仍不缴存的，可以申请人民法院强制执行。依据上述规定，劳动者与用人单位因住房公积金发生争议，应当由住房公积金管理中心负责催缴。

公积金纠纷

补缴住房公积金的诉讼请求不属于人民法院受理劳动争议案件的范围。不将公积金争议纳入法院争议案件的受案范围，与不纳入部分社保纠纷的考虑类似：该纠纷属于行政管理的范畴，带有社会管理性质，不是单一的劳动者与用人单位之间的争议。人为地由司法权强行介入和干预，不仅不利于日益完善的社会保险功能的正常运行，而且不利于合理划分司法权与行政权的职责，导致二者权限交叉重叠混乱，最终不利于对劳动者合法权益的切实保护。

职工要求补缴公积金，法院是否予以受理?

案例

王某来到劳动人事争议仲裁委员会反映，称入职时单位曾与其口头约定，公司为其缴纳住房公积金。近期王某准备购买商品房时，发现公司并未为其缴纳住房公积金。王某认为，依法缴纳公积金是公司的法定义务，公司不缴纳公积金的做法侵害了其合法权益，导致其买房的目的无法实现，欲申请劳动仲裁。工作人员告知住房公积金争议不属于劳动争议案件受案范围，建议王某到住房公积金管理中心反映情况，王某最终撤回了仲裁申请。

解析

关于补缴住房公积金是否属于劳动争议案件受案范围的问题。根据国务院《住房公积金管理条例》第37条规定，违反本条例的规定，单位不办理住房公积金缴存登记或者不为本单位职工办理住房公积金账户设立手续的，由住房公积金管理中心责令限期办理；逾期不办理的，处1万元以上5万元以下的罚款。第38条规定，违反本条例的规定，单位逾期不缴或者少缴住房公积金的，由住房公积金管理中心责令限期缴存；逾期仍不缴存的，可以申请人民法院强制执行。依据上述规定，劳动者与用人单位因住房公积金发生争议，应当由住房公积金管理中心负责催缴，故刘某要求公司补缴住房公积金的诉讼请求不属于人民法院受理劳动争议案件的范围。

股权激励

股权激励计划

股权激励，也称为期权激励，是企业为了激励和留住核心人才而推行的一种长期激励机制。股权激励使员工能够以股东的身份参与企业决策、分享利润、承担风险，从而勤勉尽责地为公司的长期发展服务的一种激励方法。从员工薪酬结构看，股权激励是一种长期激励，企业为了能持续发展，一般都采用长期激励的形式，将这些核心员工的利益与企业利益紧密地联系在一起，充分有效发挥这些员工的积极性和创造性，从而达到企业目标。

人才的价值回报不是工资、奖金就能满足的，有效的办法是直接对这些人才实施股权激励，将他们的价值回报与公司持续增值紧密联系起来，通过企业增值来回报这些人才为企业发展所作出的贡献。通过股权激励，使员工参与关系到企业发展经营管理决策，使其拥有部分控制权后，不仅关注短期业绩，更加关注长远发展，并真正对此负责。

以购买股权形式代替工资发放，是否有效?

案例

焦某入职网络公司担任网站主编职务，双方签订劳动合同约定年薪制，其中大部分工资按月支付现金，剩余小部分工资用于分期购买网络公司股权。劳动合同生效后6个月内，网络公司必须办理相关的工商登记变更。合同签订后，网络公司按月发放焦某月薪现金部分，同时按月扣取焦某相应的购股款。入职6个月后，焦某向工商局查询了解到网络公司并未按照合同约定办理相应的工商变更登记。其后，网络公司与焦某解除了劳动关系。焦某诉请网络公司履行合同约定，为其办理股权工商变更登记。法院审理后驳回焦某的诉讼请求。

解析

根据《劳动法》的规定，工资应当以货币形式按月支付。工资支付必须遵循现金支付的原则，该原则为法律的强制性规定，不允许当事人以协议的方式予以变更。焦某与网络公司签订的聘用合同中关于"工作报酬""股权激励及股权回购"等内容的约定，系网络公司以焦某购买网络公司股权的形式代替货币向焦某支付工资，违反了有关法律的规定，上述内容应确认为无效。对焦某要求网络公司为其办理股权登记并支付违约金的诉讼请求，法院不予支持。法院依据《劳动法》第50条、《合同法》第52条、56条的规定，判决驳回焦某的诉讼请求。

劳动者因违纪被解除劳动合同，能否主张股权激励？

案例

罗某与汽车公司签订社会人才招聘协议，实行基本工资和绩效工资相结合的内部工资分配办法，罗某的基本工资为每月9万元，以后根据内部工资制度调整其基本工资，绩效工资根据汽车公司的经营业绩、罗某的工作业绩、工作成果和实际贡献按照内部分配办法确定发放。罗某就股权激励签订承诺函，表示已了解股权激励授予员工股权条件并同意严格遵守汽车公司股权激励管理办法。因公司对罗某业绩不满意，免去其业务总监、事业部总裁等职务。被免除职务后，罗某以身体不适需医院治疗为由，向汽车公司书面请假，公司认为请假不符合公司《员工休假考勤管理制度》的相关请假手续。罗某自此一直没到公司上班，公司以无故旷工为由，出具解除劳动合同通知。罗某要求公司支付经济补偿等，还要求公司支付股权激励。法院判决公司解除劳动合同合法，不支付经济补偿和股权激励。

解析

汽车公司提交《股权激励管理办法》，以证明罗某不符合获得股权激励的条件，不能获得股权激励。该办法对股权激励人员按照不同层级规定了股权激励锁定期；该办法同时规定，若员工在锁定期因违反公司有关规定，包括但不限于违反职业道德、泄露公司机密、失职或渎职等行为严重损害公司利益或声誉，而被解除劳动关系的，其股权激励指标取消，不能取得获授股权激励资格。罗某对《股权激励管理办法》的真实性不认可，但其未提交证据予以反驳。结合其曾就股权激励签订承诺函，表示已了解股权激励授予员工股权条件并同意严格遵守汽车公司股权激励管理办法，法院对《股权激励管理办法》予以采信。罗某当时作为公司的高层管理人员，因旷工严重违反公司纪律被公司解除劳动合同，不符合股权激励获授条件，因此，对于罗某要求汽车公司支付股权激励的诉讼请求，法院不予支持。

员工离职后能否主张股票期权？

案例

孙某（外籍人士）与房产公司签订了《股票期权协议》。该协议第二部分总则第3条约定，当受让人与公司的雇佣关系终止时，“所授予的股票期权在雇佣关系终止日起的30天后终止，股票期权中尚不能行使的部分失效”。孙某签署离职协议书。该协议书没有提及股票期权事宜。孙某在离职前要求履行股票期权协议，但房产公司以影响公司上市为由拒绝。公司提出，股票期权中尚不能行使的部分失效，而且孙某不属于有关部门规定的境内居民自然人，不能通过合法途径成为房产公司的股东。最终法院判决，房产公司应在执行判决的过程中协助孙某办理。如因房产公司没有预留股票导致《股票期权协议》最终无法实际履行，孙某有权另寻法律途径向房产公司请求违约损害赔偿。

解析

关于孙某的股票期权是否失效的问题。《股票期权协议》是双方当事人真实意思表示，内容不违反我国法律、行政法规的强制性规定，合法有效。依据《股票期权协议》第二部分总则第3条的约定，孙某在离职之前就以电子邮件的方式向公司负责人提出了行使股票期权即购买股票的要求。房产公司认为，根据《国家外汇管理局关于境内居民通过境外特殊目的公司投融资及返程投资外汇管理有关问题的通知》的规定，孙某不属于“以其持有的境内企业资产或者权益在境外进行股权融资”的境内居民自然人，不能通过合法途径成为特殊目的公司即房产公司的股东。

法院认定，我国法律和行政法规亦未禁止我国境内居民取得境外特殊目的公司的股权。根据《国家外汇管理局关于境内居民通过境外特殊目的公司投融资及返程投资外汇管理有关问题的通知》第1条和第7条的规定，特殊目的公司在股权转让后30日内，由设立或间接控制该公司的境内居民向外汇管理局申请办理外汇登记变更或备案手续。即房产公司应在办理完股权转让手续后再办理相应的外汇登记手续。房产公司以该规范性文件主张孙某不能成为房产公司股东的理由不成立。房产公司是出于自身利益考虑，不愿为孙某办理股票期权行使事宜，而不是因客观障碍导致股票期权不能行使。

如何认定“激励股票解锁条件成就”?

案例

王某与化妆品公司发生劳动纠纷，化妆品公司解除了王某的职务和劳动合同，其后该解除劳动合同的决定被法院撤销，双方恢复劳动关系。双方就王某持有的股票解锁发生争议。王某认为其符合授予股权激励条件，要求行解锁股票。王某提出，针对股权激励授予者的职务变动情形激励股票应如何处理，在相关协议中均有明确规定，公司的酌情权系在协议未作出规定的情况下行使，且应针对所有员工，而非针对个别人任意进行修改。在另案的生效判决中已认定王某系被非法辞退，化妆品公司不应以此后追加的记过处分作为限制解锁的条件，相关处分及处罚不具有溯及既往的效力。公司认为公司董事会就股权激励股票事宜可以行使酌定权，有权作出限制性决定。法院审理后判决，化妆品公司对王某持有的公司股权激励限制性股票给予解锁。

解析

本案的争议焦点为王某持有的化妆品公司股权激励股票解锁条件是否成就。法院认为，根据《激励计划》的规定，激励对象职务发生变更，但仍为公司的董事（不含独立董事）、高级管理人员、中层管理人员，核心技术（业务）人员，或者被公司委派到公司的控股子公司任职，原则上已获授的限制性股票不作变更；激励对象在任职期间因犯罪受司法机关刑事处罚的，或违反公司规定、损害公司利益根据员工手册给予记过以上处分的，经公司董事会批准，可以注销激励对象解锁的限制性股票；同时，该《激励计划》还规定有对于上述规定之外的情形，公司董事会根据激励对象的具体情况酌情作出处置激励对象未解锁标的股票的内容。王某在限制性股票解锁期时仍为化妆品公司的董事，其相应年度的考核结果亦为合格，符合《激励计划》及

《授予协议》中股权激励股票解锁的条件。此后，化妆品公司对王某作出的记过处分并不影响到解锁条件已经成就。化妆品公司称其依据《激励计划》对于激励股权处置具有酌定权，且已先后召开董事会、股东大会决定回购王某尚未解锁的激励股票。对此，根据《激励计划》的约定，公司董事会对于该计划规定范围之外的情形，可根据激励对象的具体情况酌情作出处置，本案化妆品公司对限制型股票不予解锁的理由属于《激励计划》所列的情形。

股票期权

股票期权制度，是企业向其员工或者高级管理人员提供激励的一种报酬制度。股票期权，指某公司授予一定对象可以在一定时间内，以一定价格买一定数量公司股票的权利。实际上，股票期权就是一份允许被授予人购买公司股票的法律合同，其中购买股票价格、行权期限的条件、时间以及整个期权的有效期都已确定。获得股票期权的通常做法是公司给予员工或者高管一种权利，允许他们在特定的时期内，按某一预定价格（通常是该权利被授予时的协议价格）购买本企业普通股。

这种权利不能转让，但所购股票仍能在市场上出售。持有者就可以获得行权当日股票市场价格和行权价格之间的差价。如果在该期权规定的行权期限到期之前员工离开公司，或者不能达到约定的业绩目标，那么这些股份将被收回。由于期权是可期待的权利，并未在现实中产生确定利益，因此，法院通常不会处理这样没有实际价值或没有确定利益的可期待权利。而是让当事人待权利有确定价值时，再另行起诉。

公司承诺的激励性期权没有实施，员工可以主张索要吗？

案例

刘某入职教育公司担任首席财务官。刘某主张，教育公司违反合同约定，未授予期权等，经双方多次交涉未果，其提出辞职。刘某为证明其主张提供聘书。该聘书载明：我们会按照公司拟实行的《员工期权计划》中的有关执行价格、等待期、行权方式等方面的规定，为您提供20万股激励性期权。同时刘某认可《员工期权计划》并未公布实施。教育公司认可该证据的真实性，但表示《员工期权计划》并未公布实施，双方最终未就股票期权问题达成相关协议。刘某提起劳动仲裁，要求教育公司支付股票期权损失。该纠纷经仲裁及诉讼程序，法院判决驳回刘某的请求。

解析

关于股票期权问题。教育公司在聘书中虽承诺为刘某提供20万股激励性期权，但同时也表示股票期权的具体规定在拟实行的《员工期权计划》中。《员工期权计划》并未公布实施，刘某与教育公司也未就股票期权的具体事宜另行进行约定。在双方未明确约定股票期权的授予人、执行价格、等待期、行权方式等具体事项的情况下，该约定不具有可执行性，刘某据此要求教育公司赔偿股票期权损失的诉讼请求，缺乏相应的事实与法律依据，法院不予支持。

公司章程规定员工离职应退还股份，是否有效？

案例

义某因离职与公司发生纠纷。公司主张按照公司章程离职员工应退还股份，义某主张公司章程无效。义某认为，医药公司制定的公司章程，存在违法设立股东代表大会代替股东大会、强迫义某离职退股、义某没有在公司章程上签名和盖章等三个方面问题，违反《公司法》规定无效。义某没有与公司的其他股东签订股权转让协议，也没有对股权进行评估。医药公司的法定代表人非法伪造假股权证；其他员工辞职退股十几年后还以股东身份在股东会决议上签名，说明医药公司对公司章程相关规定的辞职退股并不认可。医药公司的章程因违法而自始无效。医药公司认为，义某因与医药公司终止劳动合同而丧失职工身份，医药公司也按照公司章程为其办理了退股手续，义某领取退股金后，已不再享有股东权利。法院审理后，认定公司章程合法有效，驳回义某的请求。

解析

关于医药公司的公司章程效力问题。医药公司设立时的公司章程经公司股东代表大会表决通过，是公司股东意思表示一致的结果，并经过政府职能部门的批复，内容没有违反法律和行政法规的强制性规定，也不损害他人利益和社会公共利益，是合法有效的，对医药公司股东和所有持股职工发生效力。股东代表大会由股东代表参加，股东代表又是持股会会员代表，体现了全体持股会员的意志，实际是扩大的股东会议，股东代表大会与《公司法》规定的股东会性质一致，故医药公司设立股东代表大会并不违反《公司法》的规定。医药公司的公司章程经股东代表大会表决通过即发生效力，义某是否在公司章程上签名和盖章不影响该章程效力。股权的本质是财产权，股东或持股职工在不违背法律、行政法规强行性规定的前提下可以以协议的方式自由处分。而且，持股职工通过职工持股会参与公司投资，具有劳动者和持股会员双重身份的特征，当持股职工不再具有公司劳动者的身份，相应地也不再享有持股会员资格。故医药公司章程第24条关于离职退股的条款约定合法有效。综上，义某主张医药公司章程违反《公司法》规定无效的理由不成立。

劳动者兼具股东身份，如何认定其主张的是劳动报酬还是股东分成？

案例

杨某进入投资管理公司从事营业部销售工作，双方未订立书面劳动合同，口头约定杨某第一年每月工资为业绩提成的50%，剩余50%在扣除投资管理公司运营成本后按业绩比例分配。其后，杨某成为投资管理公司的股东。杨某和匡某等三名股东签订《投资管理有限公司股东协议》，内容主要为：一、新增合同编号的所有人按照20%提成。剩余80%去除运营成本后按照股东三人业绩比例分红；按实际情况预留营运成本，具体金额另行商议。二、案件合作分配比例由当事人自行协商。杨某每月工资为7200元，其实质为上年度业绩剩余50%的分配。其后，杨某退出公司，各方就股权转让达成协议。杨某主张提成工资差额，提起劳动仲裁。投资管理公司认为，杨某主张的并非员工劳动报酬，而属于股东分成，需要股东之间通过核算才能确定，故不属于劳动争议案件。该纠纷经仲裁及诉讼程序，法院认为杨某主张的实质为股东分成，不属于劳动争议。

解析

杨某与投资管理公司存在双重关系，既是投资管理公司的员工，又是投资管理公司的三名股东之一。杨某与另两名股东签订股东协议，约定新增合同编号的所有人按

20%提成；剩余80%去除运营成本后按照股东三人业绩比例分红。该协议系三方的真实意思表示，应属合法有效。从上述协议内容来看，杨某所主张提成差额，实质系该股东协议中所约定的股东分红，股东分红涉及股东权益，属于商事纠纷，并非劳动争议受案范围。

至于三方在之后的履行过程中，是否仍按之前的口头约定提成50%，或者在投资管理公司股东之间转让股份过程中，匡某是否曾同意将另一股东剩余提成一并结算，均不能得出该股东协议不实际履行的结论。杨某与匡某就杨某退股事宜达成的协议中，约定投资管理公司仍需协助杨某处理账户进出账、财务发票等相关事宜，亦属股东权益事宜。因此，杨某主张提成差额及未到账合同80%提成的诉请，不属于劳动争议受理范围，法院不予处理。

公司因清算迟延退股，是否应对退股员工承担赔偿责任？

案例

纺织品公司清算注销，徐某先后共出资认购纺织品公司股权。徐某原系纺织品公司员工，与纺织品公司终止劳动合同。纺织品公司的公司章程第43条规定，建立自然人股东退出机制：（1）正常离职者；（2）到龄退休者；（3）在职自然人股东死亡者。其原有股权可以作退股处理。由公司根据当时实际资产状况，给予合理的退股清偿。纺织品公司的清算报告中明确因公司经营期限已到的原因，经公司股东会决议，同意解散公司。依法清偿后的剩余财产，按股东的出资比例分配。该清算报告经工商备案，包括原纺织品公司在内的各股东均签字确认。徐某认为，纺织品公司未及时安排其转让股权，故意拖延清算偿付其股权转让款而给其造成逾期利息损失，遂涉讼。法院审理后驳回了徐某的请求。

解析

本案的争议焦点在于纺织品公司在徐某离职后，是否存在不及时安排股权转让、拖延支付股权款、恶意占有和无偿使用资金的行为。法院认为，纺织品公司章程中只作了自然人股东退出机制的约定，但并未对清偿退股款的期限作出约定。客观而言，纺织品公司自然人股东在股权退出上是采用向其他股东或其他自然人出让股权的方式进行的，在无法找到股权受让人的情况下，则难以实现股权转让的目的。况且，纺织品公司的经营期限届满距徐某离职时仅有9个月，在纺织品公司尚未作出是否延长经营期限的情况下，无其他主体愿意受让其股权尚属合理。况且，在纺织品公司清算报告和股东会决议中，徐某也签字认可了按照纺织品公司的评估价值进行分配。此外，结合纺织品公司自作出清算决定、成立清算组及将纺织品公司清算后的银行存款转至纺织品公司的过程，纺织品公司将清算后的股权款付至徐某账户等事实，尚无充分证据证明纺织品公司存在恶意占有、使用纺织品公司资金的情况，难以认定纺织品公司存在徐某所主张的损害自然人股东利益的情形。故徐某的主张缺乏事实和法律依据，法院对此不予采信。

5

用工管理

* 劳动保护
* 工伤管理
* 休假管理
* 特殊用工
* 劳动监察

劳动保护

劳动条件

劳动条件是指工作场所、劳动工具、机器设备、技术资料等。劳动者还可以与用人单位就劳动条件进行约定。用人单位应当提供符合国家标准的劳动条件，创造安全的工作环境。劳动保护是指用人单位为了防止劳动过程中的安全事故，采取各种措施来保障劳动者的生命安全和健康。包括工作时间和休息时间、休假制度、保障劳动安全与卫生的措施、女职工劳动保护规定、未成年人劳动保护规定等。用人单位应根据自身的具体情况，制定相应的劳动保护规章制度，建立安全生产制度，加强劳动保护教育工作，建设完善的安全生产救援体系，组织编制安全生产规章制度、安全操作规程及岗位操作方法等。

劳动保护

· 女职工保护 ·

根据相关劳动法律法规和劳动政策，对女职工实行特殊劳动保护的规定主要包括以下方面：（1）男女同工同酬。《宪法》规定，国家保护妇女的权利和利益，实行男女同工同酬。《妇女权益保障法》规定，在分配住房和享受福利待遇方面男女平等。（2）男女就业平等，用人单位招工时不得歧视妇女。《妇女权益保障法》规定，国家保障妇女享有与男子平等的劳动权利。各单位在录用职工时，除不适合妇女的工种或者岗位外，不得以性别为由，拒绝录用妇女或者提高对妇女的录用标准。根据国务院《女职工劳动保护规定》，凡适合妇女从事劳动的单位，不得拒绝招收女职工。不得在女职工怀孕期、产期、哺乳期降低其基本工资，或者解除劳动合同。(3) 禁止安排女职工从事高劳动强度的劳动。《妇女权益保障法》规定，任何单位均应根据妇女的特点，依法保护妇女在工作和劳动时的安全和健康，不得安排不适合妇女从事的工作和劳动。(4) 对妇女生理机能变化过程中的保护，一般是指女职工的经期、孕期、产期、哺乳期的劳动保护。

孕期女职工违反规章制度，公司能否解除劳动合同？

案例

张某至设计公司工作。设计公司在张某入职后向张某发放《员工手册》，张某签字确认对《员工手册》中各项规章制度及管理规定已了解并愿意遵守。设计公司《员工手册》规定：没有请假或假满未经续假而擅自不到职以旷工论处；无故连续旷工三日，或全月无故旷工累计六日，或一年旷工达十二日者，予以解聘。张某怀孕后至相关医院就诊，医院出具一份处理意见为“休贰周”的《疾病证明单》，张某于当日将此证明单交至设计公司。双方协商张某在家办公期限。在家办公期限届满，设计公司工作人员与张某联系，要求张某补办请假手续，但张某未补办相关请假手续，也未至设计公司上班。其后，设计公司向张某发出一份《关于张某补交病假单、病历资料的通知》，通知张某补齐合法有效的病假单和相关病历资料，以原件快递至公司或亲自送来并作情况说明。若张某未在规定日期内提交以上材料，公司人事部将张某未到公司打卡上班的日期全部视作旷工。其后，设计公司以张某无故长期不到公司上班，也未按公司规定办理符合公司劳动纪律的请假手续为由，解除与张某的劳动合同。该纠纷经仲裁及诉讼程序，法院判决公司解除劳动合同的决定合法。

解析

张某作为设计公司员工，理应遵守企业依法建立的规章制度，同样，设计公司作为用工单位也应遵守国家法律和有关规章。设计公司《员工手册》规定：没有请假或假满未经续假而擅自不到职以旷工论处；无故连续旷工三日，或全月无故旷工累计六日，或一年旷工达十二日者，予以解聘。设计公司在张某入职时即已告知张某相关规章制度，且该规章制度的内容不违反国家法律法规，故可以作为本案处理的依据。张某在设计公司工作人员多次要求补办相关请假手续的情况下，未予以补办也未至设计公司上班，显然已严重违反了设计公司规章制度。张某主张双方均将《疾病证明单》上“休贰周”误认为“休贰月”，因设计公司不予认可，且经查设计公司工作人员已向张某提出要求补办相关请假手续，故对此难以采信。张某未于设计公司要求的日期补办相关请假手续，故设计公司以张某旷工为由解除劳动合同并无不当。对于张某提出的要求恢复张某与设计公司之间的劳动关系，以及要求设计公司按照劳动关系解除之日起至判决生效之日工资的请求，法院不予支持。

女职工主动离职后发现怀孕，能否以重大误解撤销离职申请?

案例

王某进入外企公司工作，双方签订劳动合同，约定王某的工作为总经理特别助理。其后，王某向外企公司提出辞职，离职原因为“就学”，在“简述离职原因”一栏内，王某填写：“因个人学业问题，申请学校的交换名额会影响工作”。当日，外企公司与王某签订离职协议。外企公司为王某办理了退工手续，并按约定向王某支付了经济补偿金。劳动合同解除后一个月，王某到医院进行检查，发现怀孕。王某以怀孕重大误解为由，要求恢复劳动关系，被外企公司拒绝。王某提起劳动仲裁。该纠纷经仲裁及诉讼程序，法院判决驳回王某的诉讼请求。

解析

《劳动合同法》第48条规定，用人单位违反本法规定解除或者终止劳动合同，劳动者要求继续履行劳动合同的，用人单位应当继续履行。同时，《劳动合同法》亦明确了用人单位不得在女职工孕期、产期、哺乳期解除劳动关系的情形。根据本案在案事实及查明之证据可见，王某提出辞职在前，外企公司以此为基础与王某达成协议，嗣后，双方业已全面履约。在双方劳动关系解除不存在用人单位单方面违法解除的情形下，对王某、外企公司劳动关系解除后发生争议的处理，不适用该法关于用人单位违法解除或者终止劳动合同，劳动者要求继续履行劳动合同的，用人单位应当继续履行之规定。现王某坚称其辞职之意思表示不真实，系以离职之后获悉怀有身孕之事实予以反推签订协议之意思表示，有违事物发展顺序，法院难以采信。王某对其本人在签订协商解除劳动关系协议书时不知晓其怀孕之事实，亦不能列入重大误解之要件序列。故而王某要求恢复劳动关系之诉请，不符合《劳动合同法》的规定，依法不予支持。

· 高温保护 ·

劳动者在高温条件下享有工时安排、高温津贴等权利。根据《卫生部、劳动和社会保障部、国家安全监管总局、全国总工会关于进一步加强工作场所夏季防暑降温工作的通知》第4条规定，用人单位应当在高温天气期间，根据生产特点和具体条件，在保证工作质量的同时，适当调整夏季高温作业劳动和休息制度，增加休息和减轻劳动强度，减少高温时段作业，保证安全生产，确保劳动者身体健康和生命安全。第5条规定，用人单位要加强女职工和未成年工保护。不得安排怀孕的女职工在35℃以上的高温天气露天作业及温度在33℃以上的工作场所作业。不得安排未成年工在35℃以上的高温天气露天作业及《高温作业分级》国家标准中第三级以上的高温工作场所作业。第6条规定，用人单位不得因高温停止工作、缩短工作时间扣除或降低劳动者工资。第7条规定，用人单位安排劳动者在高温天气下（日最高气温达到35℃以上）露天工作以及不能采取有效措施将工作场所温度降低到33℃以下的（不含33℃），应当向劳动者支付高温津贴。高温津贴的具体标准由省级政府或省级劳动保障部门制定。

职业防护

国家对劳动者在使用有毒物品作业场所从事劳动有着严格的规定。用人单位应当与劳动者订立劳动合同，将工作过程中可能产生的职业中毒危害及其后果、职业中毒危害防护措施和待遇等如实告知劳动者，并在劳动合同中写明，不得隐瞒或者欺骗。劳动者在已订立劳动合同期间因工作岗位或者工作内容变更，从事劳动合同中未告知的存在职业中毒危害的作业时，用人单位应当依照前款规定，如实告知劳动者，并协商变更原劳动合同有关条款。用人单位违反前两款规定的，劳动者有权拒绝从事存在职业中毒危害的作业，用人单位不得因此单方面解除或者终止与劳动者所订立的劳动合同。

职业病

· 职业病范围 ·

职业病是指企业、事业单位和个体经济组织的劳动者在职业活动中，因接触粉尘、放射性物质和其他有毒、有害物质等因素而引起的疾病。各国法律都有对于职业病预防方面的规定，一般来说，凡是符合法律规定的疾病才能称为职业病。目前，我国的法定职业病有10类115种：尘肺13种、职业性放射性疾病11种、职业中毒56种、物理因素所致职业病5种、生物因素所致职业病3种、职业性皮肤病8种、职业性眼病3种、职业性耳鼻喉口腔疾病3种、职业性肿瘤8种、其他职业病5种。政府规定诊断为规定职业病的，需由诊断部门向卫生主管部门报告；规定职业病患者，在治疗休息期间，以及确定为伤残或治疗无效而死亡时，按照国家有关规定，享受工伤保险待遇或职业病待遇。

· 患职业病的处理 ·

劳动者患职业病的，应当认定为工伤，劳动者依法享受相应的工伤待遇。根据国务院工伤保险条例的相关规定，劳动者因工负伤或患职业病，经治疗伤情相对稳定后存在残疾、影响劳动能力的，应当进行劳动能力鉴定。

劳动能力鉴定结论是职工享受何种工伤保险待遇的依据。通过劳动能力鉴定，能够准确评定职工伤残、病残的程度，有利于保障伤残、病残职工的合法权益。劳动能力鉴定包括劳动功能障碍程度和生活自理障碍程度的等级鉴定。劳动功能障碍分为十个伤残等级，最重的为一级，最轻的为十级。生活自理障碍分为三个等级：生活完全不能自理、生活大部分不能自理和生活部分不能自理。

劳动者经劳动能力鉴定后，其与用人单位的劳动合同存续关系分为三种情况：当劳动者被鉴定为一级至四级伤残时，用人单位是不得与其解除劳动关系的；当劳动者被鉴定为五级、六级伤残时，经劳动者本人提出的，可以与用人单位解除或者终止劳动关系；当劳动者被鉴定为七级至十级伤残时，双方劳动关系可以因劳动、聘用合同期满终止，也可以由劳动者本人提出解除劳动、聘用合同。

职业禁忌

职业禁忌是指劳动者从事特定职业或接触特定职业病危害因素时，比一般职业人群更易于遭受职业病危害和罹患职业病或者可能导致原有自身疾病病情加重，或者在作业过程中诱发可能导致对他人生命健康构成危险的疾病的个人特殊生理或病理状态。比如血液疾病是接触苯作业的禁忌证；肺结核是接触硅尘作业的禁忌证；视力减退对于机车乘务员，恐高症、高血压对于电力工、架子工，高血压、心脏病对于巡道工、调车人员等均属职业禁忌。一旦在接触某些职业危害因素时产生这种状态，劳动者就很容易患上职业病，从而威胁健康。职业禁忌不一定就是职业病，如糖尿病是高温作业的职业禁忌，而糖尿病不属于职业病。但是诊断为职业病的，属于职业禁忌，如接触粉尘诊断为尘肺的，是粉尘作业的职业禁忌，应调离粉尘作业岗位；诊断为噪声聋的，是噪声作业的职业禁忌，应调离噪声作业岗位。对患职业禁忌的劳动者，用人单位应当调整劳动者的工作岗位，并妥善安置。

职业禁忌不是职业病，《职业病防治法》对职业禁忌在法律上做出了定义。简单来讲，所谓职业禁忌是指员工如果继续在禁忌岗位工作，有发展成为职业病的风险。《职业病防治法》第35条规定，对从事接触职业病危害的作业的劳动者，用人单位应当按照国务院安全生产监督管理部门、卫生行政部门的规定组织上岗前、在岗期间和离岗时的职业健康检查，并将检查结果书面告知劳动者。职业健康检查费用由用人单位承担。用人单位不得安排未经上岗前职业健康检查的劳动者从事接触职业病危害的作业；不得安排有职业禁忌的劳动者从事其所禁忌的作业；对在职业健康检查中发现有与所从事的职业相关的健康损害的劳动者，应当调离原工作岗位，并妥善安置；对未进行离岗前职业健康检查的劳动者不得解除或者终止与其订立的劳动合同。

较为常见的职业禁忌有以下情形，血象检查低于正常参考值、各种血液病、严重的全身性血液病、妇女月经过多或功能性子宫出血的人，不宜从事苯作业。各种精神疾病及明显的神经症、神经系统器质性疾病、严重的肝、肾及内分泌病，患有上述疾病的人不宜从事铅作业等。特别值得注意的是，虽然病毒性肝炎里面的甲型肝炎、戊型肝炎的患者，不能从事直接入口食品的生产经营活动。但是《食品安全法实施条例》将《食品安全法》中的病毒性肝炎具体分为甲型病毒性肝炎、戊型病毒性肝炎，明确了对乙肝病毒携带者不再禁止从事接触直接入口食品工作。乙肝被排除在《食品安全法》从业禁忌传染病之列，这意味着乙肝病毒携带者可以依法取得《食品从业健康证》，可以从事厨师职业。

安全生产

·安全生产制度·

用人单位和劳动者都应严格执行国家和用人单位有关安全生产的各项规章制度和操作规范，劳动者服从甲方管理人员的管理和指挥，严格杜绝不服从管理和违规操作的行为。用人单位不得以限制人身自由的手段强迫劳动者劳动，不得强令劳动者冒险作业或从事危及人身安全的生产行为，不得安排劳动者进入劳动条件恶劣、环境污染严重的生产区域从事生产活动，用人单位给劳动者造成人身损害的负有赔偿责任，构成伤残等级的，除根据国务院《工伤保险条例》落实工伤保险待遇外，用人单位还要向劳动者进行赔偿。用人单位对劳动者造成损害的，应当承担赔偿责任，这里的赔偿责任是指用人单位的行为造成劳动者实际损失的赔偿，包括对劳动者的直接损害，也包括间接损害，既包括对劳动者的物质损害，也包括精神损害。

用人单位应加强对劳动者进行劳动安全卫生教育，防止劳动过程中的事故，减少职业危害。劳动者上岗前与上岗期间，用人单位有义务为劳动者提供安全生产与劳动防护方面的技能培训，用人单位不组织安全生产技能培训的，劳动者有权向安全生产监督管理部门举报企业的违反安全生产的行为。劳动者不参加用人单位组织的安全生产技能培训的，用人单位可以依据合同的约定和用人单位的规章制度对劳动者进行相应的处分。

从用人单位管理的层面看，第一，企业应高度重视安全生产工作，建立健全安全生产制度，加强对工作人员的岗位培训，安全教育和遵守劳动纪律培训，按照操作规程要求作业。第二，加强安全投入。比如设备设施做到定期保养、检修和检测。对设施设备存在的安全隐患有效根除。涉及存在危险的关键设备的操作岗位，安全防护器具配备要满足防护及救护需要。第三，完善应急救援预案，提高防控和处置能力，定期组织演练，提高应对各类安全生产事故的能力。

·重大劳动安全事故罪·

重大劳动安全事故罪，是指安全生产设施或者安全生产条件不符合国家规定，因而发生重大伤亡事故或者造成其他严重后果的行为。本罪侵犯的客体是工厂、矿山、林场、建筑企业或者其他企业、事业单位的劳动安全，即劳动者的生命、健康和重大公私财产的安全。在客观方面表现为厂矿等企业、事业单位的劳动安全设施不符合国家规定，经有关部门或单位职工提出后，仍不采取措施，因而发生重大伤亡事故或者造成其他严重后果的行为。

本罪的主体为特殊主体，即单位中对排除事故隐患，防止事故发生负有职责义务的主管人员和其他直接责任人员，本罪的主体中不包括国家工作人员。在主观方面表现为过失，有关直接责任人员在主观心态上只能表现为过失。对于单位存在事故隐患，有关直接责任人则是明知或者应该知道的，有的甚至是经劳动行政部门或者其他有关部门多次责令改正而未改正。

根据《刑法》第135条，安全生产设施或者安全生产条件不符合国家规定，因而发生重大伤亡事故或者造成其他严重后果的，对直接负责的主管人员和其他直接责任人员，处三年以下有期徒刑或者拘役；情节特别恶劣的，处三年以上七年以下有期徒刑。

·拒绝违章指挥·

劳动者对违章指挥有权拒绝，并可以立即解除劳动合同，用人单位给劳动者造成损害的，应当承担赔偿责任，同时用人单位还可能被处以相应的惩罚。劳动者拒绝用人单位管理人员违章指挥、强令冒险作业的，不视为违反劳动合同。劳动者对危害生命安全和身体健康的劳动条件，有权对用人单位提出批评、检举和控告。《劳动合同法》第38条规定，用人单位以暴力、威胁或者非法限制人身自由的手段强迫劳动者劳动的，或者用人单位违章指挥、强令冒险作业危及劳动者人身安全的，劳动者可以立即解除劳动合同，不需事先告知用人单位。用人单位违章指挥或者强令冒险作业危及劳动者人身安全的，依法给予行政处罚；构成犯罪的，依法追究刑事责任；给劳动者造成损害的，应当承担赔偿责任。

· 强令违章冒险作业罪 ·

强令违章冒险作业罪，是指企业、工厂、矿山等单位的领导者、指挥者、调度者等在明知确实存在危险或者已经违章，工人的人身安全和国家、企业的财产安全没有保证，继续生产会发生严重后果的情况下，仍然不顾相关法律规定，以解雇、减薪以及其他威胁，强行命令或者胁迫下属进行作业，造成重大伤亡事故或者严重财产损失的行为。本罪侵犯的客体是公共安全。在客观方面表现为强令违章冒险作业，因而发生重大伤亡事故或者造成其他严重后果的行为，这里所说的强令是指明知违章并存在着很大的危险而仍然强迫下属进行作业。本罪的犯罪主体是一般主体，包括具有强令资格的人，通常情况下是作业的领导者、指挥者、调度者。在主观方面表现为过失。所谓过失是指行为人对所发生的后果而言，而对于既违章又冒险则是明知的。

《刑法》第134条第2款规定，强令他人违章冒险作业，因而发生重大伤亡事故或者造成其他严重后果的，处五年以下有期徒刑或者拘役；情节特别恶劣的，处五年以上有期徒刑。根据《刑法修正案（六）》第1条第2款的规定，犯本罪的，处5年以下有期徒刑或者拘役；情节特别恶劣的，处5年以上有期徒刑，依据情况及现实处以无上限的罚款及政治权利剥夺。情节特别恶劣，主要是指下列几种情况：（1）造成了特别严重的后果，如致多人死亡；或者致人重伤的人数特别多；或者直接经济损失特别巨大。（2）明知没有安全保证，甚至已发现事故苗头，仍然不听劝阻、一意孤行，拒不采纳工人和技术人员的意见，用恶劣手段强令工人违章冒险作业等。（3）事故发生后，行为人表现特别恶劣。如事故发生后，不积极采取抢救措施抢救伤残人员或防止危害后果扩大，只顾个人逃命或抢救个人财物，使危害后果蔓延扩大；或者事故发生后，为逃避罪责，破坏、伪造现场，隐瞒事实真相，嫁祸于人。

工伤管理

工伤认定

· 工伤保险 ·

我国已经建立比较完善的工伤保险制度。劳动者因工作遭受事故伤害或者患职业病进行治疗，可以享受工伤保险待遇。国务院《工伤保险条例》第 2 条规定，中华人民共和国境内的企业、事业单位、社会团体、民办非企业单位、基金会、律师事务所、会计师事务所等组织和有雇工的个体工商户应当依照本条例规定参加工伤保险，为本单位全部职工或者雇工缴纳工伤保险费。中华人民共和国境内的企业、事业单位、社会团体、民办非企业单位、基金会、律师事务所、会计师事务所等组织的职工和个体工商户的雇工，均有依照本条例的规定享受工伤保险待遇的权利。

· 未缴纳工伤保险的赔偿 ·

《工伤保险条例》第 62 条规定，用人单位依照本条例规定应当参加工伤保险而未参加的，由社会保险行政部门责令限期参加，补缴应当缴纳的工伤保险费，并自欠缴之日起，按日加收万分之五的滞纳金；逾期仍不缴纳的，处欠缴数额 1 倍以上 3 倍以下的罚款。依照本条例规定应当参加工伤保险而未参加工伤保险的用人单位职工发生工伤的，由该用人单位按照本条例规定的工伤保险待遇项目和标准支付费用。用人单位参加工伤保险并补缴应当缴纳的工伤保险费、滞纳金后，由工伤保险基金和用人单位依照本条例的规定支付新发生的费用。

第 66 条规定，无营业执照或者未经依法登记、备案的单位以及被依法吊销营业执照或者撤销登记、备案的单位的职工受到事故伤害或者患职业病的，由该单位向伤残职工或者死亡职工的近亲属给予一次性赔偿，赔偿标准不得低于本条例规定的工伤保险待遇；用人单位不得使用童工，用人单位使用童工造成童工伤残、死亡的，由该单位向童工或者童工的近亲属给予一次性赔偿，赔偿标准不得低于本条例规定的工伤保险待遇。具体办法由国务院社会保险行政部门规定。

劳动者应证明与用人单位存在劳动关系。劳动者应保存与用人单位劳动关系证明材料。保留医疗、相关费用支出原始凭证。工伤认定、劳动能力鉴定均需要医疗凭证，报销医疗、伙食补助费、交通、食宿等费用时，均需要原始凭证，劳动者应妥善保管。确认用人单位是否缴纳社会保险。《工伤保险条例》中明确规定应当参加工伤保险而未参加工伤保险的用人单位职工发生工伤的，由该用人单位按照本条例规定的工伤保险待遇项目和标准支付费用。

· 非法用工单位伤亡人员的赔偿 ·

《人力资源和社会保障部非法用工单位伤亡人员一次性赔偿办法》第 2 条规定，本办法所称非法用工单位伤亡人员，是指无营业执照或者未经依法登记、备案的单位以及被依法吊销营业执照或者撤销登记、备案的单位受到事故伤害或者患职业病的职工，或者用人单位使用童工造成的伤残、死亡童工。前款所列单位必须按照本办法的规定向伤残职工或者死亡职工的近亲属、伤残童工或者死亡童工的近亲属给予一次性赔偿。

第 3 条规定，一次性赔偿包括受到事故伤害或者患职业病的职工或童工在治疗期间的费用和一次性赔偿金。一次性赔偿金数额应当在受到事故伤害或者患职业病的职工或童工死亡或者经劳动能力鉴定后确定。劳动能力鉴定按照属地原则由单位所在地设区的市级劳动能力鉴定委员会办理。劳动能力鉴定费用由伤亡职工或童工所在单位支付。

第 8 条规定，伤残职工或者死亡职工的近亲属、伤残童工或者死亡童工的近亲属就赔偿数额与单位发生争议的，按照劳动争议处理的有关规定处理。

·认定工伤·

《工伤保险条例》第14条规定，职工有下列情形之一的，应当认定为工伤：(1)在工作时间和工作场所内，因工作原因受到事故伤害的；(2)工作时间前后在工作场所内，从事与工作有关的预备性或者收尾性工作受到事故伤害的；(3)在工作时间和工作场所内，因履行工作职责受到暴力等意外伤害的；(4)患职业病的；(5)因工外出期间，由于工作原因受到伤害或者发生事故下落不明的；(6)在上下班途中，受到非本人主要责任的交通事故或者城市轨道交通、客运轮渡、火车事故伤害的；(7)法律、行政法规规定应当认定为工伤的其他情形。

如何理解“上下班途中受到机动车事故，应认定为工伤”？

案例

陈某系酒店公司职工，双方签订劳动协议，但该协议书未明确约定每日工作时间及工休时间，酒店公司亦未给陈某缴纳工伤保险费，该费用一直由陈某下岗时所在的公司负责缴纳。陈某自其住处骑一辆三轮车前往酒店公司上班，发生机动车交通事故受伤，经抢救无效死亡。公交支队对此次交通事故作出责任认定，结论为陈某无责任。陈某之妻等提出工伤认定申请。人保局依据《工伤保险条例》的规定，向酒店公司下发了《工伤认定调查通知书》，并对相关人员进行了调查核实，作出涉案工伤认定书，认定陈某死亡符合工伤认定范围，认定为工伤，将涉案工伤认定书送达酒店公司。酒店公司认为，事故发生日是陈某休息日而非工作日，事故发生地也不在陈某上下班途中，因此不服工伤认定，申请行政复议。市人保局维持了涉案工伤认定书。酒店公司提起行政诉讼。法院审理后判决维持涉案工伤认定。

解析

《劳动和社会保障部关于实施〈工伤保险条例〉若干问题的意见》第1条规定："职工在两个或两个以上用人单位同时就业的，各用人单位应当分别为职工缴纳工伤保险费。职工发生工伤，由职工受到伤害时其工作的单位依法承担工伤保险责任。"根据该规定，下岗、待岗职工又到其他单位工作的，该单位也应当为职工缴纳工伤保险费；职工在该单位工作时发生工伤的，该单位应依法承担工伤保险责任。根据《工伤保险条例》第14条第6项的规定，职工在上下班途中，受到非本人主要责任的交通事故或者城市轨道交通、客运轮渡、火车事故伤害的应当认定为工伤。对这里的"上下班途中"应当从有利于保障工伤事故受害者的立场出发，作出全面、正确的理解。"上下班途中"，原则上是指职工为了上下班而往返于住处和工作单位之间的合理路径之中。根据日常生活的实际情况，职工上下班的路径并非固定的、一成不变的、唯一的，而是存在多种选择，用人单位无权对此加以限制。只要在职工为上下班而往返于住处和工作单位之间的合理路径之中，都属于"上下班途中"。至于该路径是否最近，不影响对"上下班途中"的认定。职工在上下班的合理路途中发生机动车事故，被行政机关依法认定为工伤，用人单位以事故发生的地点不在其确定的职工上下班的路线上为由，请求撤销行政机关作出的工伤认定的，人民法院不予支持。

职工因公意外受到暴力伤害，能否认定为工伤？

案例

马某是汽车公司的废料班班长，杨某是废料班工人，因杨某多次违反厂纪厂规，汽车公司决定辞退杨某。行政部负责办理辞退手续的相关人员让杨某在员工辞退通知书上签字，并让杨某把员工手册和饭卡等物品交还，但杨某没有前往公司。杨某接到马某的电话，让他赶到行政部去。杨某离职情绪比较激动。马某为了劝说杨某办理未完的离职手续，与妻子一起前往杨某家。两人见面争吵了十几分钟后，杨某拿刀捅伤了马某。人力资源与社会保障局认定马某为工伤。汽车公司不服，提起行政复议。区政府维持工伤认定结论。汽车公司向法院提起行政诉讼，法院审理后，判决维持工伤认定。

解析

人保局提交的证据材料已可以形成证据链，能够证明人保局工伤认定行政行为所认定的事实，即马某作为杨某的班长，系因通知杨某办理离职手续才于当晚赶往杨某家中，受到暴力意外伤害。伤害行为的发生与第三人履行工作职责之间具有直接的因果关系，并应视为正常工作时间和工作地点的合理延伸。根据《工伤保险条例》第19条第2款规定，职工或者其直系亲属认为是工伤，用人单位不认为是工伤的，由用人单位承担举证责任。汽车公司在行政程序中并未提供本案伤害行为纯属私人恩怨引起的证据，也未提供其他足以证明不是工伤的证据。法院认为，职工在非工作时间、地点意外受到暴力伤害，是否认定工伤，应考察职工受伤时行为的主观动机和客观后果，判断其受到伤害是否“为了用人单位的利益”，用人单位对工伤认定否认，应承担相应举证责任。

· 视同工伤 ·

《工伤保险条例》第15条规定，职工有下列情形之一的，视同工伤：（1）在工作时间和工作岗位，突发疾病死亡或者在48小时之内经抢救无效死亡的；（2）在抢险救灾等维护国家利益、公共利益活动中受到伤害的；（3）职工原在军队服役，因战、因公负伤致残，已取得革命伤残军人证，到用人单位后旧伤复发的。职工有前款第（1）项、第（2）项情形的，按照本条例的有关规定享受工伤保险待遇；职工有前款第（3）项情形的，按照本条例的有关规定享受除一次性伤残补助金以外的工伤保险待遇。

《工伤保险条例》第16条规定，职工符合本条例第14条、第15条的规定，但是有下列情形之一的，不得认定为工伤或者视同工伤：（1）故意犯罪的；（2）醉酒或者吸毒的；（3）自残或者自杀的。

· 违章负伤 ·

原则上，违章作业致伤、致残、死亡应被认定为工伤。根据国务院《工伤保险条例》第14条规定，职工在工作时间和工作场所内，因工作原因受到事故伤害的，应当认定为工伤。《劳动部办公厅关于处理工伤争议有关问题的复函》① 第6条规定，对职工在工作时间、工作区域因工作原因造成的伤亡（包括因工随车外出发生交通事故而造成的伤亡），即使职工本人有一定的责任，都应认定为工伤，但不包括犯罪或自杀行为。认定职工工伤，给予职工工伤保险待遇，并不影响企业按规定对违章操作的职工给予行政处分。

在工伤事故的认定中，我国实行的是无过错责任原则，即劳动者在发生工伤事故时，无论事故的责任者是否是劳动者本人，均应无条件给予相应的保险待遇。如果劳动者违反操作规程、规章制度，对工伤的发生有过错，可以受到纪律处罚和进行安全生产再教育，而不能用不提供工伤待遇的方式惩罚劳动者。

· 蓄意违章 ·

根据《工伤保险条例》第16条规定，职工（1）故意犯罪的；（2）醉酒或者吸毒的；

① 根据2016年4月13日《人力资源和社会保障部关于第二批宣布失效和废止文件的通知》，该文件现已废止。

（3）自残或者自杀的，不得认定为工伤或者视同工伤。劳动和社会保障部《企业职工工伤保险试行办法》第9条规定，职工由于下列情形之一造成负伤、致残、死亡的，不应认定为工伤：（1）犯罪或违法；（2）自杀或自残；（3）斗殴；（4）酗酒；（5）蓄意违章；（6）法律、法规规定的其他情形。

所谓蓄意违章，劳动和社会保障部《关于解释〈企业职工工伤保险试行办法〉中“蓄意违章”的复函》规定，蓄意违章是专指十分恶劣的、有主观愿望和目的的行为。在处理认定工伤的工作中，不能将一般的违章行为，视为蓄意违章。由此可见，所谓的蓄意违章，在生产工作实践中只是极其个别的现象。绝大多数违章行为是过失违章行为和一般的故意违章行为，由这些违章行为引起的职工伤害，不属于“蓄意违章”引起的伤害，应当依法认定为工伤，使职工享受工伤保险待遇。《企业职工工伤保险试行办法》已经失效，但是上述解释“蓄意违章”的复函是现行有效的。

职工不够谨慎而受伤，是否影响工伤认定？

案例

孙某是技术公司的员工。技术公司负责人指派孙某驾驶汽车去机场接人，孙某即从技术公司所在商业中心的八楼下楼，准备到商业中心院内停放本单位轿车处去开车。当行至一楼门口台阶处时，孙某脚下一滑，从四层台阶处摔倒在地面上，造成四肢不能活动。技术公司立即派人将孙某送至医院救治。孙某向园区人力资源和社会保障局提出工伤认定申请。行政机关认为，技术公司业务员孙某在因工外出期间受伤，但受伤不是由于工作原因，而是由于本人注意力不集中，脚底踩空，才在下台阶时摔伤。其受伤结果与其所接受的工作任务没有明显的因果关系，故不属于《工伤保险条例》第14条第5项规定应当认定工伤的情形，遂作出《工伤认定决定书》，决定不认定孙某摔伤事故为工伤事故。孙某不服，提起行政诉讼。法院判决撤销工伤认定决定书，要求人保局重新作出具体行政行为。

解析

关于孙某摔伤的地点是否在“工作场所”范围内的问题。《工伤保险条例》第14条第（1）项规定的工作场所，是指职工从事职业活动的场所，在有多个工作场所的情形下，还包括职工来往于多个工作场所之间的必经区域。本案中，位于商业中心八楼的技术公司办公室，是孙某的工作场所，而其完成任务需驾驶的汽车，是孙某的另一处工作场所。汽车停放在商业中心一楼门外，孙某要完成开车任务，必须从商业中心八楼到一楼门外停车处，故从商业中心八楼到停车处是孙某来往于两个工作场所之间的必经区域，也应当认定为孙某的工作场所。

关于孙某是否“因工作原因”摔伤的问题。《工伤保险条例》第14条规定的“因工作原因”，是指职工受伤与从事本职工作之间存在因果关系，即职工因从事本职工作而受伤。孙某是为完成开车接人的工作任务，才从位于商业中心八楼的技术公司办公室下到一楼，并在一楼门口台阶处摔伤。孙某在下楼过程中摔伤，系为完成工作任务所致。

关于孙某本人行走当中不够谨慎的过失是否影响工伤认定的问题。《工伤保险条例》第16条规定了不认定工伤的三种情形，即因犯罪或者违反治安管理伤亡的、醉酒导致伤亡的、自残或者自杀的。职工从事工作中存在过失不属于不认定工伤的法定情形，不影响职工受伤与从事本职工作之间因果关系的成立。工伤事故中，受伤职工一般均具有疏忽大意、精力不集中等过失。如果将职工主观上的过失作为工伤认定的排除条件，既不符合《工伤保险条例》保障劳动者合法权益的本意，也有悖于日常生活经验。即使孙某在行走之中确实有失谨慎，亦不影响本次工伤认定。

· 工伤认定时间 ·

《工伤保险条例》第17条第1款、第2款规定，职工发生事故伤害或者按照职业病防治法规定被诊断、鉴定为职业病，所在单位应当自事故伤害发生之日或者被诊断、鉴定为职业病之日起30日内，向统筹地区社会保险行政部门提出工伤认定申请。遇有特殊情况，经报社会保险行政部门同意，申请时限可以适当延长。

用人单位未按前款规定提出工伤认定申请的，工伤职工或者其近亲属、工会组织在事故伤害发生之日或者被诊断、鉴定为职业病之日起1年内，可以直接向用人单位所在地统筹地区社会保险行政部门提出工伤认定申请。

超过工伤认定时限，能否提起工伤赔偿请求？

案例

陈某到机械厂从事机电设备维修工作，机械厂没有为陈某办理工伤保险。陈某在上班期间左手被模具压伤，机械厂在区工伤保险伤亡事故快报表上签章表示同意认定工伤，进行治疗。其后，机械厂向社保局提出补增漏增工伤参保人员的申请未获通过，补增漏增工伤参保人员中包括陈某。陈某受伤后产生的医疗费、护理费、住院伙食补助费、交通费已由机械厂全部支付。陈某要求机械厂支付工伤保险待遇，机械厂遂将陈某的个人档案交给陈某，陈某在档案中发现机械厂未予以工伤认定。陈某申请仲裁，仲裁委作出不予受理案件通知书。陈某申请工伤认定，工伤认定部门经审查认为，陈某从受伤之日起到申报工伤认定申请之日已超过了一年，决定不予受理。法医学会司法鉴定所根据陈某的申请，作出司法鉴定意见书，认定陈某的工伤为八级。法院判决支持陈某，认为机械厂应当按照《工伤保险条例》规定的项目和标准进行赔偿。

解析

法院认为，对职工因超过工伤认定时限且用人单位没有为其参加工伤保险而提起的工伤认定及赔偿诉讼，相关司法解释和工伤保险条例均没有排除法院的管辖权。根据《民事诉讼法》第3条规定，人民法院受理公民之间、法人之间、其他组织之间以及他们相互之间因财产关系和人身关系提起的民事诉讼，适用本法的规定。法院对工伤认定及赔偿请求均具有管辖权。用人单位为职工缴纳相关保险费用、参加工伤保险是一项强制性义务。

本案中，机械厂在发生事故时根本没有为陈某办理工伤保险，之后机械厂向区社保局提出补增漏增陈某为工伤参保人员的申请相应也未获通过。这说明即使满足了工伤认定的程序要求，陈某也不可能获得由工伤保险基金支付的、作为工伤保险待遇的赔偿。因此，机械厂违反了法律规定的、为职工办理工伤保险的强制性义务，这是陈某不能获得工伤保险赔偿的根本原因。由于机械厂在实体上没有为陈某办理工伤保险，这造成了即使按照程序申请了工伤认定，陈某也不能获得工伤保险赔偿的事实。因此，本案不再考虑机械厂提出的陈某也有义务申报工伤的理由，也不考虑如何划分双方程序上责任的问题。机械厂应当全部承担没有为陈某办理工伤保险的实体责任。

· 工伤认定材料 ·

《工伤保险条例》第18条规定，提出工伤认定申请应当提交下列材料：（1）工伤认定申请表；（2）与用人单位存在劳动关系（包括事实劳动关系）的证明材料；（2）医疗诊断证明或者职业病诊断证明书（或者职业病诊断鉴定书）。工伤认定申请表应当包括事故发生的时间、地点、原因以及职工伤害程度等基本情况。工伤认定申请人提供材料不完整的，社会保险行政部门应当一次性书面告知工伤认定申请人需要补正的全部材料。申请人按照书面告知要求补正材料后，社会保险行政部门应当受理。

· 行政部门调查核实 ·

《工伤保险条例》第19条规定，社会保险行政部门受理工伤认定申请后，根据审核需要可以对事故伤害进行调查核实，用人单位、职工、工会组织、医疗机构以及有关部门应当予以协助。职业病诊断和诊断争议的鉴定，依照职业病防治法的有关规定执行。对依法取得职业病诊断证明书或者职业病诊断鉴定书的，社会保险行政部门不再进行调查核实。职工或者其近亲属认为是工伤，用人单位不认为是工伤的，由用人单位承担举证责任。

第20条规定，社会保险行政部门应当自受理工伤认定申请之日起60日内作出工伤认定的决定，并书面通知申请工伤认定的职工或者其近亲属和该职工所在单位。社会保险行政部门对受理的事实清楚、权利义务明确的工伤认定申请，应当在15日内作出工伤认定的决定。作出工伤认定决定需要以司法机关或者有关行政主管部门的结论为依据的，在司法机关或者有关行政主管部门尚未作出结论期间，作出工伤认定决定的时限中止。社会保险行政部门工作人员与工伤认定申请人有利害关系的，应当回避。

劳动能力鉴定

《工伤保险条例》第21条规定，职工发生工伤，经治疗伤情相对稳定后存在残疾、影响劳动能力的，应当进行劳动能力鉴定。

第22条规定，劳动能力鉴定是指劳动功能障碍程度和生活自理障碍程度的等级鉴定。劳动功能障碍分为十个伤残等级，最重的为一级，最轻的为十级。生活自理障碍分为三个等级：生活完全不能自理、生活大部分不能自理和生活部分不能自理。劳动能力鉴定标准由国务院社会保险行政部门会同国务院卫生行政部门等部门制定。

第23条规定，劳动能力鉴定由用人单位、工伤职工或者其近亲属向设区的市级劳动能力鉴定委员会提出申请，并提供工伤认定决定和职工工伤医疗的有关资料。

第25条规定，设区的市级劳动能力鉴定委员会收到劳动能力鉴定申请后，应当从其建立的医疗卫生专家库中随机抽取3名或者5名相关专家组成专家组，由专家组提出鉴定意见。设区的市级劳动能力鉴定委员会根据专家组的鉴定意见作出工伤职工劳动能力鉴定结论；必要时，可以委托具备资格的医疗机构协助进行有关的诊断。设区的市级劳动能力鉴定委员会应当自收到劳动能力鉴定申请之日起60日内作出劳动能力鉴定结论，必要时，作出劳动能力鉴定结论的期限可以延长30日。劳动能力鉴定结论应当及时送达申请鉴定的单位和个人。

工伤保险待遇

工伤保险待遇的内容主要包括，工伤医疗待遇（治疗工伤所需费用、伙食补助费、交通、食宿费用，工伤康复的费用、辅助器具的费用）、停工留薪待遇和护理费。以下分项述之：

· 工伤医疗待遇（工伤保险基金承担）·

【治疗工伤所需费用】：根据《工伤保险条例》第30条第1款、第3款规定，职工因工作遭受事故伤害或者患职业病进行治疗，享受工伤医疗待遇。治疗工伤所需费用符合工伤保险诊疗项目目录、工伤保险药品目录、工伤保险住院服务标准的，从工伤保险基金支付……

【伙食补助费、交通、食宿费用】：职工住院治疗工伤的伙食补助费，以及经医疗机构出具证明，报经办机构同意，工伤职工到统筹地区以外就医所需的交通、食宿费用从工伤保险基金支付，基金支付的具体标准由统筹地区人民政府规定。

【工伤康复的费用】：工伤职工到签订服务协议的医疗机构进行工伤康复的费用，符合规定的，从工伤保险基金支付。

【辅助器具的费用】：《工伤保险条例》第32条规定，工伤职工因日常生活或者就业需要，经劳动能力鉴定委员会确认，可以安装假肢、矫形器、假眼、假牙和配置轮椅等辅助器具，所需费用按照国家规定的标准从工伤保险基金支付。

·停工留薪待遇（用人单位承担）·

《工伤保险条例》第33条第1款、第2款规定，职工因工作遭受事故伤害或者患职业病需要暂停工作接受工伤医疗的，在停工留薪期内，原工资福利待遇不变，由所在单位按月支付。停工留薪期一般不超过12个月。伤情严重或者情况特殊，经设区的市级劳动能力鉴定委员会确认，可以适当延长，但延长不得超过12个月……

·评定伤残等级后，停工留薪待遇终止·

工伤职工评定伤残等级后，停发原待遇，按照本章的有关规定享受伤残待遇。工伤职工在停工留薪期满后仍需治疗的，继续享受工伤医疗待遇。

·停工留薪期的条件·

享受停工留薪期的条件应是工伤职工“有必要暂停工作接受治疗”，该期间包括医院治疗期间和合理休息期间。如果职工能够正常工作而不需要暂停工作的，不能享受停工留薪期待遇。工伤职工的停工留薪期应当凭职工就诊的签订服务协议的医疗机构，或者签订服务协议的工伤康复机构出具的休假证明确定。有的地方对此发布了停工留薪期分类目录，该目录对工伤人员的伤害部位做了分类，职工、用人单位和司法机关可依据分类目录直接来确定停工留薪期的具体期限。

·停工留薪期待遇与误工费损失·

劳动者在工作过程中遭受第三人侵权，在侵权案件中已从第三人处获得了误工费损失赔偿，其被认定为工伤后向用人单位主张停工留薪期间工资的，如何处理？有的法院认为，在第三人侵权的工伤赔偿案件中，第三人支付的误工费系基于侵权行为产生的，对劳动者支付的误工损失的赔偿。停工留薪待遇是指《工伤保险条例》第 33 条第 1 款规定，职工因工作遭受事故伤害或者患职业病需要暂停工作接受工伤医疗的，在停工留薪期内，原工资福利待遇不变，由用人单位按月支付。误工费损失与停工留薪期待遇是基于不同的法律关系产生，性质不同，互不排斥，劳动者可以同时主张。

· 护理费 ·

护理费由用人单位和工伤保险基金分阶段承担，以停工留薪期终止（伤残等级评定）为区分点。《工伤保险条例》第 33 条第 3 款规定，生活不能自理的工伤职工在停工留薪期需要护理的，由所在单位负责。第 34 条规定，工伤职工已经评定伤残等级并经劳动能力鉴定委员会确认需要生活护理的，从工伤保险基金按月支付生活护理费。生活护理费按照生活完全不能自理、生活大部分不能自理或者生活部分不能自理 3 个不同等级支付，其标准分别为统筹地区上年度职工月平均工资的 50%、40% 或者 30%。

· 停止享受工伤保险待遇 ·

《工伤保险条例》第 42 条规定，工伤职工有下列情形之一的，停止享受工伤保险待遇：（1）丧失享受待遇条件的；（2）拒不接受劳动能力鉴定的；（3）拒绝治疗的。

因工致残待遇

一级至四级伤残：

《工伤保险条例》第 35 条规定：“职工因工致残被鉴定为一级至四级伤残的，保留劳动关系，退出工作岗位，享受以下待遇：

“（一）从工伤保险基金按伤残等级支付一次性伤残补助金，标准为：一级伤残为 27 个月的本人工资，二级伤残为25个月的本人工资，三级伤残为23个月的本人工资，四级伤残为21个月的本人工资；

“（二）从工伤保险基金按月支付伤残津贴，标准为：一级伤残为本人工资的90%，二级伤残为本人工资的85%，三级伤残为本人工资的80%，四级伤残为本人工资的75%。伤残津贴实际金额低于当地最低工资标准的，由工伤保险基金补足差额；

“（三）工伤职工达到退休年龄并办理退休手续后，停发伤残津贴，按照国家有关规定享受基本养老保险待遇。基本养老保险待遇低于伤残津贴的，由工伤保险基金补足差额。

“职工因工致残被鉴定为一级至四级伤残的，由用人单位和职工个人以伤残津贴为基数，缴纳基本医疗保险费。”

简言之，鉴定为一级至四级伤残的，劳动者工伤待遇为：

（1）劳动关系保留；（2）一次性伤残补助金和伤残津贴由工伤保险基金承担。其中，伤残津贴职工退休停发。

五级、六级伤残：

《工伤保险条例》第36条规定：“职工因工致残被鉴定为五级、六级伤残的，享受以下待遇：

“（一）从工伤保险基金按伤残等级支付一次性伤残补助金，标准为：五级伤残为18个月的本人工资，六级伤残为16个月的本人工资；

“（二）保留与用人单位的劳动关系，由用人单位安排适当工作。难以安排工作的，由用人单位按月发给伤残津贴，标准为：五级伤残为本人工资的70%，六级伤残为本人工资的60%，并由用人单位按照规定为其缴纳应缴纳的各项社会保险费。伤残津贴实际金额低于当地最低工资标准的，由用人单位补足差额。

“经工伤职工本人提出，该职工可以与用人单位解除或者终止劳动关系，由工伤保险基金支付一次性工伤医疗补助金，由用人单位支付一次性伤残就业补助金。一次性工伤医疗补助金和一次性伤残就业补助金的具体标准由省、自治区、直辖市人民政府规定。”

简言之，鉴定为五、六级伤残的，劳动者工伤待遇为：

（1）劳动关系保留。（2）一次性伤残补助金由工伤保险基金承担。无法安排工作，用人单位颁发伤残津贴。（3）若工伤职工提出离职，一次性工伤医疗补助金（工伤保险基金支付），一次性伤残就业补助金（用人单位支付）。

七级至十级伤残：

《工伤保险条例》第 37 条规定：“职工因工致残被鉴定为七级至十级伤残的，享受以下待遇：

“（一）从工伤保险基金按伤残等级支付一次性伤残补助金，标准为：七级伤残为 13 个月的本人工资，八级伤残为 11 个月的本人工资，九级伤残为 9 个月的本人工资，十级伤残为 7 个月的本人工资；

“（二）劳动、聘用合同期满终止，或者职工本人提出解除劳动、聘用合同的，由工伤保险基金支付一次性工伤医疗补助金，由用人单位支付一次性伤残就业补助金。一次性工伤医疗补助金和一次性伤残就业补助金的具体标准由省、自治区、直辖市人民政府规定。”

简言之，鉴定为七级至十级伤残的，劳动者工伤待遇为：（1）劳动、聘用合同期满终止，或者职工提出解除的，劳动关系可以终止。（2）一次性伤残补助金（工伤保险基金支付）。（3）劳动、聘用合同到期终止或职工提出解除的，一次性工伤医疗补助金（工伤保险基金支付），一次性伤残就业补助金（用人单位支付）。

· 地方规定列举 ·

根据《北京市人力资源社会保障局关于北京市工伤保险基金支出项目标准及相关问题的通知》规定，北京市相关待遇如下：“……三、职工住院治疗工伤的伙食补助费，标准为每人每天 30 元……五、工伤职工在终止或者解除劳动关系时，其领取的一次性工伤医疗补助金具体标准为解除或者终止劳动关系时 3 至 18 个月的本市上年度职工月平均工资。其中五级 18 个月，六级 15 个月，七级 12 个月，八级 9 个月，九级 6 个月，十级 3 个月。用人单位应当支付的一次性伤残就业补助金，按上述标准执行。”

· 用人单位和工伤保险经办机构支付费用 ·

工伤保险经办机构的支付费用

在劳动者享有工伤保险的前提下，就工伤保险经办机构的支付费用总结如下：

（1）治疗工伤的医疗费用和康复费用；

（2）住院伙食补助费；

（3）到统筹地区以外就医的交通食宿费；

（4）安装配置伤残辅助器具所需费用；

（5）生活不能自理的，经劳动能力鉴定委员会确认的生活护理费；

（6）一次性伤残补助金和一至四级伤残职工按月领取的伤残津贴；

（7）终止或者解除劳动合同的一次性医疗补助金；

（8）因工死亡的，其遗属领取的丧葬补助金、供养亲属抚恤金和因工死亡补助金；

（9）劳动能力鉴定费。

用人单位的支付费用

在劳动者享有工伤保险的前提下，就用人单位的支付费用总结如下：

（1）治疗工伤期间的工资福利；

（2）五级、六级伤残职工按月领取的伤残津贴；

（3）终止或者解除劳动合同的一次性伤残就业补助金；

（4）停工留薪期间的护理费。

工伤职工构成刑事犯罪，用人单位解除劳动合同是否应支付一次性伤残就业补助金?

案例

崔某原系钢材公司下属炼钢厂职工。崔某在工作中受伤，之后被认定为工伤九级伤残。被认定工伤几年后，崔某因犯罪被判处有期徒刑一年六个月。崔某服刑期间，钢材公司以崔某被追究刑事责任为由，决定解除与崔某的劳动合同。崔某刑满释放后，与钢材公司就工伤待遇一事申请劳动仲裁，要求钢材公司支付一次性就业补助金，仲裁委裁决钢材公司支付崔某一次性就业补助金。钢材公司不服仲裁裁决，向法院提起诉讼。法院审理后判决，钢材公司不支付崔某一次性就业补助金。

解析

崔某在工作中受伤后，被钢材公司解除劳动合同之前，崔某并未向单位提出解除劳动合同，其与钢材公司的劳动合同处于一直履行状态。由于崔某触犯刑法，构成犯罪，钢材公司以崔某被追究刑事责任为由，解除了与崔某之间的劳动合同，至此双方的劳动关系解除。《工伤保险条例》第37条第（2）项中明确规定了支付一次性伤残就业补助金的条件是：劳动合同期满终止，或者职工本人提出解除劳动合同的，由用人单位支付一次性伤残就业补助金。而崔某在劳动合同履行期间并未提出解除劳动合同，而是由于崔某构成刑事犯罪，被追究刑事责任，被用人单位钢材公司解除劳动合同，因此不符合劳动合同期满终止，或者职工本人提出解除劳动合同，应支付一次性伤残就业补助金的条件。故法院判决钢材公司无须向崔某支付一次性伤残就业补助金。

工亡待遇

·近亲属享有的工亡待遇（工伤保险基金支付）·

《工伤保险条例》第39条规定："职工因工死亡，其近亲属按照下列规定从工伤保险基金领取丧葬补助金、供养亲属抚恤金和一次性工亡补助金：

"（一）丧葬补助金为6个月的统筹地区上年度职工月平均工资。

"（二）供养亲属抚恤金按照职工本人工资的一定比例发给由因工死亡职工生前提供主要生活来源、无劳动能力的亲属。标准为：配偶每月40%，其他亲属每人每月30%，孤寡老人或者孤儿每人每月在上述标准的基础上增加10%。核定的各供养亲属的抚恤金之和不应高于因工死亡职工生前的工资。供养亲属的具体范围由国务院社会保险行政部门规定。

"（三）一次性工亡补助金标准为上一年度全国城镇居民人均可支配收入的20倍。

"伤残职工在停工留薪期内因工伤导致死亡的，其近亲属享受本条第一款规定的待遇。

一级至四级伤残职工在停工留薪期满后死亡的，其近亲属可以享受本条第一款第（一）项、第（二）项规定的待遇。"

一般认为，近亲属领取的三项赔偿项目（丧葬补助金、供养亲属抚恤金和一次性工亡补助金），均是对工亡职工生前供养亲属给予的物质性帮助。其性质不应认定为工亡职工的遗产，或者夫妻共同财产。

·工亡职工近亲属的范围·

关于工亡职工近亲属的界定问题，《工伤保险条例》规定的近亲属的范围不同于《继承法》的继承人范围。《工伤保险条例》规定的近亲属应包括配偶、父母、子女、兄弟姐妹、祖父母、外祖父母、孙子女、外孙子女和其他具有扶养、赡养关系的亲属。依据《工伤保险条例》第39条规定，供养亲属抚恤金按照职工本人工资的一定比例发给由因工死亡职工生前提供主要生活来源、无劳动能力的亲属。

· 工亡赔偿待遇分配 ·

供养亲属的具体范围由国务院社会保险行政部门规定，具体认定可按劳动和社会保障部《因工死亡职工供养亲属范围规定》执行。除供养亲属抚恤金外，其他享受劳动者的工亡赔偿待遇的近亲属范围的顺位可参照《继承法》中法定继承顺位考虑。

· 工伤双重赔偿 ·

职工因用人单位之外的第三方侵权导致工伤，工伤职工获得侵权第三方赔偿，是否可以同时主张工伤保险待遇。答案是肯定的。法律依据如下：《最高人民法院关于审理人身损害赔偿案件适用法律若干问题的解释》第12条第2款规定："因用人单位以外的第三人侵权造成劳动者人身损害，赔偿权利人请求第三人承担民事赔偿责任的，人民法院应予支持。"《最高人民法院关于审理工伤保险行政案件若干问题的规定》第8条第1款规定："职工因第三人的原因受到伤害，社会保险行政部门以职工或者其近亲属已经对第三人提起民事诉讼或者获得民事赔偿为由，作出不予受理工伤认定申请或者不予认定工伤决定的，人民法院不予支持。"

就具体个案适用而言，《最高人民法院关于因第三人造成工伤的职工或其亲属在获得民事赔偿后是否还可以获得工伤保险补偿问题的答复》中明确规定：根据《中华人民共和国安全生产法》第48条以及《最高人民法院关于审理人身损害赔偿案件适用法律若干问题的解释》第12条的规定，因第三人造成工伤的职工或其近亲属，从第三人处获得民事赔偿后，可以按照《工伤保险条例》第37条的规定，向工伤保险机构申请工伤保险待遇补偿。简言之，对劳动者因第三人侵权造成工伤，劳动者或其近亲属获得双重赔偿（即侵权的损害赔偿和工伤保险待遇），最高人民法院持支持态度。

· 工伤双重赔偿中重复赔偿项目 ·

（1）医疗费。侵权第三人支付的医疗费用，不属于劳动者可以主张工伤保险待遇的范畴。《最高人民法院关于审理工伤保险行政案件若干问题的规定》第8条第3款规定，职工因第三人的原因导致工伤，社会保险经办机构以职工或者其近亲属已经对第三人提起民事诉讼为由，拒绝支付工伤保险待遇的，人民法院不予支持，但第三人已经支付的医疗费用除外。

（2）误工费和停工留薪工资。目前法律法规无明确规定，有意见认为，第三人侵权引起工伤的，第三人赔偿的误工费和工伤保险待遇中的停工留薪工资属于相同的项目。如果侵权第三人赔偿的误工费金额低于停工留薪期工资，劳动者可以向用人单位主张两者之间的差额。

（3）一次性伤残补助金和残疾赔偿金。由工伤保险基金支付的一次性伤残补助金与侵权第三人支付残疾赔偿金属于兼得项目。劳动者可以同时享有一次性伤残补助金和残疾赔偿金。

（4）护理费。有意见认为，护理费的给付对象是护工，而非工伤职工。因此护理费不应获得双重赔偿。

受工伤职工，能否同时主张工伤保险待遇与侵权赔偿？

案例

袁某驾车与行走的涂某相撞，造成涂某受伤的交通事故，经交警部门认定，袁某负事故的全部责任，涂某不负责任。涂某被送至医院住院治疗。劳动能力鉴定委员会依照职工工伤标准鉴定为伤残九级。人力资源和社会保障局认定涂某在交通事故中造成的伤害系因工受伤。涂某与袁某机动车交通事故责任纠纷案件中，法院判决袁某向涂某支付误工费和住院伙食补助费。实业公司与涂某未签订书面劳动合同，实业公司未为其办理社会保险关系，未为其缴纳社会保险费。实业公司提起诉讼要求撤销该工伤认定，一审法院判决驳回实业公司诉讼请求，二审法院维持工伤认定，判令实业公司向涂某支付停工留薪期工资、住院伙食补助费。

解析

关于涂某受伤是否属于工伤的问题。涂某于行走过程中与袁某驾驶的小车相撞，其后市人力资源和社会保障局认定其为工伤。实业公司虽然不服该认定，法院终审判决驳回了实业公司撤销该工伤认定的诉讼请求。因涂某已被认定为工伤，且实业公司未为涂某缴纳社会保险，故实业公司应向涂某承担相关工伤保险待遇补偿责任。法院对实业公司不支付任何工伤保险待遇的诉请不予支持。对于停工留薪期工资、住院伙食补助费，虽然在机动车交通事故责任纠纷案件中，法院已经判决袁某向涂某支付了误工费和住院伙食补助费，但请求支付工伤保险待遇与请求承担侵权赔偿属于不同性质的法律关系，被侵权人获得赔偿的法律基础不同，承担赔偿责任的主体也不同。

《最高人民法院关于审理工伤保险行政案件若干问题的规定》第8条第3款规定，职工因第三人的原因导致工伤，社会保险经办机构以职工或者其近亲属已经对第三人提起民事诉讼为由，拒绝支付工伤保险待遇的，人民法院不予支持，但第三人已经支付的医疗费用除外。因此，用人单位所承担的工伤保险责任中仅能扣除侵权第三人已承担医疗费、护理费、辅助器具费、后续治疗费和丧葬费。停工留薪期工资和住院伙食补助费不在抵扣范围。本案中一审法院认为涂某主张的停工留薪期工资和住院伙食补助费与侵权赔偿中的误工费、住院伙食补助费是竞合项目，属于重复赔偿没有法律依据。本案中二审法院予以纠正，支持涂某主张的停工留薪期工资、住院伙食补助费。

职工被认定为工伤，保险公司是否当然承担工伤意外身故赔偿责任？

案例

技术公司员工李某在国外宿舍开完工作会议后，与该公司外派德国员工骑自行车外出。其后德国警方接到报案在某河流发现李某遗体，警方确认其因为溺水身亡。技术公司（甲方）与保险公司（乙方）签订一份《商业人身保险采购说明书暨服务协议》。被保险人以甲方及海外当地保单投保人实际申报的员工名册为准（李某在名册中）；其中，对工伤的定义：被保险人在工作期间遭受意外事故所致身体伤害，工作期间包含被保险人因公出差期间（外派常驻中国境内外工作的员工在其常驻工作地期间不视为出差）、上下班途中。区人力资源和社会保障局认定李某的死亡属于工伤。保险公司主张根据合同约定承担保险责任，不因工伤认定而当然承担工伤意外身故赔偿责任。法院支持了保险公司的请求。

解析

《商业人身保险采购说明书暨服务协议》约定，被保险人在工作期间遭受意外事故所致身体伤害属于工伤，保险人应承担赔偿责任，其中，工作期间包含被保险人因公出差期间、上下班途中，但是被保险人外派常驻中国境内外工作在其常驻工作地期间不视为出差。根据该约定，李某外派德国期间，并不当然属于工作期间，遭受意外事故所致身体伤害并不当然属于工伤，是否属于工伤，还是应根据李某遭受意外事故时是否在工作或上下班途中来认定。该约定合法有效，对投保人技术公司、保险公司具有约束力。

涉案意外事故发生当日为休息日，李某未参加当日的集体活动，而是另行组织出游，且未有证据证明李某当日系因工外出。《认定工伤决定书》虽认定李某受到的事故伤害为工伤，但是，根据该决定书认定工伤的事实和法律依据可以看出，劳动行政部门系将李某外派德国期间均作为因工外出期间，并在此基础上作出工伤认定。保险公司系依据《商业人身保险采购说明书暨服务协议》承担保险责任，根据该协议约定，李某外派德国期间，并不当然属于工作期间，且未有证据证明李某系因工外出。因此，工伤认定部门对李某作出工伤认定，保险公司并不因此而当然承担工伤意外身故赔偿责任。

· 工伤职工的劳动合同解除 ·

就工伤职工的劳动合同期满或解除情形总结如下：（1）鉴定为一级至四级伤残的：保留劳动关系，退出工作岗位。（2）鉴定为五级至六级伤残的：劳动关系保留，适当安排工作（无法安排工作，颁发伤残津贴）。（3）鉴定为七级至十级伤残的：劳动、聘用合同期满终止，或者职工提出解除的，劳动关系可以终止。

· 工伤协议 ·

实践中劳动者发生工伤后，与用人单位私下签订工伤协议，而不去做工伤认定。对于该“私了协议”的效力，目前认识并不统一。有意见认为，只要该“私了协议”没有出现权利义务重大失衡，用人单位没有利用其优势地位或劳动者缺乏经验和能力，劳动者与用人单位意思表示真实，那么该协议一般而言就是有效的。对于劳动者以“显失公平”或“重大误解”为由主张撤销该协议，判断的标准在于协议赔偿金的数额是否明显低于法定标准。如果明显低于法定标准，司法实践中一般会严格进行审查，倾向于否定“私了协议”的效力。劳动者如果就工伤协议进行反悔，应尤其注意在“知道或者应当知道撤销事由之日起”的一年内行使权利。实务中有意见认为，其具体判断标准：（1）如果工伤职工没有进行工伤认定和劳动能力鉴定之前签订工伤协议，劳动者或近亲属应自劳动能力鉴定结论生效之日起一年内行使；（2）如果在工伤认定和劳动能力鉴定后达成赔偿协议，劳动者或近亲属应自协议达成之日起一年内行使。

用人单位缴纳工伤保险，与工伤劳动者签订工伤调解协议后，劳动者能否反悔?

案例

娄某系石膏公司职工，工作时被石膏砸伤，其后被认定为工伤，双方约定公司一次性支付娄某各种费用一万余元，并解除劳动关系。娄某称为领取上述款项在该协议上签名。其后娄某申请仲裁，要求石膏公司支付一次性残疾补助金、一次性工伤医疗补助金、一次性伤残就业补助金、停工留薪工资、住院伙食补助费等各项损失。该案经仲裁和诉讼程序。法院认为，娄某与石膏公司存在劳动关系期间发生伤害事故，经鉴定为九级伤残，娄某应享受工伤保险待遇，因石膏公司为娄某参加了工伤保险，娄某请求的工伤保险待遇中的医疗费、一次性伤残补助金、一次性工伤医疗补助金，劳动能力鉴定费等有关费用应从工伤保险基金中支付，对娄某要求石膏公司支付的主张，未予支持。对一次性支付停工留薪工资、一次性伤残就业补助金、护理费、交通费等因工伤残相关待遇，予以支持。

解析

赔偿协议是在娄某已被认定为工伤且伤残等级评定的前提下签订的，虽然娄某未能举证证明签订协议的当时石膏公司对其采取了欺诈、胁迫或乘人之危的手段，但是如果该协议存在重大误解或显失公平的情形，娄某可以诉请法院变更或撤销该协议。单就双方签订协议达成的赔偿数额和仲裁结果相比较，数额悬殊三倍。《最高人民法院关于贯彻执行〈中华人民共和国民法通则〉若干问题的意见（试行)》第72条规定："一方当事人利用优势或者利用对方没有经验，致使双方的权利义务明显违反公平、等价有偿原则的，可以认定为显失公平"。据此规定，双方当事人签订协议显失公平，属于可变更或可撤销的合同，娄某享有依法撤销或变更该协议的权利。因石膏公司为娄某办理了工伤保险，一次性伤残补助金和一次性工伤医疗补助金、住院伙食补助费、鉴定费均应由工伤保险基金支付。关于停工留薪期工资，由所在单位按月支付。

用人单位未缴纳工伤保险，与工伤劳动者签订工伤调解协议，劳动者能否主张撤销?

案例

温某入职装饰工程公司。双方未签订书面劳动合同，温某在工作中受伤被认定为工伤，伤残等级为七级。温某、装饰工程公司在装饰工程公司办公室签订了《协议书》《承诺书》和《解除劳动合同通知书》，在场的除了温某本人外，还有温某妻子和见证人。合同载明："本协议签订后，甲乙双方的权利义务即行终止，没有任何争议，乙方（温某）承诺，今后身体或精神出现任何问题均与甲方（装饰工程公司）无关，不得再以任何形式、任何理由就劳动工伤有关事宜要求甲方承担任何费用或主张任何权利"。上述协议签订后，装饰工程公司立即向温某支付了约定的款项40余万元。现温某称签订协议是迫于无钱进行二次手术，协议的内容显失公平，装饰工程公司的行为是乘人之危，因此装饰工程公司应当按法律规定向温某支付伤残待遇的差额。温某提起劳动仲裁，要求装饰工程公司支付：1. 七级工伤保险待遇，包括一次性伤残补助金、伤残就业补助金、医疗补助金；2. 医疗期工资。仲裁委裁决驳回温某的全部仲裁请求。该纠纷经仲裁及诉讼程序，法院否定了《协议书》的效力，认定装饰工程公司按照国家法定标准给予经济赔偿。

解析

温某与装饰工程公司建立了劳动关系，双方的劳动权利义务受劳动法律法规的调整。温某在装饰工程公司工作期间受伤，虽然双方签订了《协议书》和《承诺书》，但之后温某再次住院手术，并经行政主管部门认定为工伤、伤残等级七级，表明温某在签订《协议书》和《承诺书》时对其受伤程度、治疗情况等基础事实尚不能确定，上述《协议书》和《承诺书》约定的赔偿数额远低于温某根据工伤赔偿标准所应获得的赔偿，故温某主张其在签订上述《协议书》和《承诺书》时存在重大误解的意见，法院予以采信。装饰工程公司抗辩认为《协议书》和《承诺书》是双方真实意思表示，不违反法律的禁止性规定，对双方均有约束力的意见，不符合客观实际。法院判决，装饰工程公司一次性向温某支付停工留薪期工资、一次性伤残补助金、一次性工伤医疗补助金、一次性伤残就业补助金共计100余万元。

休假管理

病假管理

· 病休权利 ·

《宪法》第43条规定，中华人民共和国劳动者有休息的权利。根据《企业职工患病或非因工负伤医疗期规定》有关规定，员工患病或非因工负伤有权申请病假，进行病休。病假期指员工患病或非因工负伤事实上需要接受治疗的事实期间。病休期间，员工享受医疗期的特别保护。但如果员工病休天数累计过多，医疗期满仍需病休，无法从事工作，用人单位可以依法解除劳动合同。

劳动法没有规定医疗期满的员工，以后不得休病假。劳动法有关规定的精神是，医疗期满后，用人单位可以依照劳动合同法第 40 条规定解除劳动合同。只要用人单位没有解除劳动合同，如果员工有充分的证据（真实的医院病假条等资料）证明其必须休病假，用人单位必须安排。换言之，医疗期满用人单位可以依法解除劳动合同；用人单位不解除，员工患病就有休病假的权利。

《劳动部、国务院经贸办、卫生部、国家工商行政管理局、中华全国总工会关于加强企业伤病长休职工管理工作的通知》第 2 条规定，职工因伤病需要休假的，应凭企业医疗机构或指定医院开具的疾病诊断证明，并由企业审核批准。伤病职工需要转入长休的，根据企业医疗机构或指定医院开具的疾病诊断证明，由企业劳动鉴定委员会（小组）作出鉴定，经企业行政批准。要建立定期家访制度，及时了解长休职工的伤、病、残情况变化，及时通知已恢复劳动能力的职工按时复工；根据劳动能力恢复情况，安排一定的试工期或调换适当工作；要加强企业劳动纪律，对逾期不复工或不服从工作安排的，可停发伤病保险待遇，并按旷工处理。这一规定不意味着：用人单位有审核批准权可以不批准员工休病假。由于员工拥有身体健康权，在其确实患病的情况下享有休病假的权利，用人单位无权拒绝。

· 病假管理制度 ·

现实中员工“泡病假”的情况不少见，用人单位非常头疼。如果没有相应规范的病假管理制度，那么处理员工“泡病假”就会受到困扰，往往陷入不利地位，导致用工成本的不当增加，影响公司团队的士气。

公司的病假制度里，应包含下列内容：（1）申请病假的条件。（2）休病假所需提交的材料：病假申请书、挂号发票、病历记录本、医药费单据、检查报告、病假证明等。（3）规范病假申请的流程。一般而言，需要病休的提前向部门请假。填写格式化的病假申请单，在申请单上附注医生的姓名和联系方式，提交符合规定的医院医生开具的病假证明、就诊记录、病历本、医药费单据等。确是急诊而无法提前请假，急诊终结后合理期限向单位补办请假。(4）病假复查机制。如当企业觉得预期休假时间于病休证明差距过大时，在制度里明确约定，公司有权要求员工到第三方医院复核，员工对此不得拒绝。员工无正当理由拒绝的，视为严重违反公司规章制度，公司可以给予处罚或者辞退处理。(5）明确虚假病假的责任。如退还病假工资、按照无故旷工处理，公司可以单方解除劳动合同。

· 虚假病假处理 ·

如果员工持有虚假的病假条申请病假，公司的病假制度里可以约定，一经发现，用人单位可以单方解除劳动合同，对抱有侥幸心理的不诚实员工予以震慑。一旦该情形发生，公司可以据此解除劳动关系。用人单位对员工的病假证明应拥有复核的权利。用人单位可以要求员工提交病历本、病假证明、医药费单据等对病假的真实性进行形式上的审查，到开具医院具体科室进行真实性核查。

对病假条进行核查，应注意下列几点：

(1）医师资质及执业范围。医师应是医疗机构已取得执业医师资格并经依法执业注册的专业人员，应开具与自己执业类别和执业范围相关的病假证明。比如皮肤病外科医生，开具某内科范围内的休假证明，明显不具有合理性。

(2）员工诊查当天记录。医师必须亲自诊查后，方可签署病假证明，并在患者病历中记录相应的诊疗情况。病假时间必须同时记录在门（急）诊病历中或者患者的出院记录中。实践中，有员工开具假条日期中，并无该名医生的出诊记录，即使该医生资质和执业范围都对应，也构成虚假病假条开具。同时，医师开具的病假证明，日期应填写就诊当日，盖章有效。

(3）病休时间核查。因疾病治疗须建议休假的，原则上急诊开具病假时间一般不超过3天，门诊不超过1周，慢性病不超过2周，特殊情况不超过一个月（需经科主任审批、签字）。

如果开具长期载明需要长期病休，而又无具体的诊断病由，其真实性值得质疑。

（4）向相关主管人员核实。病假证明是具有法律效力的重要医学文书，依法出具病假证明是法律赋予医疗机构及其执业医师的权利和义务。医院对此有比较规范的管理流程。各医疗机构设置专人负责审核、敲章、登记等工作。在审核时必须同时查看门（急）诊病历或者出院记录，审核通过后给予盖章确定。详细记录开具病假证明的医师姓名、所在科室、患者姓名、所在单位以及年龄、性别、疾病诊断、病假天数等情况，以备查询。如果欠缺该流程，则病假条可能为虚假。

（5）争取医师出具情况说明，或保存相关核查过程取证痕迹。对不按《执业医师法》、规定要求出具证明，由医疗机构按医院有关规章制度处理；造成严重后果的，提请相关主管部门按照《执业医师法》《医疗机构管理条例》等相关规定，依法追究法律责任。

员工以生病为由不来上班，公司解除劳动合同是否合法？

案例

刘某进入化妆品公司工作，双方签订劳动合同及岗位协议。工作期间，刘某开始以脑供血不足、头晕为由请病假。化妆品公司要求刘某至医院进行头颈部磁共振检查，诊断为“头颈部 MRA 未见明显异常”。此后化妆品公司通知刘某正式上班，因刘某未按通知的时间上班，化妆品公司以连续旷工五天为由与刘某解除了劳动关系。刘某申请劳动仲裁，主张公司违法解除劳动合同，要求公司恢复劳动关系、支付工资差额及迟延支付工资的赔偿金、补缴社会保险费等，因该委逾期未作出仲裁裁决，刘某向法院提起诉讼，法院驳回刘某的诉讼请求。

解析

职工因疾病需要休假，应向单位提供病假证明及相关的病史病历。就本案而言，刘某以脑供血不足为由请病假，并提供了病假证明单，化妆品公司对于刘某的病情存有异议，要求刘某至指定医院进行针对性检查，刘某亦予以了配合，经检查，刘某“头颈部MRA未见明显异常”。此后，化妆品公司基于检查结论要求刘某恢复上班亦合于情理。刘某虽对此表示了异议，但是并未向化妆品公司提供足以证明其确实需要病假休息的证明，向化妆品公司申请病假，而是擅自决定不按化妆品公司要求的时间恢复上班，造成连续旷工的事实，其行为显属不当，化妆品公司据此与刘某解除劳动关系并无不妥，刘某要求与化妆品公司恢复劳动关系、支付工资、补缴社会保险费于法无据，不应支持。

医疗期

· 医疗期期限 ·

医疗期是指企业职工因患病或非因工负伤停止工作治病休息不得解除劳动合同的时限。因此不能理解为劳动者因患病或非因工负伤治愈实际需要的医疗期限。医疗期与病假有所区别，病假是休假的一种，它跟婚假、丧假、产假等法定假期相对应。《劳动法》第51条及第62条赋予了劳动者休婚假、丧假、产假的权利，但不是所有的休假期间，劳动者都享有不得解除劳动合同的保护期限。

企业职工因患病或非因工负伤，需要停止工作医疗时，根据本人实际参加工作年限和在本单位工作年限，给予3个月到24个月的医疗期：（1）实际工作年限10年以下的，在本单位工作年限5年以下的为3个月；5年以上的为6个月。（2）实际工作年限10年以上的，在本单位工作年限5年以下的为6个月；5年以上10年以下的为9个月；10年以上15年以下为12个月；15年以上20年以下的为18个月；20年以上的为24个月。

值得注意的是，医疗期的计算，包含病休期间，公休、假日和法定节日。一般而言，除非劳动行政部门批准后，否则医疗期不发生中止、中断或者延长。

· 累计病休期限 ·

医疗期3个月的按6个月内累计病休时间计算；6个月的按12个月内累计病休时间计算；9个月的按15个月内累计病休时间计算；12个月的按18个月内累计病休时间计算；18个月的按24个月内累计病休时间计算；24个月的按30个月内累计病休时间计算。

实际工作年限	本单位工作年限	医疗期（月）	累计病休时间计算（月）
10年以下	5年以下	3	6
	5年以上	6	12
10年以上	5年以下	6	12
	5—10年	9	15
	10—15年	12	18
	15—20年	18	24
	20年以上	24	30

· 医疗期的计算 ·

员工如果连续休医疗期，则连续计算医疗期直至期满。如果间断休医疗期，则可累计计算医疗期。新的医疗期计算不应包含前一个医疗期内员工的累计病休时间。

从实务而言，企业应保存医疗期的书面记录资料，记录病假天数，根据规定计算出医疗期期限。医疗期不仅有期限，还有医疗期的计算周期（即累计病休时间）。在一个周期内员工病假累计不超过医疗期法定天数，那么，该医疗期周期计算随之结束，劳动法认定为属于医疗期未满。一个周期内病休记录的计算清零，下一周期仍要从员工第一次病假开始记录，在新的医疗期计算周期内，重新开始计算。

· 医疗期满劳动能力鉴定 ·

根据《企业职工患病或非因工负伤医疗期的规定》有关规定，企业职工非因工致残和经医生或医疗机构认定患有难以治疗的疾病，医疗期满，应当由劳动鉴定委员会参照工伤与职业病致残程度鉴定标准进行劳动能力的鉴定。被鉴定为一至四级的，应当退出劳动岗位，解除劳动关系，并办理退休、退职手续，享受退休、退职待遇。被鉴定为五至十级的，医疗期内不得解除劳动合同。换言之，医疗期满后，用人单位可以依法解除劳动合同。解除劳动合同的经济补偿问题按照有关规定执行。

· 医疗期满不能从事工作 ·

《劳动合同法》第40条规定，医疗期满后不能从事原工作，也不能从事由用人单位另行安排的工作的，用人单位方可单方解除劳动合同。如果医疗期满员工只是偶尔的、短期的请假影响用人单位的工作安排，难以被认定为是“无法从事工作”。

就医疗期满后因病休而无法从事工作的认定，需要用人单位制定完善的规章制度，明确工作岗位与工作任务的考核标准，对员工进行相应的考核并由书面记录，以证明员工确不能提供劳动，无法从事工作安排。医疗期满构成“无法从事工作”的病休具体天数，要综合考虑工作岗位的性质、工作任务的合理定额，对工作表现或绩效的考核，劳动者病情对工作的实质影响等综合因素综合认定。

·医疗期满劳动合同到期·

用人单位可根据《劳动部关于实行劳动合同制度若干问题的通知》（劳部发［1996］354号）第22条规定，劳动者患病或者非因工负伤，合同期满终止劳动合同的，用人单位应当支付不低于6个月工资的医疗补助费；对患重病或绝症的，还应适当增加医疗补助费。另外，根据《劳动合同法》规定，企业还需支付劳动合同到期终止经济补偿金。

劳动部办公厅《关于对劳部发［1996］354号文件有关问题解释的通知》中明确，该第22条“劳动者患病或者非因工负伤，合同期满终止劳动合同的，用人单位应当支付不低于六个月工资的医疗补助费”是指合同期满的劳动者终止劳动合同时，医疗期满或者医疗终结被劳动鉴定委员会鉴定为5—10级的，用人单位应当支付不低于六个月工资的医疗补助费。鉴定为1—4级的，应当办理退休、退职手续，享受退休、退职待遇。

·延长医疗期情形·

《劳动部关于贯彻执行〈中华人民共和国劳动法〉若干问题的意见》第76条规定，依据《劳动部企业职工患病或非因工负伤医疗期的规定》和《劳动部关于贯彻〈企业职工患病或非因工负伤医疗期的规定〉的通知》，职工患病或非因工负伤，根据本人实际参加工作的年限和在本企业工作年限的长短，享受3—24个月的医疗期，对于某些患特殊疾病（如癌症、精神病、瘫痪等）的职工，在24个月内尚不能痊愈的，经企业和当地劳动部门批准，可以适当延长医疗期。

·普通患病与医疗期·

员工医疗期是企业职工因患病或非因工负伤停止工作治病休息不得解除劳动合同的时限。对于何谓“患病”，相关法律法规并未作出明确界定，但根据“停止工作治病休息”的限定条件，可以看出此处的“患病”并非泛指一切疾病，而是达到需“停止工作治病休息”程度的较重疾病。是否达到“停止工作治病休息”之标准，实践中应有医院的合格医嘱加以佐证。

享受医疗期的员工的“患病”不应当包括职业病，受伤不应当包括“工伤”，职业病及工伤待遇问题受《工伤保险条例》等其他法律制度调整，与医疗期无关。如果一般病患都可以享受医疗期待遇，极易导致医疗期被滥用。比如，有劳动者以骨质增生要求9个月的医疗期。法院对此不予认可。根据一般查询或咨询，骨质增生是指骨关节边缘上增生的骨质，是骨性关节炎的一种表现。骨刺的生长是由于骨关节的失稳以致人体负重应力的改变而产生的一种防御性反应。其形成可使失去稳定性的骨关节得以加强，从而有利于骨关节的稳定性，不属于需“停止工作治病休息”程度的较重疾病。

· 重病或绝症 ·

对于某些患特殊疾病（如癌症、精神病、瘫痪等）的职工，可以适当延长医疗期。但特殊疾病除了癌症、精神病、瘫痪之外，还包含哪些疾病，对此法律法规并不明确。有意见认为，可以通过劳动能力鉴定来解决，劳动者经劳动能力鉴定为完全丧失劳动能力的，则用人单位应当给予不少于24个月的医疗期。

· 因病或非因工死亡待遇 ·

关于在职职工因病或非因工死亡待遇，《社会保险法》第17条规定，参加基本养老保险的个人，因病或者非因工死亡的，其遗属可以领取丧葬补助金和抚恤金……劳动保障部办公厅《关于对供养直系亲属有关问题答复意见的函》规定，参加企业职工基本养老保险的人员，因病或非因工死亡，其供养亲属可以按规定享受一次性救济费。供养亲属范围可参照《因工死亡职工供养亲属范围规定》执行。

如何认定“职工因病或者非因工死亡”的待遇？

案例

万某在皮革制品公司工作期间，皮革制品公司已经依法为其缴纳了各项社会保险费。万某患病死亡。万某近亲属主张，根据当地规定，皮革制品公司应当支付死者万某非因工死亡供养直系亲属生活困难补助费。万某去世时，其子未满18周岁，其父年满60周岁，其母年满55周岁，均符合领取供养直系亲属生活困难补助的条件。皮革制品公司认为，万某非因工死亡，其亲属所享受的非因工死亡待遇应当从基本养老保险基金中支付，万某父母系农民，家中有承包地，自己有一定的经济收入，还享受国家给予的农村养老保险待遇，生育有至少3名子女，且一直在家与其子共同居住生活，并非由万某生前提供主要生活来源。因此，万某近亲属不符合供养直系亲属法定要求和范围，依法不应当享受供养直系亲属生活困难补助费。法院审理后判决，万某近亲属均属于供养直系亲属的范围，享有供养直系亲属生活困难补助费的领取资格。

解析

根据《社会保险法》第17条的规定，参加基本养老保险的个人，因病或者非因工死亡的，其遗属可以领取丧葬补助金和抚恤金，所需资金从基本养老保险基金中支付。本案中，庞某、万德基、初炳玲主张的供养直系亲属生活困难补助费与上述条款规定的丧葬补助金和抚恤金均非同一性质。因此，皮革制品公司主张供养直系亲属生活困难补助费应从基本养老保险基金中支付，缺乏法律依据，法院不予采纳。

根据《劳动和社会保障部办公厅关于对供养直系亲属有关问题答复意见的函》及《因工死亡职工供养亲属范围规定》第3条第（3）（4）项的规定，非因工死亡职工生前供养亲属的范围包括：职工父亲年满60周岁的、职工母亲年满55周岁的、职工子女未满18周岁的。本案中，在万某去世之日，其父已年满60周岁，其母已年满55周岁，其子未满18周岁，均属于供养直系亲属的范围。法院认定万某近亲属均属于供养直系亲属的范围，享有供养直系亲属生活困难补助费的领取资格。

事假

员工因个人或家庭原因需要，申请事假。是否批准，用人单位享有充分的自主权利。用人单位可以在规章制度中明确申请事假的条件和天数。用人单位也可不做规定，给自身留有充分的批准酌定空间，视员工的具体情形进行个案考虑。员工未经批准而进行事假，又无合理理由，用人单位可视其旷工情节严重程度，给予处罚或解雇处理。包括女职工劳动保护特殊规定等在内的劳动法律法规，没有关于孕妇事假的特别规定，因此女职工申请事假应按照用人单位的一般事假规定处理。

法定假

· 全体公民放假的节日 ·

国务院《全国年节及纪念日放假办法》第2条规定，全体公民放假的节日：（1）元旦，放假1天（1月1日）；（2）春节，放假3天（农历正月初一、初二、初三）；（3）清明节，放假1天（农历清明当日）；（4）劳动节，放假1天（5月1日）；（5）端午节，放假1天（农历端午当日）；（6）中秋节，放假1天（农历中秋当日）；（7）国庆节，放假3天（10月1日、2日、3日）。

· 部分公民放假的节日及纪念日 ·

《全国年节及纪念日放假办法》第3条规定，部分公民放假的节日及纪念日：（1）妇女节（3月8日），妇女放假半天；（2）青年节（5月4日），14周岁以上的青年放假半天；（3）儿童节（6月1日），不满14周岁的少年儿童放假1天；（4）中国人民解放军建军纪念日（8月1日），现役军人放假半天。

第6条规定，全体公民放假的假日，如果适逢星期六、星期日，应当在工作日补假。部分公民放假的假日，如果适逢星期六、星期日，则不补假。

探亲假

《国务院关于职工探亲待遇的规定》第2条规定，凡在国家机关、人民团体和全民所有制企业、事业单位工作满一年的固定职工，与配偶不住在一起，又不能在公休假日团聚的，可以享受本规定探望配偶的待遇；与父亲、母亲都不住在一起，又不能在公休假日团聚的，可以享受本规定探望父母的待遇。但是，职工与父亲或与母亲一方能够在公休假日团聚的，不能享受本规定探望父母的待遇。

第3条规定，职工探亲假期：（1）职工探望配偶的，每年给予一方探亲假一次，假期为30天。（2）未婚职工探望父母，原则上每年给假一次，假期为20天。如果因为工作需要，本单位当年不能给予假期，或者职工自愿两年探亲一次的，可以两年给假一次，假期为45天。（3）已婚职工探望父母的，每四年给假一次，假期为20天。探亲假期是指职工与配偶、父、母团聚的时间，另外，根据实际需要给予路程假。上述假期均包括公休假日和法定节日在内。

第5条规定，职工在规定的探亲假期和路程假期内，按照本人的标准工资发给工资。

第6条规定，职工探望配偶和未婚职工探望父母的往返路费，由所在单位负担。已婚职工探望父母的往返路费，在本人月标准工资30%以内的，由本人自理，超过部分由所在单位负担。

婚丧假

根据《国家劳动总局、财政部关于国营企业职工请婚丧假和路程假问题的通知》第1条规定，职工本人结婚或职工的直系亲属（父母、配偶和子女）死亡时，可以根据具体情况，由本单位行政领导批准，酌情给予一至三天的婚丧假。

路程假

《国家劳动总局、财政部关于国营企业职工请婚丧假和路程假问题的通知》第2条规定，职工结婚时双方不在一地工作的；职工在外地的直系亲属死亡时需要职工本人去外地料理丧事的，都可以根据路程远近，另给予路程假。第3条规定，在批准的婚丧假和路程假期间，职工的工资照发，途中的车船费等，全部由职工自理。

产假

·产假天数·

国务院《女职工劳动保护特别规定》第7条规定，女职工生育享受98天产假，其中产前可以休假15天；难产的，应增加产假15天；生育多胞胎的，每多生育1个婴儿，可增加产假15天。女职工怀孕未满4个月流产的，享受15天产假；怀孕满4个月流产的，享受42天产假。

·产假特殊保护·

法律对孕期女职工给予特殊的法律保护，具体体现在劳动合同的保护和劳动时间方面。第5条规定，用人单位不得因女职工怀孕、生育、哺乳降低其工资、予以辞退、与其解除劳动或者聘用合同。第6条规定，女职工在孕期不能适应原劳动的，用人单位应根据医疗机构的证明，予以减轻劳动量或者安排其他能够适应的劳动。对怀孕7个月以上的女职工，用人单位不得延长劳动时间或者安排夜班劳动，并应当在劳动时间内安排一定的休息时间。怀孕女职工在劳动时间内进行产前检查，所需时间计入劳动时间。

· 产检及保胎休息 ·

怀孕女职工进行产前检查，用人单位不得以病假、事假或旷工办理，而应视为其提供了正常劳动，其花费是算作工作时间计算薪酬。国务院《女职工劳动保护特别规定》第6条规定，怀孕女职工在劳动时间内进行产前检查，所需时间计入劳动时间。

国家劳动总局保险福利司《关于女职工保胎休息和病假超过六个月后生育时的待遇问题给上海市劳动局的复函》中明确，女职工按计划生育怀孕，经过医师开具证明，需要保胎休息的，其保胎休息的时间，按照本单位实行的疾病待遇的规定办理。但该复函的适用范围仅是国营企业单位的女职工的保胎休息。

哺乳假

国务院《女职工劳动保护特别规定》第9条规定，对哺乳未满1周岁婴儿的女职工，用人单位不得延长劳动时间或者安排夜班劳动。用人单位应当在每天的劳动时间内为哺乳期女职工安排1小时哺乳时间；女职工生育多胞胎的，每多哺乳1个婴儿每天增加1小时哺乳时间。

年休假

· 年休假的适用 ·

年休假是国家根据劳动者工作年限和劳动繁重程度每年给予的一定期间的带薪连续休假。安排职工休年休假是用人单位的法定义务。除超过时效和劳动者因本人原因书面申请不休年休假外，用人单位都要承担未安排劳动者休年休假的责任。

国务院《职工带薪年休假条例》第2条规定，机关、团体、企业、事业单位、民办非企业单位、有雇工的个体工商户等单位的职工连续工作1年以上的，享受带薪年休假（以下简称年休假）。单位应当保证职工享受年休假。职工在年休假期间享受与正常工作期间相同的工资收入。

·年休假的计算·

《职工带薪年休假条例》中规定职工累计工作已满一年不满10年的，年休假5天；已满10年不满20年的，年休假10天；已满20年的，年休假15天。其中“累计”应指工作时间的相加，其中中断工作时间予以扣除。对于参加工作第一年的时间的“累计”，应按《企业职工带薪年休假实施办法》“连续工作满12个月”的规定执行。“连续工作满12个月”，指劳动者在参加工作后曾经在同一或两个以上用人单位连续不中断工作满12个月。

劳动者在符合参加工作后曾经“连续工作满12个月”条件后，此后年休假时间以当年度在用人单位已工作时间计算。用人单位未安排职工休满应休年休假的，应当按照职工当年已工作时间折算应休未休年休假天数并支付未休年休假工资报酬，但折算后不足1整天的部分不支付未休年休假工资报酬。未休年休假折算方法为：当年度在本单位已过日历天数÷365天×职工本人全年应当享受的年休假天数－当年度已安排年休假天数。

年休假计算标准表

累计工作时间	年休假天数
已满一年不满10年	5天
已满10年不满20年	10天
已满20年	15天

·不享受当年的年休假·

《职工带薪年休假条例》第4条规定，职工有下列情形之一的，不享受当年的年休假：

（1）职工依法享受寒暑假，其休假天数多于年休假天数的；（2）职工请事假累计20天以上且单位按照规定不扣工资的；（3）累计工作满一年不满10年的职工，请病假累计2个月以上的；（4）累计工作满10年不满20年的职工，请病假累计3个月以上的；（5）累计工作满20年以上的职工，请病假累计4个月以上的。

· 年休假统筹安排 ·

《职工带薪年休假条例》第5条规定，单位根据生产、工作的具体情况，并考虑职工本人意愿，统筹安排职工年休假。年休假在1个年度内可以集中安排，也可以分段安排，一般不跨年度安排。单位因生产、工作特点确有必要跨年度安排职工年休假的，可以跨1个年度安排。单位确因工作需要不能安排职工休年休假的，经职工本人同意，可以不安排职工休年休假。对职工应休未休的年休假天数，单位应当按照该职工日工资收入的300%支付年休假工资报酬。

由此可见，用人单位有权统筹安排年休假，可以跨一个年度、业务淡季或者法定节假日前后统一安排员工休假。用人单位应对年休假、病假等各种休假进行分类管理。其原则为，法律规定的休假在先，公司自行作为福利提供的假期安排在后。员工申请休年休假，应要求员工提供相应证明资料以备查验，同时定期对年休假进行清理检查，及时补足未休年休假及其工资待遇，避免承担相应的法律风险。

· 年休假的抵消 ·

用人单位因劳动者完成一定工作任务或一定的工作表现而给劳动者安排的奖励性休假，其性质应属于用人单位自主制定的一项福利，而年休假是法律、行政法规赋予劳动者的一项权利，因此，除非双方对此有明确约定，或劳动者事先同意，或劳动者存在《职工带薪年休假条例》第4条规定的情况（享受寒暑假、病假天数超过期限等），否则用人单位安排的奖励性休假不应抵消劳动者依法应享有的年休假。

·违反年休假规定的责任·

劳动者应休未休的年休假天数，单位应当按照该职工日工资收入的300%支付年休假工资报酬。《职工带薪年休假条例》第7条规定，单位不安排职工休年休假又不依照本条例规定给予年休假工资报酬的，由县级以上地方人民政府人事部门或者劳动保障部门依据职权责令限期改正；对逾期不改正的，除责令该单位支付年休假工资报酬外，单位还应当按照年休假工资报酬的数额向职工加付赔偿金；对拒不支付年休假工资报酬、赔偿金的，属于公务员和参照公务员法管理的人员所在单位的，对直接负责的主管人员以及其他直接责任人员依法给予处分；属于其他单位的，由劳动保障部门、人事部门或者职工申请人民法院强制执行。

·年休假仲裁时效·

劳动者要求用人单位支付其未休带薪年休假工资中法定补偿（200%福利部分）诉请的仲裁时效期间应适用《劳动争议调解仲裁法》第27条第1款规定，即劳动争议申请仲裁的时效期间为一年。仲裁时效期间从当事人知道或者应当知道其权利被侵害之日起计算。考虑年休假可以集中、分段和跨年度安排的特点，故劳动者每年未休带薪年休假应获得年休假工资报酬的时间从第二年的12月31日起算。

对劳动者离职时还没有超过劳动仲裁时效的未休年休假天数，用人单位应告知劳动者有关年休假的规定，在与劳动者协商一致的情形下，待劳动者休满年休假之后，用人单位再协助劳动者办理有关离职手续，这样可以避免支付300%年休假工资的风险。如果劳动者不同意休年休假，用人单位可以要求劳动者出具不休年休假的书面申请或证明，以避免争议。

特殊用工

劳务派遣

·劳务派遣合同·

劳务派遣，是指劳务派遣机构与用工单位签订派遣协议，将劳动者派遣至用工单位，在用工单位指挥监督下提供劳动。劳动者与劳务派遣机构之间是劳动关系。劳动者与用工单位之间是用工关系，不是劳动关系。劳务派遣单位与用工单位之间是合同关系。劳务派遣特别受到外资企业、劳动密集型企业和国有企业的欢迎，这是因为采取劳务派遣形式有下列优势：第一，有利于降低招聘成本。通过劳务派遣输入员工，招聘工作完全可由劳务公司来完成，减少招聘开支。第二，有利于降低培训成本。劳务公司可以直接派遣有工作经验的职工到用人单位工作。第三，有利于降低薪酬支出。劳务派遣员工的薪酬一般支出较低，除正常工资、年终双薪及法定的福利外一般不享受正式员工的福利及奖励。第四，有利于规避裁员引起的劳动法风险，一旦用人单位因市场原因或其他原因需要大规模裁员，劳动合同解除在程序和经济补偿方面，劳动法都对其有严格的限制。用工单位与劳动者之间不是劳动关系，因此用人单位可以规避劳动法对劳动合同解除的严格限制。

· 劳务派遣的适用 ·

根据《劳动合同法》第66条，劳务派遣只能在临时性、辅助性和替代性的工作岗位上实施。劳务派遣用工是补充形式，只能在临时性、辅助性或者替代性的工作岗位上实施。临时性工作岗位是指存续时间不超过六个月的岗位；辅助性工作岗位是指为主营业务岗位提供服务的非主营业务岗位；替代性工作岗位是指用工单位的劳动者因脱产学习、休假等原因无法工作的一定期间内，可以由其他劳动者替代工作的岗位。用工单位应当严格控制劳务派遣用工数量，不得超过其用工总量的一定比例，具体比例由国务院劳动行政部门规定。

· 劳务派遣的劳动合同期限 ·

劳动者与劳务派遣单位的劳动合同期限不得低于2年。《劳动合同法》第58条规定，劳务派遣单位应当与被派遣劳动者订立2年以上的固定期限劳动合同。《劳动合同法》第14条规定连续订立二次固定期限劳动合同且符合一定条件，就可订立无固定期限劳动合同。劳务派遣行为有其自己的特点，但不能当然地认为劳务派遣合同独立于劳动合同之外。劳动合同法规定的用人单位的应尽义务，派遣单位均应当执行。其中当然包括了符合无固定期限劳动合同签订条件时，应当签订无固定期限劳动合同。如果认为劳务派遣不能签订无固定期限的劳动合同，无疑会加剧企业和劳务派遣公司通过劳务派遣来规避无固定期限劳动合同，那么许多劳动者都可以变成劳务派遣工，无固定期限合同就会被架空。

劳务派遣员工能否与劳务派遣公司签订无固定期限劳动合同?

案例

王某由劳务派遣公司派遣至能源公司工作。王某与劳务派遣公司连续签订了两次固定期限劳动合同。劳动合同约定，王某同意劳务派遣公司派遣至能源公司担任物资管理工作。劳务派遣公司向王某发出终止合同通知，通知内容为合同到期后自动终止，将不再续订。公司将按照相关规定支付补偿金。王某主张其与劳务派遣公司连续签订两份以上固定期限劳动合同，已经符合签订无固定期限劳动合同条件，劳务派遣公司向其发送终止通知书的行为属于违法终止劳动关系。后双方发生劳动争议，王某申请仲裁要求公司支付其违法解除劳动关系赔偿金。该纠纷经仲裁及诉讼程序，法院支持王某的请求，判决劳务派遣公司支付赔偿金。

解析

本案中，王某与劳务派遣公司连续签订了两次固定期限劳动合同，依据《劳动合同法》第14条的规定，在此情况下，王某符合签订无固定期限劳动合同的情形，其有权要求劳务派遣公司与其签订无固定期限劳动合同。劳务派遣公司未征得王某同意即作出终止劳动合同的决定，实质上剥夺了法律赋予劳动者的上述选择权。对于违法终止劳动合同的经济赔偿金问题，王某的工作场所、工作岗位一直未有变化，仅系劳动合同主体由能源公司变更为劳务派遣公司，王某的工作年限应当自入职能源公司起算。关于王某离职前12个月平均工资，因王某离职前两年期间处于待岗状态，法院以两年前王某正常工作期间的工资计算其离职前12个月平均工资，核算劳务派遣公司应当支付的违法终止劳动合同的经济赔偿金。

劳务派遣公司主张劳动合同期满不再续订，员工能否主张违法解除？

案例

王某与劳务派遣公司建立劳动关系，双方签订无固定期限劳动合同。劳务派遣公司将王某派遣至泵业公司工作，未重新与王某签订劳动合同或书面的变更协议。王某工作期间，泵业公司将王某退回劳务派遣公司并向王某发出《解聘通知书》，工资亦支付至当日。通知书称泵业公司自该日与王某解除聘用关系，未说明理由。审理中泵业公司称王某的派遣期限已届满，因此将其退回劳务派遣公司，但因记录错误提前一天将王某退回，同意支付王某一天的工资。劳务派遣公司亦称泵业公司以王某派遣期限届满为由将其退回，称此后泵业公司同意支付该公司一笔经济补偿金，该公司与王某曾协商将该款项支付王某或用以支付待岗工资，未达成一致，现因王某未到该公司报到，不同意支付待岗工资。该纠纷经仲裁及诉讼程序，法院判决泵业公司支付王某工资损失，劳务派遣公司应承担连带给付责任。劳务派遣公司支付王某的待岗工资。

解析

派遣期限届满，用工单位有权将劳动者退回劳务派遣单位。依据泵业公司发给劳务派遣公司的《派遣员工通知书》，王某的派遣期限于届满之后可自动顺延3年，顺延后应至届满。泵业公司因认识错误将王某于提前1天退回，应当赔偿提前退回给王某造成的1天工资损失，劳务派遣公司应当承担连带给付责任。王某要求撤销解聘、恢复用工关系，于法无据，法院不予支持。自王某的派遣期限届满，泵业公司无须继续赔偿其工资损失。

但是，劳务派遣公司与王某的劳动合同仍然存续，劳务派遣公司依据合同及法律规定应向王某支付待岗工资。劳务派遣公司称王某未按劳动合同的约定到该公司报到，因此不予支付待岗工资，但考虑到该公司承认自王某被退回后其与王某就将泵业公司同意支付的补偿金直接支付王某还是用于支付王某待岗工资一事一直在进行协商，未书面通知王某到岗报到，双方最终未能协商一致导致发生了仲裁及诉讼，因此法院认为未到岗报到的责任不在于王某，劳务派遣公司应向王某支付待岗工资。

· 劳务派遣的劳动报酬 ·

劳动合同法对劳务派遣中的劳动报酬采取的是共同支付主体，即派遣单位和用工单位均为支付主体。尽管派遣单位和用工单位为共同支付主体，但还是有区别的。被派遣劳动者在被派遣的期限内，派遣单位是名义上的支付主体，而用工单位是实际上的支付主体，二者都应当履行及时、足额支付被派遣劳动者劳动报酬的义务，如有违反，应当承担法律责任。而在劳动者没有被派遣期间，派遣单位则是唯一的支付主体，应独自承担支付劳动报酬的责任。劳动合同法以劳动者是否被派遣为界限确定了两个支付标准：劳务派遣单位跨地区派遣劳动者的，被派遣劳动者享有的劳动条件和劳动报酬，应当按照用工单位所在地的标准执行。在无工作期间，劳动者的劳动报酬不得低于派遣单位所在地人民政府规定的最低工资标准。

当用工单位根据法律规定实行经济性裁员时，可以将被派遣劳动者退回派遣单位，但派遣单位不因劳动者被退回就可以解除劳动合同。因经济性裁员被退回的劳动者，既不属于出现《劳动合同法》第39条规定的过错被退回，也不属于第40条第（1）项、第（2）项规定的劳动者无力承担或不能正常履行相应岗位工作被退回的情况。劳务派遣单位不但不可以与劳动者解除劳动合同，还应继续履行完已经订立的劳动合同。被派遣劳动者在无工作期间，劳务派遣单位应当按照所在地人民政府规定的最低工资标准，向劳动者按月支付报酬。为避免损失，派遣单位应及时将劳动者派遣至其他用工单位，与新用工单位重新建立劳务派遣协议。当然，如果劳务派遣单位不能将该劳动者派遣至其他用工单位，也可以选择与该劳动者协商一致解除劳动合同，这都要以劳动者同意解除劳动合同为前提。如果派遣单位以劳动者被退回为由解除劳动合同，属于违法解除，应承担相应的法律责任。

· 劳务派遣的同工同酬 ·

工资分配应当遵循按劳分配原则，实行同工同酬。同工同酬是我国劳动法的一项基本原则。被派遣劳动者的同工同酬是在劳务派遣合同中出现争议较多的问题之一。同工同酬是指用人单位对于从事相同工作，付出等量劳动且取得相同劳绩的劳动者，应支付同等的劳动报酬。同工同酬是劳动者享有的宪法权利。但在劳务派遣领域，同工不同酬现象广泛存在且非常突出。对于被派遣劳动者而言，提供同样劳动，得到的劳动报酬却远远低于用人单位内部正式职工。鉴于此，劳动合同法明确规定了被派遣劳动者享有同工同酬的权利。被派遣劳动者享有与用工单位的劳动者同工同酬的权利。用工单位应当按照同工同酬原则，对被派遣劳动者与本单位同类岗位的劳动者实行相同的劳动报酬分配办法。用工单位无同类岗位劳动者的，参照用工单位所在地相同或者相近岗位劳动者的劳动报酬确定。

相同的岗位可以不同劳动报酬。劳动者在试用期的工资不得低于本单位相同岗位最低档工资或者劳动合同约定工资的 80%，并不得低于用人单位所在地的最低工资标准。这说明同岗位的工资可以分成不同档次。同工同酬是劳动法确立的一项基本规则，用人单位必须严格遵守。但由于劳动者存在个体差异，因此，不能简单以不同劳动者是否在相同岗位工作作为“同工”的标准，而应综合考虑劳动者的个人工作经验、工作技能、工作积极性等特殊因素，允许用人单位依此对相同工作岗位的劳动者在劳动报酬方面有所差别。由此可见，仅凭劳动者相同岗位工作就认定劳动者应获得完全相同的报酬并不合适，因为用人单位在工资分配制度方面有自主权。

·被派遣劳动者擅自离职·

如果被派遣劳动者在用工单位不辞而别，给用工单位造成损失，则该被派遣劳动者应当承担责任。因为派遣单位与被派遣劳动者签订劳动合同时，就约定将被派遣劳动者派往用工单位工作，既然被派遣劳动者签了此合同，就应该在指定的派遣公司工作，对用工单位承担相应的劳动义务。被派遣劳动者因故需要离开用工单位时，应通知用工单位，与用工单位办理交接手续，被派遣劳动者没有履行该义务，给用工单位造成损失的，应当承担赔偿责任。

被派遣劳动者擅自离职，派遣单位对于用工单位的损失也应承担责任。因为用工单位与派遣单位之间存在合同关系，对具体的权利义务进行了约定。被派遣劳动者擅自离职，显然违反了合同约定，可视为派遣单位违约，派遣单位应承担违约责任。如果被派遣劳动者不能独自承担责任时，派遣单位还应承担连带责任，以体现其选任过错，派遣单位承担责任后可向劳动者追偿。至于用工单位是以合同要求派遣单位承担违约责任，还是要求被派遣劳动者与派遣单位承担侵权的连带赔偿责任，由用工单位选择。

·用工单位对被派遣劳动者造成损害·

用工单位对被派遣劳动者造成损害的，劳务派遣单位与用工单位承担连带赔偿责任。《劳动合同法实施条例》第35条规定了用工单位给被派遣劳动者造成损害的，劳务派遣单位和用工单位承担连带赔偿责任。但是上述法律法规并没有对劳务派遣单位和用工单位之间的责任进行详细规定。劳务派遣单位和用工单位对侵害被派遣劳动者合法权益的责任区分应当按照双方约定划分，没有约定或约定不明的按照“谁用工，谁受益，谁负责”的原则区分。已向劳动者承担责任的一方，如果依照合同约定应由另一方承担时可以向对方追偿。劳务派遣单位和用工单位之间的约定不能对抗被派遣劳动者。

· 派遣劳动者对外造成损害 ·

当被派遣劳动者在履行职务活动中实施了侵权行为对外造成损害时，劳务派遣单位与用工单位应承担连带赔偿责任。劳务派遣单位在被派遣劳动者选任上有过错，并且该过错与被派遣劳动者侵权行为有直接关系的，劳务派遣单位应承担与其过错相应的赔偿责任。劳务派遣单位如果证明其在选任方面已尽必要注意义务的，不承担赔偿责任。用工单位使用被派遣劳动者而受益，理应由用工单位承担由此而来的风险。用工单位承担了责任后，有权向劳动者追偿。

· 劳务派遣机构的资质 ·

《劳动合同法》第57条规定，经营劳务派遣业务应当具备下列条件：（1）注册资本不得少于人民币200万元；（2）有与开展业务相适应的固定的经营场所和设施；（3）有符合法律、行政法规规定的劳务派遣管理制度；（4）法律、行政法规规定的其他条件。经营劳务派遣业务，应当向劳动行政部门依法申请行政许可；经许可的，依法办理相应的公司登记。未经许可，任何单位和个人不得经营劳务派遣业务。

劳动者发生工伤，劳务派遣单位与用工单位的责任如何划分？

案例

保洁公司与超市公司签订店铺保洁合同，约定保洁公司向超市公司店提供保洁服务。韩某经人介绍至保洁公司处工作，保洁公司未为韩某缴纳工伤保险。同日，保洁公司派遣韩某至超市公司从事购物车管理工作。当日下午韩某死亡。其后，孙某（韩某亲属）申请仲裁，要求确认韩某与保洁公司存在劳动关系。仲裁委裁决韩某与保洁公司存在劳动关系。保洁公司不服提起诉讼，法院判决确认双方存在劳动关系。人力资源和社会保障局作出认定工伤决定书，认定韩某受到的事故伤害，属于工伤认定范围，认定为视同工伤。其后，孙某再次申请劳动仲裁，要求保洁公司支付丧葬补助金、一次性工亡补助金、供养亲属抚恤金、医疗费。仲裁委裁决保洁公司支付孙某丧葬补助金、一次性工亡补助金，并驳回孙某的其他仲裁请求。双方均不服起诉至法院，法院判决保洁公司支付孙某丧葬补助金、一次性工亡补助金人民币，超市公司承担连带给付责任，驳回其他请求。

解析

未参加工伤保险的用人单位职工发生工伤，由该用人单位按照工伤保险待遇项目和标准支付费用；当事人对自己的主张有责任提供证据予以证实，不能提供证据或者所提供的证据不能证实自己主张，应承担举证不能的法律后果。根据查明的事实，生效民事判决书已确认保洁公司与韩某存在劳动关系，保洁公司虽不予认可，但未能提供任何证据予以反驳，故对保洁公司的主张，法院不予采信。保洁公司与韩某存在劳动关系，保洁公司未为韩某缴纳工伤保险，现韩某死亡已认定属于工伤范围视同工伤，保洁公司应按工伤保险待遇项目和标准支付韩某亲属相关费用。

劳务派遣单位违反法律规定给被派遣劳动者造成损害，劳务派遣单位与用工单位承担连带赔偿责任。超市公司主张与保洁公司系业务外包关系，并非劳务派遣关系，但根据双方签订的店铺保洁长期合同，由保洁公司安排员工至超市公司提供劳动，且员工人数、岗位固定，并非保洁公司根据承包业务的经营需要自主安排、独立完成业务成果，其本质系由保洁公司为超市公司提供劳动力，超市公司系劳动的受益者；超市公司支付保洁公司的费用包括人力成本、社会保险费等，再由保洁公司支付员工工资；同时，合同亦约定超市公司规章制度适用于劳动者，其可对员工进行停用、拒绝使用。故保洁公司与超市公司之间的法律关系符合劳务派遣关系的特征，超市公司与韩某建立的实质上即为劳务派遣法律关系。保洁公司未为韩某缴纳工伤保险，应依法支付韩某家属相应工伤待遇赔偿，超市公司作为韩某劳动成果的受益者，为实际用工单位，应对此承担连带给付责任。

非全日制用工

· 非全日制用工形式 ·

近年来，我国非全日制劳动用工形式呈现迅速发展的趋势。非全日制劳动用工，适应用人单位降低人工成本、推进灵活用工的客观需要。非全日制用工的人工成本明显低于全日制用工，用工成本较低。从现实情况看，除高端人才外，大部分非全日制岗位是保洁、包装、服务等普通技能岗位，小时工资大多以地方最低小时工资为基准或稍高于标准确定，用人单位只需另外为劳动者缴纳工伤保险，终止劳动关系时用人单位也无须支付经济补偿金，劳动力成本较低的优势明显。越来越多的用人单位根据生产经营的需要，采用包括非全日制用工在内的一些灵活用工形式。

对于全日制用工，用人单位必须和劳动者签订书面的劳动合同。否则将会受到支付双倍工资等严厉的惩罚。对于非全日制用工，双方可以订立口头协议。也就是说，非全日制用工方式可以不签订书面的劳动合同。在这种用工方式下，用人单位和劳动者之间主要是工资支付关系，权利义务较为简单，一般的履行期限可能只是几天的时间，因此允许双方订立口头协议，只要双方协商一致，无须签订书面的劳动合同。非全日制用工双方当事人任何一方都可以随时通知对方终止用工。

判断全日制用工的主要标准是什么？

案例

孙某至科技公司工作，负责室内保洁工作。孙某每日工作2小时，一周工作5天，工资按小时结算。其后孙某至物业公司从事相同的工作，工作时间为每日3小时。期间工资通过现金方式支付。科技公司辞退孙某。孙某提起劳动仲裁，要求科技公司支付未签订劳动合同的双倍工资、违法解除劳动合同的赔偿金、高温费、年终奖、全日制劳动合同员工福利（如节日礼品及过节费）、法定节假日工资、年休假折薪，并为孙某补缴社会保险费。仲裁委裁决对孙某的所有请求事项皆不予支持。该纠纷经仲裁和诉讼程序，法院判决认定，双方为非全日制用工关系，涉案公司不支付按照劳动关系终止处理的各项费用。

解析

本案争议焦点在于孙某是属于全日制用工还是非全日制用工。《劳动合同法》第68条规定：非全日制用工，是指以小时计酬为主，劳动者在同一用人单位一般平均每日工作不超过4小时，每周工作时间累计不超过24小时的用工形式。因此，判断是否是全日制用工的主要标准就是劳动时间和计酬方式。

科技公司并无派遣资质，而两家公司的工作场所系两个不同地点，工作场所均有公司名称的明确标识，且孙某至物业公司工作时间长达两年之久，理应知道其是在为两家不同的公司工作。科技公司与物业公司是两个独立的法人单位，孙某也确实是在两家公司各自的办公地点为两家公司分别提供保洁服务，故孙某的工作并非全部是科技公司的业务组成部分。孙某在两家公司每日工作时间均未超过4小时。劳务公司已出具证明证实孙某的工资是共同委托劳务公司通过银行账户转账支付。

从计酬方式来看，孙某劳动报酬均是以小时工资为计算标准，符合非全日制用工形式。

· 非全日制用工的工作时间 ·

非全日制用工，是指以小时计酬为主，劳动者在同一用人单位一般平均每日工作时间不超过 4 小时，每周工作时间累计不超过 24 小时的用工形式。从事非全日制用工的劳动者可以与一个或者一个以上用人单位订立劳动合同；但是，后订立的劳动合同不得影响先订立的劳动合同的履行。

· 非全日制用工的劳动报酬 ·

用人单位应当按时足额支付非全日制劳动者的工资。用人单位支付非全日制劳动者的小时工资不得低于当地政府颁布的小时最低工资标准。非全日制用工的小时最低工资标准由省、自治区、直辖市规定，并报劳动保障部备案。劳动合同法针对非全日制用工形式灵活、劳动关系存续时间短、主要以小时计酬、实践中拖欠工资现象较普遍等因素，规定非全日制用工劳动报酬结算支付周期最长不得超过十五日。即用人单位可以按小时、按日或按周结算并支付劳动报酬的最长期限不得超过十五日，从而缩短了非全日制劳动者结算劳动报酬的最长周期，不再允许以月为劳动报酬结算周期，否则用人单位即构成拖欠工资行为。

· 非全日制用工的社会保险 ·

《劳动和社会保障部关于非全日制用工若干问题的意见》第 8 条规定，非全日制用工的小时最低工资标准由省、自治区、直辖市规定，并报劳动保障部备案。确定和调整小时最低工资标准应当综合参考以下因素：当地政府颁布的月最低工资标准；单位应缴纳的基本养老保险费和基本医疗保险费（当地政府颁布的月最低工资标准未包含个人缴纳社会保险费因素的，还应考虑个人应缴纳的社会保险费）；非全日制劳动者在工作稳定性、劳动条件和劳动强度、福利等方面与全日制就业人员之间的差异。由此可见，在非全日用工中，用人单位为劳动者支付的小时工资里已包括基本养老保险、基本医疗保险费用部分。用人单位无须再向社会保险机构为劳动者另行缴纳养老保险以及医疗保险。

该意见第 10 条、第 11 条也对劳动者以个人身份缴纳上述保险进行了规定。第 10 条规定，从事非全日制工作的劳动者应当参加基本养老保险，原则上参照个体工商户的参保办法执行。对于已参加过基本养老保险和建立个人账户的人员，前后缴费年限合并计算，跨统筹地区转移的，应办理基本养老保险关系和个人账户的转移、接续手续。符合退休条件时，按国家规定计发基本养老金。第 11 条规定，从事非全日制工作的劳动者可以以个人身份参加基本医疗保险，并按照待遇水平与缴费水平相挂钩的原则，享受相应的基本医疗保险待遇。参加基本医疗保险的具体办法由各地劳动保障部门研究制定。

该意见第 12 条规定，用人单位应当按照国家有关规定为建立劳动关系的非全日制劳动者缴纳工伤保险费。也就是说，用人单位仍负有为非全日制用工缴纳工伤保险的义务。用人单位应当按照国家有关规定为建立劳动关系的非全日制劳动者缴纳工伤保险费。职工在两个或两个以上用人单位同时就业的，各用人单位应当分别为职工缴纳工伤保险费。职工发生工伤，由职工受到伤害时其工作的单位依法承担工伤保险责任。如果用人单位没有为劳动者缴纳工伤保险，发生工伤以后，用人单位应当承担工伤赔偿责任。工伤保险是法律规定用人单位必须为劳动者缴纳的，不能包含在小时工资里，由劳动者自行缴纳。

兼职管理

· 征得用人单位同意 ·

通常意义的兼职，是劳动者同时与其他单位建立劳动关系，或者劳动者为个人或其他单位提供劳务服务。兼职虽然为劳动者施展才能提供了更多机会，但兼职行为容易分散劳动者从事本职工作的精力。劳动者也可能利用现有单位资源完成其他单位的任务，造成商业秘密泄露。但是，兼职劳动者依法与其他用人单位建立劳动关系，受法律保护。如果劳动合同没有明确约定或用人单位的规章制度中没有明确规定，劳动者兼职没有得到用人单位的同意，这不意味着用人单位可以仅凭这一点解除与劳动者的合同。

签订聘用兼职协议书，是否必然是劳务关系?

案例

王某与科技公司签订聘用兼职协议书，约定科技公司聘用王某担任总经理高级顾问，协助总经理处理对外事务的管理和市场营销业务工作；王某每周至少要有三个工作日在科技公司所在地工作，工作作息制度、员工守则与科技公司员工完全一样；科技公司同意王某另外兼职，但要保证科技公司业务工作不受影响，不能在科技公司外独立承接与科技公司业务相关的工程业务，以免发生工作矛盾。科技公司为王某办理了招退工备案登记手续，并为王某缴纳了该期间的社会保险费。双方发生劳动纠纷。该纠纷经仲裁及诉讼，法院判决认定王某与科技公司并非兼职用工关系，而是全日制劳动用工关系。

解析

王某主张双方之间形成的是劳动关系，而科技公司则主张双方之间系劳务雇佣关系。虽然双方签订的是聘用兼职协议，但协议中明确约定王某每周至少三个工作日至科技公司上班，上班期间应遵守工作作息制度与员工守则的规定，即王某需接受科技公司的劳动管理。且王某从事的是科技公司安排的有报酬的劳动，王某协助科技公司总经理处理公司对外事务的管理和市场营销业务的工作又是科技公司业务的组成部分，故双方之间符合劳动关系建立的构成要件，已形成劳动关系。虽然王某与科技公司之间建立有劳动关系，但法律并未禁止王某同时与其他用人单位建立劳动关系，仅是两个劳动关系之间应当不为相互影响。而科技公司与网络公司之间具有一定关联性，且王某为两家公司工作期间在同一办公场所办公，但两家公司均予以放任，不为反对。因此，法院采信王某的主张，确认王某与科技公司之间系劳动关系。

· 违法兼职赔偿 ·

劳动者同时与其他用人单位建立劳动关系，只有在对完成本单位的工作任务造成严重影响，或者经用人单位提出，拒不改正的两种情形下，用人单位才可以解除与劳动者的劳动合同。用人单位招用与其他用人单位尚未解除或者终止劳动合同的劳动者，给其他用人单位造成损失的，应当承担连带赔偿责任。用人单位可以向劳动者追偿。

在劳动者隐瞒劳动关系并没有给其他用人单位造成损失，导致用人单位赔偿的情形下，用人单位可以对劳动者给自身单位造成的损失进行追偿。比如用人单位为隐瞒真实情况的兼职劳动者多缴纳的社会保险、住房公积金、各种在职员工才可以享受到的福利待遇等。

公司对职工兼职行为是否具有处罚权?

案例

祝某在财务顾问公司从事审核会计工作。祝某向财务顾问公司出资，公司章程将祝某记载为股东。公司章程第14条载明：财富顾问公司实行“股东身份必须首先是员工身份”的原则。《财富顾问公司员工手册》，包含《奖惩条例》和《财富顾问公司同业禁止规定》。祝某在上述《员工手册》落款处进行了签名。祝某离职后，财务顾问公司以祝某兼职为由，以股东会决议形式对其罚款5万元。双方由此发生争议。法院审理后撤销了财务顾问公司的股东会决议，判决认定祝某不支付财务顾问公司5万元。

解析

有限公司的股东会作为权力机构，其依法对公司事项所作出决议或决定是代表公司的行为，对公司具有法律约束力。股东履行出资义务后，其与公司之间是平等的民事主体，相互之间具有独立的人格，不存在管理与被管理的关系，公司的股东会原则上无权对股东施以任何处罚。在公司章程未作另行约定的情况下，有限公司的股东会并无对股东处以罚款的法定职权，如股东会据此对股东作出处以罚款的决议，则属超越法定职权，决议无效。但是，公司章程是公司自治的载体，既赋予股东权利，亦使股东承担义务，是股东在公司的行为准则，股东必须遵守公司章程的规定。

本案中，财务顾问公司的股东会可以对当事股东进行罚款。上述约定符合公司的整体利益，体现了有限公司的人合性特征，不违反公司法的禁止性规定，被告祝某亦在章程上签字予以认可，故包括祝某在内的所有股东都应当遵守。据此，财务顾问公司的股东会享有对违反公司章程的股东处以罚款的职权。但是，股东会在没有明确标准和幅度的情况下处罚股东，属法定依据不足，相应决议无效。财务顾问公司在修订公司章程时，虽规定了股东会有权对股东处以罚款，但却未在公司章程中明确记载罚款的标准及幅度，使得祝某对违反公司章程行为的后果无法做出事先预料，财务顾问公司股东会对祝某处以5万元的罚款已明显超出了祝某的可预见范围。

· 绝对禁止兼职 ·

部分人群是不能从事兼职工作的，其他用人单位也不能聘请他们从事兼职工作。公务员必须遵守纪律，不得从事或者参与营利性活动，在企业或者其他营利性组织中兼任职务。董事、高级管理人员不得有下列行为，未经股东会或者股东大会同意，利用职务便利为自己或者他人谋取属于公司的商业机会，自营或者为他人经营与所任职公司同类的业务。教师、医务人员、公务员和现役军人不得担任直销企业及其分支机构直销员。担负的工作涉及国家机密，从事兼职活动可能泄露国家机密的科技人员，科技人员所在单位可以决定科技人员暂不兼职。

· 兼职但不得领取报酬 ·

对于人民团体、事业单位科级及以下人员可否兼职的问题。2003 年《中国共产党纪律处分条例》① 第 77 条就曾规定：“违反有关规定兼职或者兼职取酬的”，“情节较轻的，给予警告或者严重警告处分；情节较重的，给予撤销党内职务或者留党察看处分；情节严重的，给予开

① 经 2018 年修订，2018 年 8 月 26 日发布《中国共产党纪律处分条例》。

除党籍处分”;《中国共产党党员领导干部廉洁从政若干准则》[①] 第 2 条规定:“禁止私自从事营利性活动。不准有下列行为:……(五)违反规定在经济实体、社会团体等单位中兼职或者兼职取酬,以及从事有偿中介活动;”第 15 条规定:“本准则适用于党的机关、人大机关、行政机关、政协机关、审判机关、检察机关中县(处)级以上党员领导干部;人民团体、事业单位中相当于县(处)级以上党员领导干部。国有和国有控股企业(含国有和国有控股金融企业)及其分支机构领导人员中的党员;县(市、区、旗)直属机关、审判机关、检察机关的科级党员负责人,乡镇(街道)党员负责人,基层站所的党员负责人参照执行本准则。”《〈中国共产党党员领导干部廉洁从政若干准则〉实施办法》第 14 条明确:“《廉政准则》第 2 条第 5 项所称‘违反规定’,是指违反《中共中央办公厅、国务院办公厅关于党政机关领导干部不兼任社会团体领导职务的通知》,中共中央纪委、中共中央组织部《关于退出现职、接近或者达到退休年龄的党政领导干部在企业兼职、任职有关问题的意见》等有关党员领导干部兼职或者兼职取酬、从事有偿中介活动的规定。”《中共中央、国务院关于进一步加强人才工作的决定》要求:“鼓励专业技术人才通过兼职、定期服务、技术开发、项目引进、科技咨询等方式进行流动。”综合以上规定,是不是可以理解为,在“人民团体、事业单位”中的科级及以下人员(包括专业技术人员)“在经济实体、社会团体等单位中兼职或者兼职取酬,以及从事有偿中介活动”,只要合乎法律法规要求,就是允许的?

对此,中央纪委法规室回复如下:《公务员法》第 42 条[②]规定:“公务员因工作需要在机关外兼职,应当经有关机关批准,并不得领取兼职报酬”;第 53 条规定,公务员必须遵守纪律,不得“从事或者参与营利性活动,在企业或者其他营利性组织中兼任职务”。《事业单位

---

① 《中国共产党廉洁自律准则》已于2015 年 10 月 21 日发布,并于2016 年 1 月 1 日起施行,同日起《中国共产党党员领导干部廉洁从政若干准则》同时废止。

② 根据 2018 年 12 月 29 日修订通过的《中华人民共和国公务员法》,法条序号分别变为第 44 条和第 59 条,条文内容不变。

工作人员处分暂行规定》第18条规定，事业单位工作人员不得“违反国家规定，从事、参与营利性活动或者兼任职务领取报酬”。根据这些规定，人民团体、事业单位中的科级及以下人员（包括专业技术人员）能否在经济实体、社会团体等单位中兼职或者兼职取酬，以及从事有偿中介活动，需要区分不同情况。

（1）《关于印发〈工会、共青团、妇联等人民团体和群众团体机关参照《中华人民共和国公务员法》管理的意见〉的通知》规定，工会、共青团、妇联等21个人民团体和群众团体机关中，除工勤人员以外的机关工作人员，列入参照《公务员法》管理的范围。这部分人员，应当遵守《公务员法》中关于兼职问题的规定。

（2）法律、法规授权的具有公共事务管理职能的事业单位中经批准参照《公务员法》管理的工作人员，应当遵守《公务员法》中关于兼职问题的规定。

（3）其他事业单位中的科级及以下人员，应当遵守《事业单位工作人员处分暂行规定》中关于兼职问题的规定。

劳动监察

劳动监察职责

根据国务院《劳动保障监察条例》，国务院劳动保障行政部门主管全国的劳动保障监察工作。县级以上地方各级人民政府劳动保障行政部门主管本行政区域内的劳动保障监察工作。县级以上各级人民政府有关部门根据各自职责，支持、协助劳动保障行政部门的劳动保障监察工作。

根据《最高人民法院行政审判庭关于设区的市的区劳动和社会保障局是否具有劳动保障监察职权的答复》之精神，即根据《劳动保障监察条例》第13条的规定，设区的市的“区劳动保障行政部门”具有对用人单位实施劳动保障监察职权，但地方性法规或者规章明确规定由市劳动保障行政部门实施的除外。

劳动保障行政部门实施劳动保障监察，履行下列职责：（1）宣传劳动保障法律、法规和规章，督促用人单位贯彻执行；（2）检查用人单位遵守劳动保障法律、法规和规章的情况；（3）受理对违反劳动保障法律、法规或者规章的行为的举报、投诉；（4）依法纠正和查处违反劳动保障法律、法规或者规章的行为。

劳动保障监察

根据《劳动保障监察条例》，劳动保障行政部门对下列事项实施劳动保障监察：（1）用人单位制定内部劳动保障规章制度的情况；（2）用人单位与劳动者订立劳动合同的情况；（3）用人单位遵守禁止使用童工规定的情况；（4）用人单位遵守女职工和未成年工特殊劳动保护规定的情况；（5）用人单位遵守工作时间和休息休假规定的情况；（6）用人单位支付劳动者工资和执行最低工资标准的情况；（7）用人单位参加各项社会保险和缴纳社会保险费的情况；（8）职业介绍机构、职业技能培训机构和职业技能考核鉴定机构遵守国家有关职业介绍、职业技能培训和职业技能考核鉴定的规定的情况；（9）法律、法规规定的其他劳动保障监察事项。

同时应尤其注意劳动监察的查处时限。违反劳动保障法律、法规或者规章的行为在2年内未被劳动保障行政部门发现，也未被举报、投诉的，劳动保障行政部门不再查处。该期限自违反劳动保障法律、法规或者规章的行为发生之日起计算；违反劳动保障法律、法规或者规章的行为有连续或者继续状态的，自行为终了之日起计算。

两年前存在违法用工，劳动监察是否应处罚？

案例

科技公司多年前用工不规范，没有为员工缴纳社会保险。从五年前开始，陆续为全部员工缴纳了社会保险。在公司工作十余年的陈某从公司离职后，向当地劳动行政主管部门投诉，反映五年之前公司没有缴纳社会保险，要求公司补缴。劳动行政部门收到上述投诉，告知对陈某的投诉予以立案。其后劳动行政部门分别向陈某、公司相关负责人进行调查，了解用工、参保情况。经审查，劳动行政部门认为该投诉案件存在投诉不符合规定的受理条件但已经立案的情形，依法决定撤销立案。陈某收到了上述撤销立案决定书后不服，认为公司违法侵权，向法院提起行政诉讼。法院审理后驳回了陈某的起诉。

解析

本案的争议焦点是，劳动行政部门对陈某的申请是否履行了法定职责，是否存在行政不作为，劳动行政部门对陈某所作劳动保障监察撤销立案决定是否合法。从程序上看，劳动行政部门收到投诉后，对该投诉予以立案，并分别对陈某、公司相关负责人进行了调查核实，作出劳动保障监察撤销立案决定，履行了劳动监察法定职责，不存在行政不作为。关于劳动保障监察的时效，根据国务院《劳动保障监察条例》第20条的规定，违反劳动保障法律、法规或者规章的行为在2年内未被劳动保障行政部门发现，也未被举报、投诉的，劳动保障行政部门不再查处。前款规定的期限，自违反劳动保障法律、法规或者规章的行为发生之日起计算；违反劳动保障法律、法规或者规章的行为有连续或者继续状态的，自行为终了之日起计算。因此，陈某提出涉案投诉，已超过上述规定的查处期限。

6 离职管理

* 劳动合同解除
* 劳动合同终止
* 经济补偿
* 赔偿金
* 离职办理

劳动合同解除

协商一致解除

用人单位与劳动者协商一致解除，关键在于哪一方先提出解除劳动合同。如果劳动者主动提出解除劳动合同，经双方协商一致，这种情形应认定为劳动者主动离职而达成的协商一致，用人单位不需要支付经济补偿。如果用人单位主动提出解除劳动合同，经双方协商一致，该种情形用人单位应支付经济补偿。劳动法规定的目的是，防止用人单位假借协商一致为名，规避支付劳动者经济补偿的法定义务。

什么情形下视为“协商一致解除劳动合同”？

案例

姚某到工贸公司处从事商场促销员工作，双方签订了劳动合同。双方发生纠纷后，工贸公司和姚某终止劳动关系。就离职原因，双方各执一词。姚某认为，离开工贸公司是因为公司要求裁员，并通过开会，口头传达裁员政策和裁员补偿方案的情况下的结果，如果工贸公司认为姚某是自动离职，其严重违法劳动纪律，应当下达解除合同的书面通知，姚某都没有收到相关通知。工贸公司主张，其从来没有下达过裁员通知，也没有裁员的事实，所以姚某是自动离职，工贸公司不应向姚某支付经济补偿金。该纠纷经仲裁及诉讼程序，法院判决工贸公司支付解除劳动合同的经济补偿。

解析

根据《劳动合同法》第36条以及第46条的规定，用人单位与劳动者协商一致，可以解除劳动合同，用人单位应当向劳动者支付经济补偿。本案中，工贸公司主张姚某系自动离职，而姚某主张其系被公司裁员，但双方均未提交充分证据予以证明。故工贸公司与姚某之间的劳动关系终止，可以视为协商一致解除劳动关系的情形，工贸公司应向姚某支付解除劳动关系的经济补偿。

用人单位解除

·过失性辞退·

严重违反规章制度

劳动者违反用人单位的规章制度的行为主要包括：违反劳动纪律，经常迟到早退、旷工，消极怠工，影响生产、工作秩序；玩忽职守，违反技术操作规程和安全规章，损坏设备、工具，浪费原材料、能源等；弄虚作假、开具虚假材料欺骗用人单位等。首先，用人单位的规章制度必须是合法有效的。不但内容上合法，而且通过民主程序制定，已经公示或告知过劳动者。其次，如果职工只是一般性违反用人单位的规章制度，没有达到严重的程度，用人单位不能解除劳动合同。何为严重，一般应根据用人单位内部的规章制度确定，同时也要考虑到具体的工作环境和工作岗位等，比如普通的抽烟行为，在一般的工作场合难以构成严重违规，但如在加油站之类容易诱发火灾的工作场合，违规程度可能为认为是严重。

对劳动者多次违反规章制度，但构不成一般意义上的严重程度的行为，用人单位可以在规章制度中明确规定，劳动者连续多次一般性违反规章制度可以构成严重程度，比如劳动者一个月内迟到三次，或者在工作期间从事私务等一个月被发现三次以上等。对劳动者严重违反规章制度的行为，举证责任在用人单位。用人单位应注意收集证据，比如要求劳动者提交书面检讨，对检讨与实际情况不一致的地方，要求按照事实给予更正，要求劳动者签字确认，并将此资料进行归档留存处理等。

如何认定劳动者“严重违反规章制度”？

案例

王某因调岗与公司发生争议。王某连续旷工，期间公司多次以电话和快件形式书面通知王某到岗上班，王某未有反应，公司再次以EMS形式书面通知王某，因其连续旷工，严重违纪，按照公司相关员工制度双方解除劳动合同。其后，王某以公司违法解除劳动合同为由提起劳动仲裁，要求化妆品公司向其支付违法解除劳动合同的经济补偿金，仲裁委裁决化妆品公司支付王某赔偿金。化妆品公司对裁决不服，向法院起诉。法院审理后认为，王某行为构成严重违纪，公司解除劳动合同合法，不向王某支付赔偿金。

解析

《劳动合同法》第39条第2项规定，劳动者严重违反用人单位的规章制度的，用人单位可以解除劳动合同。员工违反规章制度的行为，要达到“严重”的程度，一般违反规章制度不能适用该条款。那么，如何判定劳动者“严重”违反用人单位规章制度呢？法律法规对此并没有作出明确的规定。仲裁委或法院根据具体案情，综合判定。有观点认为：第一，一定时期内反复多次的违规行为，经劝告、教育或处理多次屡教不改的行为；第二，对用人单位生产经营秩序、管理秩序有较大损害的行为，诸如打架斗殴、无理取闹、散布谣言、损害企业名誉等；第三，对用人单位造成重大的利益损失，包括经济损失及无形资产损失；第四，影响恶劣，以至于影响到规章制度的权威性和正常施行；第五，可用量化标准界定严重违反规章制度，例如“一个月内连续旷工两次或累计旷三次是严重违纪”，“造成直接经济损失1万元以上为重大损失”等。还有人认为，除了规章制度本身合法性要求之外，法院在具体审理相关劳动争议案件时，如果劳资双方对违纪行为是否达到严重程度产生分歧，还可在个案中综合考虑下列因素：(1) 劳动者实施违纪行为的主观过错程度；(2) 劳动者实施违纪行为的重复频率；(3) 劳动者违纪行为给用人单位造成损失的大小。

员工乘坐非法营运的车辆，公司以违规辞退是否合法？

案例

张某与公司签订劳动合同，约定张某从事设备维护工程师工作。工作期间，张某乘坐非法运营的车辆前往公司宿舍区。其后，公司向张某发出离职通知单，以张某乘坐非法营运车辆为由与张某解除劳动合同。之前，公司召开职工代表大会，通过“不允许乘坐黑车，违者以开除论处”的决议。张某乘坐非法营运车辆正值其休息放假期间。张某提起仲裁。该仲裁委裁决驳回张某的全部仲裁请求。张某不服起诉至法院，法院判决，公司解除劳动合同违法，应支付违法解除劳动合同的赔偿金。

解析

公司依据“严禁乘坐非法营运车辆，违者予以开除处分”的单位规章制度解除与张某的劳动合同是否合法。法院认为，用人单位规章制度是指用人单位依法制定的、仅在本企业内部实施的、关于如何组织劳动过程和进行劳动管理的规则和制度，是用人单位和劳动者在劳动过程中的行为准则，也称为企业内部劳动规则。其内容主要包括了劳动合同管理、工资管理、社会保险、福利待遇、工时休假、职工奖惩以及其他劳动管理等。规章制度作为用人单位加强内部劳动管理，稳定、协调劳动关系，保证正常劳动生产秩序的一种管理工具，在日常的劳动秩序中确实发挥着重要作用。

但是，规章制度既要符合法律、法规的规定，也要合情合理，不能无限放大乃至超越劳动过程和劳动管理的范畴。

本案中，张某乘坐黑车行为发生之日正值其休息之日，劳动者有权利支配自己的行为，公司不能以生产经营期间的规章制度来约束员工休息期间的行为。单位职工乘坐何种交通工具上班是职工的私人事务，用人单位无权作出强制规定，如果劳动者确有违法之处，也应由国家行政机关等有权机关进行处罚。因此，公司因张某乘坐非法营运车辆而作出解除劳动合同系违法解除，损害了劳动者的合法权益，应当按劳动合同法之规定，向张某支付赔偿金。

员工言行不当扰乱公司工作秩序，能否解除劳动合同？

案例

傅某在建筑公司工程水暖岗位从事管理工作。工作期间，傅某及其同事因年终绩效工资、公积金问题，与建筑公司常务副总经理交涉，双方发生争吵，有肢体冲突，公司报警。之后建筑公司发出处罚通告，认为傅某的行为触犯了公司内部相关管理规定，责令其作出书面检讨，并暂扣当月工资。其后建筑公司作出了解除与傅某劳动合同的通告，理由是：傅某谩骂领导、抓住领导衣领进行语言威胁，破坏公司工作秩序，拒不做检查，傅某认为公司违法解除劳动合同，要求公司支付拖欠劳动报酬及赔偿金。该纠纷经仲裁及诉讼程序，一、二审法院对员工行为认定为严重扰乱公司工作秩序、严重违背社会公序良俗，并进而认定建筑公司解除劳动合同合法。经再审程序，法院认为以往判决定性错误。法院判决公司解除劳动合同违法，支付拖欠劳动报酬及赔偿金。

解析

员工的维权行为事出有因，并非前往公司无理取闹。首先，傅某的维权行为是因为建筑公司未及时足额向其发放劳动报酬的在先违法行为而引起。其次，建筑公司相关负责人推诿敷衍，未能采取积极主动处理劳动争议的态度，且也存在过激的言行，对此次争执的发生负有一定的责任。再次，傅某等人与建筑公司直接发生争执约半小时，且发生在有关负责人的办公室。最后，双方当事人在争执发生中一致同意请警察前来协调解决，并不是因为双方争执严重到要请警察出警才能平息的地步，警察在协调中也表示希望公司领导不回避问题，要解决问题。虽然傅某等人的维权行为言行不当，但事出有因，且并未造成公司人员损伤及财物的损坏，也未严重影响建筑公司的工作秩序。

员工维权行为未构成严重违规，且公司规章制度不为员工所知。本案中，傅某的维权行为并未达到上述规章制度中“侮辱、诽谤、殴打或相互斗殴、恐吓、威胁、危害上级、同事，影响团队秩序”的情形；建筑公司也未能提供证据证明该规章制度已经通过公司的民主程序制定并向全体劳动者公示且傅某事先知晓该制度的内容。故建筑公司依据该规定解除与傅某的劳动关系不当。因此，以往判决未全面分析傅某维权的原因与争执过程，对此行为认定为严重扰乱公司工作秩序、严重违背社会公序良俗，并进而认定建筑公司解除劳动合同合法，属于定性错误，应予纠正。

· 严重失职，营私舞弊，造成重大损害 ·

主要指玩忽职守，违章指挥，造成事故，使人民生命、财产遭受损失；滥用职权，违反政策法律和财经纪律，偷税漏税等，使用人单位在经济上遭受重大损失；贪污、盗窃，使用人单位遭受重大损失，尚不构成犯罪等。劳动者有上述行为的，用人单位可以解除劳动合同。用人单位以严重失职解除劳动合同，需要证明劳动者有失职行为，造成损害且损害程度重大。

劳动部办公厅《关于〈劳动法〉若干条文的说明》规定，“重大损害”由企业内部规章来规定。因为企业类型各有不同，对重大损害的界定也千差万别，故不便对重大损害给出统一解释。若由此发生劳动争议，可以通过劳动争议仲裁委员会对其规章规定的重大损害进行认定。用人单位建立完善的岗位职责体系，在内部规章制度中予以明确，这些都是界定员工行为是否严重失职的重要标准。

《公司法》第148条第1款第（5）项规定，董事、高级管理人员未经股东会或者股东大会同意，不得利用职权便利为自己或者他人谋取属于公司的商业机会，自营或者为他人经营与所任职公司同类的业务，违反本条所得收入应当归公司所有，且应当赔偿公司损失。根据《公司法》第216条的规定，公司高级管理人员是指公司的经理、副经理、财务负责人，上市公司董事会秘书和公司章程规定的其他人员。根据上述规定，公司高层作为公司股东治理公司的代理人，存在信托的忠诚和勤勉义务，应当对公司股东忠诚，不能利用了解公司内部情况的优势和对公司进行管理的职务身份，损害公司股东利益，为自己谋取私利。《劳动合同法》第23条、第26条规定的竞业限制指的是用人单位与特定人员约定的离职后的竞业限制。高级管理人员违反公司法竞业禁止义务，违反公司基本的规章制度，这种行为是明显的营私舞弊行为，在严重侵害公司利益的情况下，用人单位可以单方解除劳动合同。

· 兼职造成严重影响，或者拒不改正 ·

劳动者同时与其他用人单位建立劳动关系，即通常所说的兼职。劳动合同法虽然没有对兼职做出禁止性规定，但作为劳动者而言，从事兼职工作，在时间和精力上必然会影响到本职工作，可能不被大多数用人单位鼓励。值得注意的是，并不是一经发现劳动者的兼职行为，用人单位就可以行使劳动合同的法定解除权。首先，用人单位应当举证，证明劳动者的兼职行为对完成本单位的任务造成了严重影响，也就是说，单纯证明其兼职行为有影响是不够的，还要证明其影响构成严重程度，或者用人单位要证明已经向劳动者提出，而劳动者拒不改正兼职行为。这两个条件任意满足其一，用人单位可以与劳动者解除劳动合同。

· 欺诈、胁迫或者乘人之危 ·

订立劳动合同时，用人单位和劳动者应当遵循协商一致、诚实信用的原则，如果任何一方使对方在违背真实意思的情况下订立或者变更劳动合同，均违反了意思自治的基本原则，为法律所禁止，因此法律允许合法利益受侵害的一方解除劳动合同。实践中最为常见的欺诈是，劳动者提供虚假的学历证书，或者伪造工作经历，凭借作假而被用人单位招录。大量劳动纠纷案例确定的裁判规则为，应聘者提供虚假学历证明，与用人单位签订劳动合同，属于以欺诈手段订立劳动合同，该劳动合同无效。实践中即使用人单位存在违反劳动法的现象，比如克扣工资提成等，但是劳动者作假入职，其正当的权益维护可能因这一作假而受到影响。这提示求职者一定不要心存侥幸，应始终坚持诚信求职。

· 被追究刑事责任 ·

劳动部《关于贯彻〈中华人民共和国劳动法〉若干问题的意见》第 29 条规定，劳动者被依法追究刑事责任的，用人单位可依据劳动法第 25 条解除劳动合同。“被依法追究刑事责任”是指：被人民检察院免予起诉的、被人民法院判处刑罚的、被人民法院依据刑法第 32 条（1997 年修订的《刑法》已将相关规定修改为第 37 条）免予刑事处分的。劳动者被人民法院判处拘役、3 年以下有期徒刑缓刑的，用人单位可以解除劳动合同。

关于“被人民法院判处刑罚”的理解，劳动部办公厅《关于〈劳动法〉若干条文的说明》第 25 条第 4 款做了具体规定，刑罚包括：主型：管制、拘役、有期徒刑、无期徒刑、死刑；附加刑：罚金、剥夺政治权利、没收财产。

关于“被人民检察院免予起诉”的理解，《劳动和社会保障部办公厅关于职工被人民检察院作出不予起诉决定用人单位能否据此解除劳动合同问题的复函》中指出，“人民检察院根据《刑事诉讼法》第142条第2款（1996年修订的《刑事诉讼法》第173条）规定作出不起诉决定的，不属于《劳动法》第25条第（4）项规定的被依法追究刑事责任的情形。因此，对人民检察院根据《刑事诉讼法》该条款规定作出不起诉决定的职工，用人单位不能依据《劳动法》第25条第（4）项规定解除其劳动合同。但其行为符合《劳动法》第25条其他情形的，用人单位可以解除劳动合同。”由此可见，对于法定的不起诉情形、证据不足的不起诉情形，用人单位均不得以劳动者“被依法追究刑事责任”为由，解除劳动合同。

如果劳动者只是在处于刑事强制措施的阶段，比如处于批准逮捕阶段而人民法院还没有对其行为进行审判，劳动者最终是否有罪还没有定论，则都不符合“被依法追究刑事责任”的情况，用人单位不能解除劳动合同。用人单位应根据人民法院生效判决的司法文书确认劳动者是否被依法追究刑事责任。即使劳动者被依法追究刑事责任，其劳动关系并不因此而自动解除，用人单位也应制作解除劳动合同通知书并履行相关手续，送达劳动者。否则劳动关系仍然依法存续。

企业职工被错判，宣告无罪后，企业应当与劳动者恢复劳动关系。劳动部办公厅《关于企业职工被错判宣告无罪释放后，是否应恢复与企业的劳动关系等有关问题的复函》中指出：

“关于企业职工被错判，宣告无罪释放后，企业是否应与其恢复劳动关系，补发工资问题。我们认为，职工于《国家赔偿法》实施以前被判犯罪，后经司法机关改判无罪的，如企业仅因其被判刑而解除劳动关系的，企业应恢复与该职工的劳动关系，并按照《劳动人事部工资局关于受处分人员的工资待遇问题的复文》（劳人薪局〔1985〕第12号）的规定，恢复其原工资待遇，并补发在押期间的工资。”

· 无过失性辞退 ·

患病或者非因工负伤

劳动者患病或者非因工负伤，医疗期满后，不能从事原工作也不能从事由用人单位另行安排工作的。劳动者患病或者非因工负伤，可以在医疗期内进行治疗和休息。医疗期满后，劳动者由于身体健康原因不能胜任工作，用人单位应为其调动工作岗位。如果劳动者对用人单位重新安排的工作也无法完成，用人单位提前30日以书面形式通知其本人或额外支付劳动者一个月工资后，可以解除劳动合同。该规定体现了对劳动者权益的保护与企业用工成本之间适度平衡。

不能胜任工作

劳动者不能胜任工作，经过用人单位培训或者调整工作岗位后，仍不能胜任工作的。用人单位以这一条解除劳动合同需要满足三个条件：一是劳动者不能胜任工作。劳动部办公厅《关于〈劳动法〉若干条文的说明》规定，“不能胜任工作”，是指不能按要求完成劳动合同中约定的任务或者同工种、同岗位人员的工作量。用人单位不得故意提高定额标准，使劳动者无法完成。解除劳动合同由用人单位负举证责任。用人单位可以从专业资格、劳动定额、绩效考核等多个角度举证劳动者不能胜任工作。二是经过培训或者调整工作岗位。在劳动者不能胜任工作时，用人单位应当对其进行职业培训，或者也可以单方调整工作岗位和薪酬待遇，但应当具有合理性。三是经过培训或调整工作岗位之后，劳动者经过考核仍然不能胜任工作。这说明劳动者不具备在该用人单位工作的能力。

· 客观情况发生重大变化 ·

根据《劳动法》第26条以及《劳动合同法》第40条第3项的规定，劳动合同订立时所依据的客观情况发生重大变化，致使劳动合同无法履行，经用人单位与劳动者协商，未能就变更劳动合同内容达成协议的，用人单位提前30日以书面形式通知劳动者本人或者额外支付劳动者一个月工资后，可以解除劳动合同。对什么是“客观情况发生重大变化”，劳动部办公厅《关于〈劳动法〉若干条文的说明》规定“客观情况”是指发生不可抗力或出现致使劳动合同全部或部分条款无法履行的其他情况，如企业迁移、被兼并、企业资产转移等情况。并且排除按照《劳动法》第27条（经济性裁员）所列的客观情况。

《劳动合同法》实施后，以上列举的“客观情况”的内涵已经发生了重大变化。“被兼并”已经被《劳动合同法》第34条规定涵盖，该条规定的具体内容为，用人单位发生合并或者分立等情况，原劳动合同继续有效，劳动合同由承继其权利和义务的用人单位继续履行。“企业资产转移”已经被《劳动合同法》第41条第1款第3项纳入“经济裁员”的适用范围（企业转产、重大技术革新或者经营方式调整，经变更劳动合同后，仍需裁减人员的）。至于企业迁徙，一般来说，实践中公司正常经营期间，其注册地址很少发生更改，但公司的实际办公地址可能因为租金、业务调整等原因发生变化。这就需要对“客观情况发生重大变化”重新解释。有学者认为，“客观情况”应包括订立劳动合同所依据的法律、法规已经修改或废止，因企业根据市场变化调整经营策略或产品结构发生转产、调整生产任务或生产经营项目时撤销某些工种和岗位。

《北京市高级人民法院、北京市劳动人事争议仲裁委员会关于审理劳动争议案件法律适用问题的解答》中明确，“劳动合同订立时所依据的客观情况发生重大变化”是指劳动合同订立后发生了用人单位和劳动者订立合同时无法预见的变化，致使双方订立的劳动合同全部或者主要条款无法履行，或者若继续履行将出现成本过高等显失公平的状况，致使劳动合同目的难以实现。下列情形一般属于“劳动合同订立时所依据的客观情况发生重大变化”：（1）地震、火灾、水灾等自然灾害形成的不可抗力；（2）受法律、法规、政策变化导致用人单位迁移、资产转移或者停产、转产、转（改）制等重大变化的；（3）特许经营性质的用人单位经营范围等发生变化的。

为了避免某些用人单位依据“客观情况发生重大变化”为由随意与劳动者解除劳动合同，《劳动合同法》对用人单位据此解除劳动合同作出了程序上的约束。即由用人单位与劳动者根据变化后的客观情况，就变更劳动合同进行协商，如果劳动者不同意变更劳动合同，原劳动合同所确立的劳动关系没有存续的必要，用人单位方可与劳动者解除劳动合同。

公司股权转让，是否构成“客观情况发生重大变化”？

案例

置业公司为筹建、招商及将来经营管理城市广场的商业项目，力邀吴某等人组成管理团队，加盟参加该商业项目。双方签订合作协议。协议对双方的权利、义务和责任作了详细的约定。协议订立后，吴某按置业公司的要求，在置业公司工作，未有不履行职责的事项。其后置业公司在未与吴某协商的情况下，以“订立协议时所依据的客观情况发生重大变化，致使我公司双方无法履行协议”为由，通知吴某解除协议，吴某随后离职。在此期间，置业公司将其拥有的联合开发大型商业项目的股份全部转让给合作方并获利。双方发生争议。该纠纷经仲裁及诉讼程序，法院判决置业公司解除劳动合同违法，应向吴某支付赔偿金。

解析

关于置业公司解除与吴某的合同关系是否符合客观情况发生重大变化的情形。本案中，置业公司转让合作项目股权是其主动的、正常的商业选择，体现其主观意志，且其径行通知吴某等人解除合同，既未请求人民法院变更或者解除合同，也未与吴某就变更合同内容进行协商。置业公司所谓“被迫”转让股权，既未举证证明转让协议违背其真实意思表示，更未请求法院或仲裁机构撤销或变更该协议，且此种情形不可能达到社会环境异常变动的程度，因此，置业公司以订立协议时所依据的客观情况发生重大变化，致使协议无法履行为由解除与吴某的合同，既不符合《最高人民法院关于适用〈中华人民共和国合同法〉若干问题的解释（二）》第26条所规定的情势变更原则，也不符合《劳动合同法》第40条第3项规定的情形，置业公司系单方违约解除劳动合同。

新旧厂址调整，是否构成“客观情况发生重大变化导致劳动合同不能履行”？

案例

杨某入职纺织公司，纺织公司为其缴纳社会保险。纺织公司因经营需要，在原厂址8公里之外的行政新区建立了新厂房。由于职工反映交通不便，纺织公司与公共交通集团公司协商开辟了到新厂房的交通班车。杨某认为其上班在途时间延长，不同意去新厂房上班，提出离职。杨某认为公司新旧厂址调整，属于“劳动合同订立时所依据的客观情况发生重大变化，致使劳动合同无法履行，双方未能就劳动合同的变更达成一致意见”，因此纺织公司应支付劳动合同解除的经济补偿金。该纠纷经仲裁及诉讼程序，法院判决纺织公司不支付经济补偿金。

解析

首先，纺织公司的厂址变更，确属客观情况发生变化，但该变化并非纺织公司主观原因导致，而是积极配合区域用地统筹规划的结果，该变化具有充分的合理性。其次，新旧厂址相距实际里程约8公里，且未跨越行政区域，客观上有限地增加了杨某上下班的时间成本和经济成本，但纺织公司基于劳动者的利益考量，采取协调增设公交线路，调整工作时间，提出安排车辆接送且在途时间均计算为正常工作时间并折算相应工资的人性化调解方案等，已经尽力减少客观情况变化带来的影响，且以上措施有效地还原了订立劳动合同时的客观情况。在此基础上，厂址变更并不符合“重大”

之情形，亦未从根本上阻碍劳动合同的继续履行。再次，即使本案客观情况发生重大变化导致合同不能履行且双方未能就变更劳动合同内容协商一致，也仅是在纺织公司行使合同解除权时，杨某才有权依法获得经济补偿金。事实上，纺织公司从未有解除劳动合同的意向和行为，而是积极采取措施以维持原有劳动关系。最后，本案事实也不符合《劳动合同法》第38条规定的劳动者提出解除劳动合同并可享受经济补偿金的情形。

用人单位如何以“客观情况发生重大变化”解除劳动合同？

案例

章某任投资公司大中华区部门大客户经理。投资公司根据经营环境的变化，调整组织构架，作出了《关于销售组织变更的决议》，撤销下属市场部销售管理相关部门，并转移至其他法人管理。投资公司将部门需要调整人员的初步方案与投资公司工会协商。投资公司工会回复，并同意其分流方案。投资公司以承诺书的方式向投资公司作出承诺，同意在原劳动合同剩余有效期中继续聘用调岗职工，同意继续保持调岗员工在原劳动合同项下的工资标准，担任原劳动合同约定的职务，继续履行原劳动合同项下其他包括尚未履行完毕的义务。因章某不同意转岗，投资公司作出与章某解除劳动合同通知书，并于当日向章某送达《解除劳动合同通知书》，章某在回执上签名确认，双方并于当日办理相关的工作交接。其后章某申请劳动仲裁，主张公司违法解除劳动合同，要求恢复劳动关系。该纠纷经仲裁及诉讼程序，法院判决驳回章某之诉讼请求。

解析

《劳动合同法》第40条规定了用人单位解除劳动合同的程序和条件。该条第3款规定的情形是，劳动合同订立时所依据的客观情况发生重大变化，致使劳动合同无法履行，经用人单位与劳动者协商，未能就变更劳动合同内容达成协议的。那么如何对“客观情况发生重大变化”进行认定呢？有意见认为，一是判断用人单位业务量是否锐减，运营是否出现严重问题；二是判断经济危机、行业危机等对用人单位业务的影响是长期还是短期；三是企业的财务状况是否出现严重亏损，通过对企业资产负债率、流动比率等反映企业资金周转困难的指标进行核定；四是人员是否富余，用人单位的未来业务是否需要现有数量的人员等。如果公司的情况确实符合“客观情况发生重大变化”，那么公司应就解除劳动合同与劳动者协商，如果无法达成一致，公司可以依法单方解除劳动者的劳动合同，给予经济补偿。本案中，投资公司根据市场经营状况，调整内部组织构架，法院认同其客观情况发生变化；投资公司在具体安置被撤销部门的职工时，只是将其转移至分公司名下，被重新安置职工的工作岗位、工资待遇等实体条件并未发生变更；投资公司在作出具体调整时也书面通知章某，且经双方协商，但未能达成一致。因此法院认为投资公司在解除章某的劳动合同时，其实体条件和程序均符合法律规定。

· 经济性裁员 ·

企业重整

用人单位依照企业破产法规定进行重整的。企业按照企业破产法进行重整，是避免进入破产清算程序，得到渡过难关的机会。在这一过程中，企业可根据实际情况，进行经济性裁员。

生产经营发生严重困难

用人单位生产经营发生严重困难的。企业经营发生严重困难的标准，可以根据地方政府规定的困难企业标准来界定，而非企业可以自行制定标准，企业需要对自身相关财务状况进行举证。这是为了防止企业以本条轻易裁员。比如根据《北京市企业经济性裁减人员规定》第 3 条的规定，北京市严重困难企业的标准是，连续 3 年经营性亏损且亏损额逐年增加，资不抵债、80% 的职工停工待工、连续 6 个月无力按最低生活费标准支付劳动者生活费用。

转产、重大技术革新或者经营方式调整

用人单位转产、重大技术革新或者经营方式调整，经变更劳动合同后，仍需裁减人员的。在这种情况下，企业应与劳动者协商变更劳动合同，经变更劳动合同后，仍需裁减人员的，才可以裁员。未经变更劳动合同即裁员，属于违法解除劳动合同，需要承担违法解除劳动合同的法律责任。劳动法律法规并不禁止用人单位采用裁员的方式使企业度过经营危机，只是对用人单位解除劳动合同做了严格的限制。

· 客观经济情况发生重大变化 ·

经济性裁员的适用情形

经济性裁员是因用人单位自身生产经营等方面出现经济问题，通过一次性辞退部分劳动者的方式来改善生产经营状况，其目的是保护自己在市场经济中的竞争和生存能力，渡过暂时的难关。《劳动合同法》第 41 条第 1 款对经济性裁员作了规定，其中第 4 项规定："其他因劳动合同订立时所依据的客观经济情况发生重大变化，致使劳动合同无法履行的。"

企业凭借客观经济情况发生重大变化进行经济性裁员，应提供利润连续下滑的客观证据，以证明客观经济情况确实发生重大变化，并且履行内部程序，通常是经公司董事会决议，并提前 30 日向工会说明情况，征求工会意见后作出关于实施经济性裁员的意见，另外履行外部程序，即经过当地劳动行政部门审批备案，这样被仲裁委及法院支持的可能性较大。

经济性裁员的实务操作

在实践中用人单位经济性裁员的步骤是：第一，用人单位提前 30 日向工会或者全体职工说明情况，并提供有关生产经营状况的资料；第二，提出裁减人员方案；第三，将裁减人员方案征求工会或者全体职工的意见，并对方案进行修改和完善；第四，向当地劳动行政部门报告裁减人员方案以及工会或者全体职工的意见，并听取劳动行政部门的意见；第五，由用人单位正式公布裁减人员方案，与被裁减人员办理解除劳动合同手续，按照有关规定向被裁减人员本人支付经济补偿金，出具裁减人员证明书或劳动关系解除的证明。

在经济性裁员中，由于是用人单位单方解除劳动合同，劳动者并没有过错，因此用人单位应当依法向劳动者支付经济补偿。另外，裁减人员方案应向劳动行政部门报告，“报告”仅指说明情况，无批准的含义。如果经济性裁员不履行向劳动行政部门报告的程序，裁员就涉嫌违法，用人单位恐怕难以达到一次性裁减大量员工的目的。

法律、法规规定的其他情形

这类规定是立法时经常采用的技术性手段，其立法用意是：（1）在该条款列举情况时，为避免遗漏现行法律、法规规定的其他情况，采用此种办法使该法与其他法相衔接。（2）便于与以后颁布的法律相衔接，即与新法相衔接。

用人单位不能解除的情形

《劳动合同法》规定了六种用人单位不得解除劳动合同的情形，具体为：（1）患病或负伤，在规定医疗期内的；（2）女职工在孕期、产期、哺乳期内的；（3）劳动者从事接触职业病危害作业，未进行离岗前职业健康检查，或者疑似职业病病人在诊断或者医学观察期间的；（4）在用人单位患职业病或者因工负伤并被确认丧失或者部分丧失劳动能力的；（5）在用人单位连续工作满十五年，且距法定退休年龄不足五年的；（6）法律、行政法规规定的其他情形。用人单位不得解除劳动合同的前提是劳动者自身不存在任何过错。如果劳动者有《劳动合同法》第39条规定情形之一的，即劳动者自身存在过错，用人单位有权单方解除劳动合同。

例如，实践中普遍存在误解，用人单位在任何情形下都无权单方解除处于“三期”（孕期、产期、哺乳期）的女职工的劳动合同。这种看法是错误的。《劳动合同法》第42条对不能解除劳动合同的情形进行了列举式的规定，其中不能解除劳动合同的情形包含女职工在孕期、产期、哺乳期内，体现了劳动立法对特殊情形下劳动者的保护。具体来说，根据《劳动合同法》第 42 条的规定，只有在该法第 40 条、第 41 条规定的非劳动者过错的情形时，即存在劳动者因病或非因公负伤医疗期满无法从事原工作的、不胜任工作且经培训或调岗后仍不胜任的、客观情况发生重大变化导致劳动合同无法继续履行的或经济性裁员的情形，用人单位不能据此解除处于“三期”的女职工。但是如果处于“三期”的女职工有违反《劳动合同法》第 39 条情形之一的，比如劳动者严重违反公司规章制度，用人单位可以解除劳动合同。

· 工会对解除的监督 ·

解除劳动合同的实质条件具备，用人单位还应按照法定的程序和要求履行有关手续。一般而言，用人单位解除劳动合同履行的法定程序是，用人单位提前 30 日以书面形式通知劳动者本人或者额外支付劳动者一个月工资，按照法律规定的补偿标准或者用人单位制定的高于法定标准的离职补偿方案给予经济补偿，就解除劳动合同的决定征求本企业工会组织的意见，将处理决定书面告知或送达给劳动者，协助劳动者进行档案转移，有的特殊行业还需要进行离岗前职业健康检查等。

《劳动合同法》第 43 条的规定加强了工会对用人单位解除劳动合同的监督。这种监督主要体现在程序方面。这种监督并不意味着，用人单位单方解除劳动合同应当征得工会的批准。这里的通知并无批准的含义。用人单位应首先将解除劳动合同的决定通知工会，工会可以对该决定提出意见，用人单位应认真研究工会的意见，并将处理结果书面通知工会。用人单位没有依照劳动法的相关规定，解除劳动合同事先通知工会，在起诉前应当补正有关程序，以保证解除劳动合同行为的合法性。《最高人民法院关于审理劳动争议案件适用法律若干问题的解释（四）》第 12 条规定，建立了工会组织的用人单位解除劳动合同符合劳动合同法第 39 条、第 40 条规定，但未按照劳动合同法第 43 条规定事先通知工会，劳动者以用人单位违法解除劳动合同为由请求用人单位支付赔偿金的，人民法院应予支持，但起诉前用人单位已经补正有关程序的除外。

· 解除通知的送达 ·

根据《最高人民法院关于审理劳动争议案件适用法律若干问题的解释》第13条的规定，因用人单位作出的除名等决定而发生的劳动争议，用人单位负举证责任。一般情况下，除名决定应当直接当面向劳动者送达，并由劳动者书面签收。如果劳动者拒收，可由居委会或派出所的相关人员签字确认劳动者拒收的情况。如果不能直接送达给劳动者本人，可以通过邮寄的方式向劳动者送达，以挂号查询回执上注明的收件日期为送达日期。通过以上的方式都不能达到送达的目的，用人单位可用媒体刊登公告的方式向劳动者送达。《劳动部办公厅关于通过新闻媒介通知职工回单位并对逾期不归者按自动离职或旷工处理问题的复函》[①] 中规定，能够直接送达或邮寄送达而未用，直接采用公告方式送达是无效的。

根据《最高人民法院关于进一步加强民事送达工作的若干意见》之规定，电子邮件、微信、短信在特定情形下，符合法律规定的，也能发生送达的法律效力。劳动实务中大量的案例是，劳动争议后劳动者不知所踪，单位无法联系。长时间之后，劳动者突然出现要求履行劳动合同或经济补偿金，双方在劳动合同解除之日上存在分歧，而单位可以提供出具过解除通知的证据，但是往往不能提供解除通知送达给劳动者的凭证。甚至有的劳动纠纷因送达问题的“各执一词”，持续数年乃至十几年之久，耗费用人单位大量人力物力，用人单位因为无法举证也经常陷入被动。建议单位要求员工提供电子邮箱、手机短信、微信等联系方式，共同约定确认该联系方式有效，发送至上述地址的文件均发生送达效力。如果有一方联系方式发生改动，应提前告知对方。没有告知，推定为原地址继续有效，由此产生的法律后果由怠于告知的一方承担。

---

① 根据2017年11月24日《人力资源和社会保障部关于第五批宣布失效和废止文件的通知》，该文件现已废止。

劳动者解除

· 劳动者主动解除 ·

从保护劳动者权益出发，法律赋予了劳动者单方解除劳动合同的权利。这样有利于充分发挥劳动者自身潜能，实现劳动力资源的合理配置。相对于用人单位解除劳动合同的严格限制，劳动者解除劳动合同要简易得多，用人单位不得强制劳动者为其服务。因此劳动者在行使解除劳动合同权利的同时，应当注意遵守法定的程序。

第一，遵守解除预告期。一般而言劳动者应当提前30天以书面形式通知用人单位，劳动者在书面通知用人单位后还应继续工作至少30天。劳动者不履行该法定义务给用人单位造成损失的，应承担损害赔偿责任。

第二，人身受到伤害可立即解除。用人单位以暴力、威胁或者非法限制人身自由的手段强迫劳动者劳动的，或者用人单位违章指挥、强令冒险作业危及劳动者人身安全的，劳动者可以立即解除劳动合同，不需事先告知用人单位。

第三，试用期解除提前3天。试用期既是用人单位和劳动者相互考察的期限，劳动者主动解除劳动合同应提前3天通知用人单位。该通知没有要求必须是书面形式。

· 劳动者被迫解除 ·

根据《劳动合同法》等规定，用人单位有下列情形之一的，属于劳动者被迫解除劳动合同的情形，劳动者有权主张经济补偿：

（1）用人单位未依法或者依照约定提供劳动保护或者劳动条件的。劳动保护和劳动条件是指在劳动合同中约定的用人单位对劳动者所从事的劳动必须提供的生产、工作条件和劳动安全卫生保护措施。即用人单位保证劳动者完成劳动任务和劳动过程中安全健康保护的基本要求。包括劳动场所和设备、劳动安全卫生设施、劳动防护用品等。

（2）用人单位未依法或者依照约定支付劳动报酬、加班费的。在劳动者已履行劳动义务的情况下，用人单位应按劳动合同约定或国家法律法规规定的数额、日期及时足额支付劳动报酬，禁止克扣和无故拖欠劳动者工资。

（3）用人单位未依法为劳动者缴纳社会保险费的。用人单位为劳动者缴纳社会保险是法定义务。用人单位没有依法为劳动者缴纳社会保险费，侵害了劳动者合法权益。

（4）用人单位的规章制度违反法律、法规的规定，损害劳动者权益的。

（5）用人单位以暴力威胁或者非法限制人身自由的手段强迫劳动者劳动的。

（6）用人单位违章指挥、强令冒险作业危及劳动者人身安全的。人身自由和人身安全是公民的基本权利。劳动者人身自由和人身安全受到用人单位的严重侵犯时，比如劳动者被非法拘禁在某特定场所强迫劳动，被强令从事高度危险的工作等。劳动者可以立即解除劳动合同，不需事先告知用人单位。

（7）用人单位侮辱、体罚、殴打、非法搜查或者拘禁劳动者的。

（8）用人单位劳动条件恶劣、环境污染严重，给劳动者身心健康造成严重损害的，由有关部门依法给予行政处罚；构成犯罪的，依法追究刑事责任；给劳动者造成损害的，应当承担赔偿责任。根据《最高人民法院关于确定民事侵权精神损害赔偿责任若干问题的解释》第8条的规定，因侵权致人精神损害，造成严重后果的，人民法院除判令侵权人承担停止侵害、恢复名誉、消除影响、赔礼道歉等民事责任外，可以根据受害人一方的请求判令其赔偿相应的精神损害抚慰金。据此，劳动者要还可以向用人单位主张精神损害抚慰金。

· 停产停业前往其他单位上班 ·

用人单位短期停产停业后，劳动者前往其他单位上班的，如何处理？如果用人单位又恢复生产的，如何处理？（1）如果原用人单位停止向劳动者发放工资或生活费、停止缴纳社保，未继续对劳动者进行用工管理，劳动者的工资、社保均由新的用人单位负责发放和办理的，则可以按照劳动者与原用人单位协商一致解除劳动关系处理。（2）如果原用人单位继续向劳动者发放工资或生活费，也继续为劳动者缴纳社保，原用人单位恢复生产且已通知劳动者，劳动者在合理期限内无正当理由未按时回原单位上班，原用人单位以劳动者严重违反规章制度或劳动纪律为由解除劳动关系，并主张无须支付经济补偿的，应予支持。

违法解除的处理

· 违法解除的救济路径 ·

《劳动合同法》《劳动合同法实施条例》对用人单位可以单方解除劳动合同的情形进行了详细的列举，从实体和程序上都做了非常严格的限制。简单来说，这些情况可以大致分为三种，过失性解除、非过失性解除、经济性裁员。其详细的情形可见《劳动合同法》第 39 条、第 40 条、第 41 条、第 42 条以及《劳动合同法实施条例》第 19 条的规定。除了劳动合同法列举的情形之外，用人单位单方解除劳动合同都是违法的。

根据《劳动合同法》第 48 条的规定，在用人单位违法解除劳动合同的情况下，劳动者可以有两种救济途径，一是要求用人单位继续履行劳动合同，同时要求用人单位支付劳动争议期间劳动者的工资损失；二是不要求继续履行劳动合同或者劳动合同已经不能继续履行的，要求用人单位支付赔偿金。

公司违法解除劳动合同，劳动关系是否应予以恢复？

案例

王某与酒店公司同事发生矛盾，多次在公司大堂与其他员工发生冲突。酒店公司解除王某的劳动合同。王某认为酒店公司解除劳动合同违法，要求恢复劳动关系。公司认为，王某离岗时间超过1年，原岗位已经不存在，双方关系恶化没有信赖基础。公司多次表示愿意支付解除劳动合同的相关费用，但不同意其前来公司上班。该纠纷经仲裁及诉讼程序，法院没有支持王某要求恢复劳动关系的请求，判决酒店公司支付王某违法解除合同的赔偿金。

解析

劳动合同继续履行的前提应当是存在继续履行的可能性，虽然法律法规没有明确“劳动合同已经不能继续履行”的认定标准，但是法院可以根据个案实际情况及双方举证所显示的事实认定双方关系严重恶化、双方劳动合同早已不存在继续履行的可能。法院认为，本案在案证据，对本案基本事实，包括王某多次到酒店公司大堂滋事、爆发多次冲突的事实，达到了高度可能性的证明标准。根据《劳动合同法》第48条、第87条的规定，当劳动合同已经不能继续履行的情形发生后，应当认定劳动合同已解除，用人单位因违反规定解除劳动合同承担向劳动者支付经济补偿标准的二倍的赔偿金。

· 继续履行劳动合同 ·

司法实务中劳动者要求继续履行劳动合同的，一般应予以支持。在仲裁中发现确实无法继续履行劳动合同的，应做好释明工作，告知劳动者将要求继续履行劳动合同的请求变更为要求用人单位支付违法解除劳动合同赔偿金等请求。如经充分释明，劳动者仍坚持要求继续履行劳动合同的，应尊重劳动者的诉权，驳回劳动者的请求，告知其可另行向用人单位主张违法解除劳动合同赔偿金等。如经释明后，劳动者的请求变更为要求用人单位支付违法解除劳动合同赔偿金等的，应当继续处理。在诉讼中发现确实无法继续履行劳动合同的，驳回劳动者的诉讼请求，告知其可另行向用人单位主张违法解除劳动合同赔偿金等。

· 劳动合同无法继续履行的认定 ·

用人单位违法解除或终止劳动合同后，劳动者要求继续履行劳动合同，哪些情形可以认定为“劳动合同确实无法继续履行”？司法实务中下列标准可供参考，劳动合同确实无法继续履行主要有以下情形：（1）用人单位被依法宣告破产、吊销营业执照、责令关闭、撤销，或者用人单位决定提前解散的；（2）劳动者在仲裁或者诉讼过程中达到法定退休年龄的；（3）劳动合同在仲裁或者诉讼过程中到期终止且不存在《劳动合同法》第14条规定应当订立无固定期限劳动合同情形的；（4）劳动者原岗位对用人单位的正常业务开展具有较强的不可替代性和唯一性（如总经理、财务负责人等），且劳动者原岗位已被他人替代，双方不能就新岗位达成一致意见的；（5）劳动者已入职新单位的；（6）仲裁或诉讼过程中，用人单位向劳动者送达复工通知，要求劳动者继续工作，但劳动者拒绝的；（7）其他明显不具备继续履行劳动合同条件的。劳动者原岗位已被他人替代的，用人单位仅以此为由进行抗辩，不宜认定为“劳动合同确实无法继续履行的”情形。

如何认定“劳动合同无法继续履行”？

案例

王某在化妆品公司工作十余年，其间王某被聘任为总经理。王某担任高管期间，化妆品公司因有关采购销售、资金拆借等关联交易行为，被监管部门责令整改。会计师事务所审计了化妆品公司财务报告内部控制的有效性后，出具了否定意见的《内部控制审计报告》。化妆品公司召开董事会，审议并通过关于解除王某总经理职务及提请股东大会解除被告董事职务的议案。化妆品公司向王某送达《员工违纪处理通知书》，决定辞退王某，王某不再是化妆品公司员工，不再承担总经理职务，不享受公司任何相关权益。王某申请仲裁，提出要求与化妆品公司恢复劳动关系等请求。仲裁委作出了要求化妆品公司与王某恢复劳动关系的裁决。化妆品公司提起诉讼，法院审理后判决化妆品公司与王某恢复劳动关系。

解析

根据《劳动合同法》规定，用人单位违反《劳动合同法》规定解除或者终止劳动合同，劳动者要求继续履行劳动合同的，用人单位应当继续履行；劳动者不要求继续履行劳动合同或者劳动合同已经不能继续履行的，用人单位应当依照《劳动合同法》第87条规定支付赔偿金。因此，是否恢复劳动关系首先应当考虑当事人的意愿，对于当事人要求恢复履行劳动合同的，除非无继续履行的可能性，用人单位应当继续履行。而是否存在无法继续履行的情形，应结合双方合同履行的实际情况综合判断。

本案中，王某坚持要求恢复劳动关系，故审查的重点在于劳动合同是否有继续履行的可能性。法院认为，第一，王某已明确表示对董事会撤销其总经理职务没有异议，愿意在公司从事其他工作，故对于岗位的变更王某并无意见，化妆品公司再主张无岗位可继续履行，理由难于成立；第二，化妆品公司系具有一定规模的上市公司，雇佣员工千余人，其现称无任何岗位可以安排王某，无法让人信服；第三，王某虽原为公司高管连续工龄已满十年，不予恢复劳动关系实质上亦剥夺了王某作为老职工可以要求履行无固定期限劳动合同的权利，有失公平。因此，化妆品公司可根据王某工作能力、水平及公司的经营需要，另行安排合适的岗位以确保劳动合同得以履行。

离职后工作岗位已被他人替代，劳动者能否主张恢复劳动关系？

案例

李某在商贸公司处从事会计工作。工作两个月之后，商贸公司向李某发出通知，认为李某不能胜任公司的各项工作要求以及本职工作，对于上级交代的事情呈明显推脱及延误，对公司财务工作的顺利开展造成了困难，公司终止与李某劳动关系。李某提起劳动仲裁，要求商贸公司支付欠付工资、加班费、未签订书面劳动合同双倍工资、扣减工资以及补交社保等。仲裁委裁决商贸公司支付未签订书面劳动合同双倍工资及扣减工资，驳回李某其他仲裁请求。其后李某主张公司解除劳动合同违法，要求恢复劳动关系，继续履行劳动合同。法院没有支持李某的诉求。

解析

法院认为，李某想继续在商贸公司会计岗位上工作的愿望无论从事实上，还是从法律层面，皆不可能通过司法救济途径得以实现，即本案劳动关系不可能再恢复，理由如下：第一，纠纷发生后，商贸公司为保障公司的正常运转，企业岗位不可能长久虚位以待，商贸公司另聘他人继任会计工作，符合情理。此情况下，李某要求回到原岗位工作并继续履行双方之间的劳动合同已丧失实现权利的条件。第二，本案不属于司法以继续履行之手段予以特别保护之情形。李某在商贸公司工作时间为二个月，远不足一年，双方既不能依照《劳动合同法》第 14 条第 3 款规定“用人单位自用工之日起满一年不与劳动者订立书面劳动合同的，视为用人单位与劳动者已订立无固定期限劳动合同”视为已签订无固定期限劳动合同，也不属于《劳动合同法》第 42 条规定的用人单位不得解除劳动合同的六种情形（如职业病在医学观察期，病人在医疗期或女职工的特殊期间等）。不同于民商事合同，劳动合同具有较强的人身属性及人合性，是合同双方基于相互的信任协商一致后才达成的合同，现商贸公司表示坚决不愿继续雇用李某，更不愿与其补签劳动合同，“继续履行合同”不再具有强制执行力。综上，李某要求恢复劳动关系的诉求没有被法院支持。

· 劳动者在其他单位缴纳社保 ·

劳动者与用人单位因劳动合同是否为违法解除发生争议，劳动者要求继续履行劳动合同的情况下，原单位提交了其他单位为劳动者缴纳社会保险的凭证，并以此主张劳动者与新单位之间已经形成劳动关系，此时社会保险缴纳记录能否作为认定劳动者与新单位形成劳动关系的依据？并由此导致劳动者与用人单位“劳动合同已经不能继续履行”？

不能仅以社会保险缴纳记录作为认定劳动者与新单位形成劳动关系的依据。但此时举证责任转移，由劳动者证明其与新用人单位之间不是劳动关系。若劳动者不能提出反证，则依据其与新用人单位之间的社保缴费记录确认劳动者与原用人单位“劳动合同确实无法继续履行”。新用人单位不是案件当事人的，劳动者与新用人单位之间的社保缴费记录仅为“劳动合同确实无法继续履行”的裁判理由，不应径行裁判劳动者与新用人单位之间是否形成劳动关系。

· 再次作出除名决定 ·

作为用人单位，解除劳动合同的决定因程序上的瑕疵被撤销后，如果用人单位可解除劳动合同的情形还持续存在，用人单位履行相关程序规定，法律并没有禁止用人单位再次做出除名的决定。如果解除劳动合同的决定在实体上被判定为违法，劳动者要求继续履行合同，劳动关系恢复。此时单位不能以之前的理由再次解除合同，但是单位可以其他法定理由再次做出解除决定，前提是该理由真实而非凭空捏造。比如，用人单位解除劳动合同的理由是员工不符合录用条件，该解除决定被仲裁委或法院撤销。但是该员工同时存在无故旷工的行为或者弄虚作假、虚构打卡记录等，用人可以严重违纪为由再次作出解除决定。

· 劳动仲裁时效 ·

劳动争议仲裁时效，是指当事人因劳动争议纠纷要求保护其合法权利，必须在法定的期限内向劳动争议仲裁委员会提出仲裁申请，否则，法律规定消灭其申请仲裁权利。《劳动争议调解仲裁法》劳动争议申请仲裁的时效期间为一年。仲裁时效期间从当事人知道或者应当知道其权利被侵害之日起计算。其中，劳动关系存续期间因拖欠劳动报酬发生争议的，劳动者申请仲裁不受规定的仲裁时效期间的限制；但是，劳动关系终止的，应当自劳动关系终止之日起一年内提出。关于特殊的劳动仲裁时效，这主要是考虑到，要求在职员工对单位违反劳动法的行为提起劳动仲裁，不符合实际情况，员工离职后提出则不存在打击报复之担心。

劳动合同解除超过一年提起仲裁，是否超过时效？

案例

肖某与公司签订劳动合同，公司先后更名，被投资方收购，公司对包括肖某在内的230人实行转岗培训重新上岗，要求相关人员在规定时间内到培训中心报到，逾期不报到者，视作自愿解除劳动关系。培训方案经公司职代会审议通过，报相关劳动和社会保障部门和市总工会审核同意。肖某不同意公司安排，未到培训中心报到。据此公司宣布与肖某终止劳动关系。肖某多次向有关部门反映情况。肖某于公司宣布解除劳动关系四年后提起劳动仲裁，要求公司支付终止劳动合同的经济补偿及相关待遇。公司认为肖某的请求超过仲裁时效。该纠纷经仲裁及法院处理，法院判决公司支付经济补偿。

解析

关于本案是否超过仲裁时效问题。《劳动争议调解仲裁法》规定劳动争议申请仲裁的时效期间为一年。仲裁时效期间从当事人知道或者应当知道其权利被侵害之日起计算。《最高人民法院关于审理劳动争议案件适用法律若干问题的解释（二）》第13条规定：“当事人能够证明在申请仲裁期间内具有下列情形之一的，人民法院应当认定申请仲裁期间中断：（一）向对方当事人主张权利；（二）向有关部门请求权利救济；（三）对方当事人同意履行义务”。从上述规定来看，仲裁应从发生劳动争议起一年内提出，有符合法律规定中止、中断情形的则相应延长。本案肖某提供了一系列证据证明其自公司解除劳动合同决定起，一直在向相关部门主张权利。因此，本案仲裁时效因肖某主张权利而多次中断，并未超过仲裁时效。

劳动合同终止

法定终止

·法定终止的情形·

《劳动合同法》第44条规定了劳动合同终止的六种情形：（1）劳动合同期满的；（2）劳动者开始依法享受基本养老保险待遇的；（3）劳动者死亡，或者被人民法院宣告死亡或者宣告失踪的；（4）用人单位被依法宣告破产的；（5）用人单位被吊销营业执照、责令关闭、撤销或者用人单位决定提前解散的；（6）法律、行政法规规定的其他情形。

根据《劳动合同法实施条例》的规定，在下列情形下，用人单位可以终止劳动关系：（1）自用工之日起一个月内，经用人单位书面通知后，劳动者不与用人单位订立书面劳动合同的，用人单位应当书面通知劳动者终止劳动关系；（2）劳动者达到法定退休年龄的；（3）以完成一定工作任务为期限的劳动合同因任务完成的；（4）用人单位依法终止工伤职工的劳动合同，且依法支付经济补偿、一次性工伤医疗补助金和伤残补助金的。以上的四种情形属于劳动合同法第44条“法律、行政法规规定的其他情形”的范围。

用人单位决定提前解散的情形下，如何认定劳动合同终止的具体时点？

案例

陈某入职科技公司工作。科技公司经营不善，决定进行破产清算。陈某认为，其自入职以来与科技公司建立了劳动关系，科技公司解散后被指定留下协助做清算工作，从未与科技公司办理过解除劳动关系合同手续，该劳动关系始终未解除。法院认定双方的劳动关系在科技公司决议解散之日起终止，之后的清算工作构成劳务关系，拖欠工资的行为不适用劳动法律规范。该案经过再审程序，法院维持了原审判决。

解析

由于《劳动合同法》并未明确规定在用人单位决定提前解散的情形下劳动合同终止的具体时点，法院认为，劳动关系的终止时点之确定，在用人单位决定自行解散的情形下，结合清算实务中的实践操作，应当以用人单位与劳动者办理终止劳动合同手续之日为终止时点为宜。陈某签收了包括终止（解除）劳动合同通知书、终止（解除）劳动合同关系证明书等材料，并向公司申报了债权，明确已经收到解聘通知，因此，本案讼争劳动合同应自公司向陈某送达终止劳动合同通知书之日起终止，陈某再审申请认为其从未与公司办理过解除劳动关系合同手续，该劳动关系始终未解除的主张，法院不予采信。

· 达到法定退休年龄 ·

《劳动合同法实施条例》第21条规定，劳动者达到法定退休年龄的，劳动合同终止，但是按照《劳动合同法》规定，劳动者达到退休年龄并不必然导致劳动合同终止。结合《最高人民法院关于审理劳动争议案件适用法律若干问题的解释（三)》第7条的规定理解，已经达到法定退休年龄，未开始依法享受基本养老保险待遇的人员，与用人单位的关系仍是劳动关系。劳动者达到法定退休年龄的，但是劳动关系并不自动终止，这在实践中包含两种情形，一是达到法定退休年龄不一定能够享有养老保险待遇。根据国家有关规定，只有符合基本养老保险待遇规定的条件，比如累计缴纳养老保险费十五年等才能享受基本养老保险待遇等。二是劳动者已达退休年龄，也符合享有基本养老保险待遇的条件，但是没有办理退休手续，没有享有基本养老保险待遇。

有意见提出，只要劳动者达到退休年龄，则劳动关系一律终止。上述司法解释不能反向推理，不能得出“年龄达到法定退休人员，没有享受基本养老待遇，继续在单位工作的，属于劳动关系”。而是认为用人单位继续雇佣劳动者，双方形成劳务关系。如劳动者在被雇佣期限内发生工伤事故，也应当根据情况认定为工伤。劳动者与单位不属于劳动关系，不必然排除劳动者被认定为工伤的可能性。

领取退休金的人员发生用工争议，是否属于劳动争议？

案例

徐某属于退休人员，其后到科技公司工作。双方发生争议，徐某离职。徐某主张科技公司拖欠工资、违法解除劳动合同赔偿金及未签订劳动合同二倍工资。徐某提交了银行明细，科技公司对徐某主张的数额不认可，表示徐某工资由固定工资与生产奖金组成，提交了工资表、奖金制度、银行回单等证据。科技公司对银行明细认可，但表示银行明细中有些项目是发放的生产奖金，徐某对工资表认可，对奖金制度与银行回单不认可。庭审中，科技公司自认拖欠徐某工资和奖金，法院判决科技公司向徐某支付报酬。

解析

《最高人民法院关于审理劳动争议案件适用法律若干问题的解释（三）》第7条规定，用人单位与其招用的已经依法享受养老保险待遇或领取退休金的人员发生用工争议，向人民法院提起诉讼的，人民法院应当按劳务关系处理。本案中徐某开始享受养老保险待遇之后，到科技公司处工作，双方之间系劳务关系。徐某为科技公司工作，科技公司依法应当向徐某支付报酬，现科技公司拖欠徐某报酬，科技公司应当向徐某支付该报酬。徐某要求科技公司支付违法解除劳动合同赔偿金及未签订劳动合同二倍工资，因徐某与科技公司之间为劳务关系，故该两项诉讼请求无事实与法律依据，法院不予支持。法院判决科技公司向徐某支付劳务报酬。

逾期终止

根据《劳动合同法》第42条、第45条之规定，即使劳动合同到期，劳动关系也不终止，而是应到相应情形消失之后，劳动关系方得终止。相应情形是指：（1）从事接触职业病危害作业的劳动者未进行离岗前职业健康检查，或者疑似职业病病人在诊断或者医学观察期间的；（2）在本单位患职业病或者因工负伤并被确认丧失或者部分丧失劳动能力的；（3）患病或者非因工负伤，在规定的医疗期内的；（4）女职工在孕期、产期、哺乳期的；（5）在本单位连续工作满十五年，且距法定退休年龄不足五年的；（6）法律、行政法规规定的其他情形。

劳动合同期满，劳动合同应当续延至相应的情形消失时终止。但是丧失或者部分丧失劳动能力劳动者的劳动合同的终止，按照国家有关工伤保险的规定执行。考虑到有些法律、行政法规中也有不得解除劳动合同的规定，同时为了便于与以后颁布的法律相衔接，规定了一个兜底条款，这有利于对劳动者的保护。

法律、行政法规规定的其他情形包括：《工会法》第18条规定，基层工会专职主席、副主席或者委员自任职之日起，其劳动合同期限自动延长，延长期限相当于其任职期间；非专职主席、副主席或者委员自任职之日起，其尚未履行的劳动合同期限短于任期的，劳动合同期限自动延长至任期期满。但是，任职期间个人严重过失或者达到法定退休年龄的除外。《最高人民法院关于在民事审判工作中适用〈中华人民共和国工会法〉若干问题的解释》第2条规定，人民法院审理劳动争议案件，涉及确定基层工会专职主席、副主席或者委员延长的劳动合同期限的，应当自上述人员工会职务任职期限届满之日起计算，延长的期限等于其工会职务任职的期间。

《劳动合同法实施条例》第17条规定，劳动合同期满，但是用人单位与劳动者依照《劳动合同法》第22条的规定约定的服务期尚未到期的，劳动合同应当续延至服务期满；双方另有约定的，从其约定。按照劳动和社会保障部等《关于进一步推行平等协商和集体合同制度的通知》，职工协商代表在任期内，劳动合同期满的，企业原则上应当与其续签劳动合同至任期届满。职工代表的任期与当期集体合同的期限相同。

约定终止

用人单位不得与劳动者约定劳动合同的终止条件。实践中不少用人单位会利用签订劳动合同可以协商合同内容的规定，利用企业的强势地位在合同内容中增加劳动合同终止的条件，尤其是在签订无固定期限劳动合同时，随意增添劳动合同终止的条件，致使无固定期限的劳动合同形同虚设，规避解除劳动合同应该支付的补偿金。所以《劳动合同法实施条例》第13条规定，用人单位与劳动者不得在《劳动合同法》第44条规定的劳动合同终止情形之外约定其他的劳动合同终止条件。

经济补偿

协商一致解除的

协商一致解除劳动合同并不意味着用人单位一律不需要向劳动者支付经济补偿。这里的协商一致，强调的并非最终就解除劳动合同的结果达成协商一致，而在于解除劳动合同这一提议是谁最先提出的。《劳动合同法》第46条第2项规定，是为了避免用人单位以协商一致为名规避向劳动者支付经济补偿的法定义务。具体来说，如果劳动者向用人单位提出解除劳动合同并与用人单位协商一致解除的，这种情形可以视为劳动者主动离职，用人单位可以不支付经济补偿。如果用人单位向劳动者提出解除劳动合同并与劳动者协商一致解除的，用人单位应当向劳动者支付经济补偿。

当然，协商一致的前提是用人单位和劳动者的意思表达真实。如果劳动者可以提出证据证明，用人单位利用其优势地位，欺诈或胁迫劳动者解除劳动合同，用人单位解除劳动合同的行为就是违法的，不能视为用人单位与劳动者取得协商一致。

用人单位解除的

· 用人单位解除，支付经济补偿的情形 ·

劳动合同的解除主要涉及两个问题：第一，劳动合同能否解除，或者说其解除是不是合法有效的。第二，劳动合同解除或终止后，用人单位是否应当向劳动者支付经济补偿。用人单位如果违法解除劳动合同，用人单位应当支付赔偿金。用人单位依法解除劳动合同，也可能要支付经济补偿。

用人单位解除劳动合同，应支付经济补偿的情形，主要包含：（1）劳动合同订立时所依据的客观情况发生重大变化，致使劳动合同无法履行，经用人单位与劳动者协商，未能就变更劳动合同内容达成协议的；（2）用人单位依照企业破产法规定进行重整的；（3）用人单位生产经营发生严重困难的；（4）用人单位转产、重大技术革新或者经营方式调整，经变更劳动合同后，仍需裁减人员的；（5）其他因劳动合同订立时所依据的客观经济情况发生重大变化，致使劳动合同无法履行的。

劳动合同到期不续签，公司是否支付经济补偿金?

案例

张某在物业公司担任客房部主管。物业公司将张某从客房部主管调至客房部领班，张某对调岗不满意，申请休年休假后未至物业公司上班。其后双方签订的劳动合同到期。张某提起劳动仲裁，要求物业公司支付解除劳动关系经济补偿金、拖欠工资，支付劳动合同到期后到提起仲裁之日期间的二倍工资差额。该纠纷经仲裁及诉讼程序，法院判决物业公司支付张某劳动合同到期的经济补偿金，对张某其他诉讼请求不予支持。

解析

工资是劳动者提供正常劳动应得的劳动报酬。张某在物业公司工作，休年假之后，张某未向物业公司提供劳动，故张某要求物业公司支付劳动合同到期后，其未上班期间工资及经济补偿金的诉讼请求，无事实依据，法院不予支持。根据《劳动法》第23条，《劳动合同法》第46条第5项之规定，劳动合同到期后，如果用人单位没有提出以维持或提高劳动合同约定的条件与劳动者续订劳动合同，而径自终止劳动合同，应向劳动者支付经济补偿金。因此本案中劳动合同终止，物业公司应支付张某终止劳动合同经济补偿金。劳动合同到期后双方没有续签，张某与物业公司已无劳动关系，张某要求物业公司支付其他费用，没有法律依据。

· 用人单位解除，不支付经济补偿的情形 ·

用人单位依法单方解除劳动合同，不支付经济补偿，主要涉及劳动者存在过错的情形，具体包括：（1）劳动者严重违反用人单位的规章制度的；（2）劳动者严重失职，营私舞弊，对用人单位利益造成重大损害的；（3）劳动者同时与其他用人单位建立劳动关系，对完成用人单位的工作任务造成严重影响，或者经用人单位提出，拒不改正的；（4）劳动者以欺诈、胁迫的手段或者乘人之危，使劳动者在违背真实意思的情况下订立或者变更劳动合同的；（5）劳动者被依法追究刑事责任的。

劳动者解除的

· 劳动者解除，用人单位支付经济补偿的情形 ·

按照劳动合同法的规定，并不是只有用人单位提出解除劳动合同的情形，劳动者才可以主张经济补偿。在劳动者主动提出解除劳动合同的情形下，劳动者也是有可能拿到经济补偿的。根据《劳动合同法》等相关规定，只要劳动者向用人单位提出解除劳动合同符合下列情形之一的，用人单位应当向劳动者支付经济补偿：（1）未按照劳动合同约定提供劳动保护或者劳动条件的；（2）未及时足额支付劳动报酬的；（3）未依法为劳动者缴纳社会保险费的；（4）用人单位的规章制度违反法律、法规的规定，损害劳动者权益的；（5）用人单位以欺诈、胁迫的手段或者乘人之危，使劳动者在违背真实意思的情况下订立或者变更劳动合同的无效；（6）用人单位免除自己的法定责任、排除劳动者权利的无效；（7）订立劳动合同违反法律、行政法规强制性规定的无效；（8）用人单位以暴力威胁或者非法限制人身自由的手段强迫劳动者劳动的；（9）用人单位违章指挥、强令冒险作业危及劳动者人身安全的。

劳动合同终止的

劳动合同终止，用人单位应当支付经济补偿的情形包括，根据《劳动合同法》第 44 条、第 46 条的规定，用人单位被依法宣告破产的；用人单位被吊销营业执照、责令关闭、撤销或者用人单位决定提前解散的；法律、行政法规规定的其他情形等，用人单位应当向劳动者支付经济补偿。其中，劳动合同期满，用人单位是否应当支付经济补偿的情形比较复杂。具体来说，可以分为三种情形。劳动合同期满后，第一，在用人单位维持或者提高劳动合同约定条件的前提下，用人单位愿意与劳动者续签，但是劳动者不愿意，用人单位不需支付经济补偿；第二，在用人单位降低劳动合同约定条件的前提下，用人单位愿意与劳动者续签，但是劳动者不愿意，用人单位应当支付经济补偿；第三，用人单位不愿意续订劳动合同，用人单位应当支付经济补偿。劳动合同期满后劳动者离职，因补偿金问题发生争议，但是双方都没有证据来证明劳动合同未能续签的责任在哪一方。司法实践中，用人单位对此负举证责任。

劳动者不续签劳动合同，用人单位是否支付经济补偿？

案例

周某进入保险公司工作，双方每年签订期限为一年的劳动合同，周某书面向保险公司提出续签劳动合同的要求，保险公司同意，双方约定按照原劳动合同的条件续签，保险公司同时要求周某签署内容为“根据保险公司业绩考核的相关制度，本人将依法合规经营，快速发展业务，实现良好效益，本人承诺本人每月完成的保费业绩必须不低于本人人力成本的六倍，否则本人即为工作严重失职，本人同意保险公司对本人进行调岗、降薪或解除劳动合同的处理，且本人不向保险公司提出任何主张”，周某拒绝签署该承诺书，致使双方未能续订新的劳动合同。保险公司向周某出具《终止劳动合同通知书》，称因周某个人原因到期不愿按原合同条件与保险公司续签，劳动合同到期终止。双方由此发生争议。该纠纷经仲裁及诉讼程序，法院判决保险公司支付终止劳动合同经济补偿金。

解析

劳动合同期满不续签，一般情况下用人单位都应向劳动者支付经济补偿。根据《劳动合同法》第 44 条第 1 项、第 46 条第 5 项的规定，除用人单位维持或者提高劳动合同约定条件续订劳动合同，劳动者不同意续订的情形外，劳动合同期满，终止固定期限劳动合同的，用人单位应当向劳动者支付经济补偿。本案中，周某按照原劳动合同约定条件与保险公司续签劳动合同时，保险公司要求周某同时签署《业绩承诺书》。从该《业绩承诺书》的内容明显可知，保险公司实际上是就劳动合同约定条件作出了变更，变相降低劳动者原有的待遇，显然不属于“用人单位维持或者提高劳动合同的约定条件续订劳动合同”。所以周某提出该内容系增加劳动者的义务、变更劳动要求，不属于按照原劳动合同约定条件续签劳动合同，员工有权拒绝续签劳动合同，并要求保险公司依照劳动合同法的相关规定支付经济补偿金。这些主张于法有据。保险公司认为该业绩承诺书不具有强制性，周某可签可不签，且并非劳动合同约定的条件。但是事实表明，保险公司正是因为周某拒绝签署该承诺书而致双方续签未成，继而终止双方劳动关系的。所以法院判决认定，保险公司支付给周某经济补偿金。

用人单位注销，劳动者如何主张权利?

案例

印刷厂系集体所有制企业法人，主办单位为村民委员会。印刷厂因拆迁腾退工作的要求，停止经营，进入关闭清算状态。印刷厂办理完毕工商注销登记手续。村委会在有关印刷厂的企业注销登记申请表中表示：(1) 债权债务清理完毕；(2) 各项税款、职工工资已结清；(3) 同意注销登记。赵某系印刷厂员工，其主张终止劳动关系的经济补偿。就本案争议事项赵某提请劳动仲裁。仲裁委决定不予受理。该纠纷经仲裁及诉讼程序，法院判决村民委员会向赵某支付终止劳动关系的经济补偿。

解析

根据《劳动部对〈关于因破产、被工商部门吊销营业执照或自行解散的企业拖欠职工工资引发的劳动争议如何确认被诉人的请示〉的复函》之规定，“企业在被吊销营业执照、解散、撤销或歇业后，应当由其主管部门、或开办单位、或依法成立的清算组织作为被诉人参加仲裁活动”。对于破产企业能否成为被诉人的问题，该复函也重申，“关于破产企业发生劳动争议，职工当事人申请仲裁，如何确认被诉人的问题，应依据劳动部《对〈关于破产企业能否成为被诉人的请示〉的复函》的规定，由依法成立的清算组织作为被诉人参加劳动争议仲裁活动”。据此，村委会作为印刷厂的清算主体，对印刷厂负有清算责任。赵某在印刷厂注销前因劳动争议提请了劳动仲裁，某村委会在办理印刷厂注销登记手续时表示，印刷厂的债权债务已清理完毕，而实际并未对与赵某有关的债权债务进行清理，故村委会对赵某的合法债权负有清偿责任。

经济补偿计算

· 经济补偿标准 ·

《劳动合同法》第47条规定，经济补偿按劳动者在本单位工作的年限，每满一年支付一个月工资的标准向劳动者支付。六个月以上不满一年的，按一年计算；不满六个月的，向劳动者支付半个月工资的经济补偿。劳动者月工资高于用人单位所在直辖市、设区的市级人民政府公布的本地区上年度职工月平均工资三倍的，向其支付经济补偿的标准按职工月平均工资三倍的数额支付，向其支付经济补偿的年限最高不超过十二年。本条所称月工资是指劳动者在劳动合同解除或者终止前十二个月的平均工资。经济补偿中的月平均工资是指劳动者在解除劳动合同前十二个月的月实际平均工资，而不仅仅是劳动合同中约定的基本工资。

《劳动合同法实施条例》第10条规定，劳动者非因本人原因从原用人单位被安排到新用人单位工作的，劳动者在原用人单位的工作年限合并计算为新用人单位的工作年限。原用人单位已经向劳动者支付经济补偿的，新用人单位在依法解除、终止劳动合同计算支付经济补偿的工作年限时，不再计算劳动者在原用人单位的工作年限。

员工无法提供劳动，绩效奖金是否能作为计算经济补偿的标准？

案例

侯某进入科技公司处担任人力资源副总监，负责招聘事宜。双方签订劳动合同，约定侯某的工资年薪制。其中绩效奖金为浮动工资，根据公司考核规定按个人实际考核结果进行核算发放。年终奖按当年实际出勤月份及考核成绩折算。侯某在公司办公楼内下楼梯时，不慎踩空摔倒，被认定为工伤。经鉴定伤情为因工致残程度九级。因病情后续治疗，侯某向科技公司请假。公司对病假单在审批过程中存在疑问，要求侯某配合公司到医院进行病情诊断，病情诊断由公司指派人员陪同，费用由公司承担，公司依据病情诊断情况对病假进行审批。因侯某拒绝进行复查，导致侯某的病假申请未获批准，公司通知侯某到科技公司处报到。侯某没有到公司上班，旷工达3天以上，科技公司出具解除劳动合同通知书。就工资补偿标准问题，双方发生争议。法院认为，在劳动者无法正常提供劳动的情形下，绩效奖金不属于固定工资。经济补偿所依据的工资标准，不应包含绩效工资。

解析

《劳动合同法》第47条规定，经济补偿按劳动者在本单位工作的年限，每满一年支付一个月工资的标准向劳动者支付。六个月以上不满一年的，按一年计算；不满六个月的，向劳动者支付半个月工资的经济补偿。其中，关于“一个月工资的标准”，在劳动者无法正常提供劳动的情形下，是否包含绩效考核奖金。法院认为，双方之间的劳动合同中明确约定侯某的工资为年薪制，其中部分工资为绩效奖金基数，绩效奖金为浮动工资，应根据考核规定按照个人实际考核结果计发，且试用期满转正日起享受绩效考核奖金，年终奖按当年实际出勤月份以及考核成绩折算。因绩效考核是企业对员工的工作业绩做出的一种价值判断，绩效奖金系公司对员工工作业绩的相应奖励，现侯某在试用期内即发生工伤事故，未再为科技公司提供劳动，其实际未再作出工作业绩，科技公司据此不发放侯某绩效奖金，于法无悖。

· 工龄计算 ·

被安排到新单位工作的工龄计算

实践中经常发生用工单位发生变化，劳动者并非出于本人意愿，而是由于单位安排到了新单位。劳动者在新的用人单位就业后，出现了劳动合同终止的情形。这时该劳动者的工作年限应前后合并计算。

《劳动合同法实施条例》第10条规定，劳动者非因本人原因从原用人单位被安排到新用人单位工作的，劳动者在原用人单位的工作年限合并计算为新用人单位的工作年限。原用人单位已经向劳动者支付经济补偿的，新用人单位在依法解除、终止劳动合同计算支付经济补偿的工作年限时，不再计算劳动者在原用人单位的工作年限。

《最高人民法院关于审理劳动争议案件适用法律若干问题的解释（四）》第5条第1款进一步明确，劳动者非因本人原因从原用人单位被安排到新用人单位工作，原用人单位未支付经济补偿，劳动者依照《劳动合同法》第38条规定与新用人单位解除劳动合同，或者新用人单位向劳动者提出解除、终止劳动合同，在计算支付经济补偿或赔偿金的工作年限时，劳动者请求把在原用人单位的工作年限合并计算为新用人单位工作年限的，人民法院应予支持。对于“非本人原因”的情形如何理解，上述解释第5条第2款作出规定，用人单位符合下列情形之一的，应当认定属于“劳动者非因本人原因从原用人单位被安排到新用人单位工作”：（1）劳动者仍在原工作场所、工作岗位工作，劳动合同主体由原用人单位变更为新用人单位；（2）用人单位以组织委派或任命形式对劳动者进行工作调动；（3）因用人单位合并、分立等原因导致劳动者工作调动；（4）用人单位及其关联企业与劳动者轮流订立劳动合同；（5）其他合理情形。

职工被安排到新用人单位工作，之后离职如何计算经济补偿金？

案例

张某入职房地产公司，期间房地产公司进行改制，张某被房地产公司派至物业公司工作。地产公司未支付解除劳动合同的经济补偿。工作一段时间后，物业公司向张某发出《解聘通知书》。双方因解除劳动合同的经济补偿发生争议。物业公司主张，解除劳动合同的经济补偿金应当从张某与物业公司建立劳动关系之日起计算。张某认为，经济补偿的计算应包含其之前在房地产公司工作的时限。该纠纷经仲裁及诉讼程序，法院判决，物业公司支付经济补偿金的标准，应计算张某在房地产公司的工作年限。

解析

因原用人单位改制、重组、兼并等原因，原单位的职工需要进入新的用人单位工作，这是企业改制工作中职工安置方案的一个重要环节。如果原来的公司与新公司处理得不谨慎，职工安置方案不细致，容易给新公司增加额外的负担。《劳动合同法实施条例》第10条规定，劳动者非因本人原因从原用人单位被安排到新用人单位工作的，劳动者在原用人单位的工作年限合并计算为新用人单位的工作年限。原用人单位已经向劳动者支付经济补偿的，新用人单位在依法解除、终止劳动合同计算支付经济补偿的工作年限时，不再计算劳动者在原用人单位的工作年限。对于进入新公司工作职工处理有多种方案。比如，原单位与劳动者签订解除劳动合同的协议，按照工作年限依法计算劳动关系终止的经济补偿金。这样用人单位安排职工到新单位，在该职工与新单位解除劳动关系时，新单位不必支付经济补偿。也可以三方（原单位、新单位、劳动者）共同约定，劳动者在原用人单位的工作年限合并计算为新用人单位的工作年限，延后支付经济补偿的时间，降低公司当前改制成本。

自主到新单位工作的工龄计算

在劳动合同期间内，劳动者前往另一用人单位工作，工资、社保均由另一单位负责，后劳动者又回到原用人单位工作，劳动关系如何认定？在解除或终止劳动合同时，经济补偿金及赔偿金的计算年限应如何认定？对于劳动关系的确定，应当根据查明的事实分段确定其各阶段与每个用人单位分别存在劳动关系。

对于经济补偿金或赔偿金的计算年限问题，需要首先对劳动者与原用人单位解除劳动合同，及其前往另一用人单位工作的原因进行审查，如果符合《最高人民法院关于审理劳动争议案件适用法律若干问题的解释（四）》第5条规定情况下，按照该条规定处理；如果用人单位有证据证明劳动者确因本人原因前往另一用人单位工作的，则经济补偿金或赔偿金一般不应连续计算，但新的用人单位明确承诺的除外。对于符合《最高人民法院关于审理劳动争议案件适用法律若干问题的解释（四）》第5条规定情形的，劳动者明确表示其要求原用人单位和新用人单位分别承担对应阶段的经济补偿金或赔偿金的，尊重劳动者的选择。

如何认定“劳动者非因本人原因从原用人单位被安排到新用人单位”？

案例

任某先后在涤纶公司、实业集团和实业公司工作，先后签订劳动合同书，工作岗位为保安。任某在实业公司工作期间，以回家有事为由向实业公司提出请假申请。实业公司认为任某无故旷工，请假到期后一直未来上班，也无续假手续，连续十天未按时上班，按公司规章制度的相关规定视为自动离职处理。双方因工作年限发生争议。任某主张上述公司是关联公司，其工作年限合并计算。实业公司认可上述公司股东存在关联，但认为各公司系相互独立的企业法人，任某从上述公司跳槽是其主动申请而非公司安排。法院判决认定，上述公司是关联企业，任某的工作年限应合并计算。

解析

根据《最高人民法院关于审理劳动争议案件适用法律若干问题的解释（四）》第5条的规定，劳动者非因本人原因从原用人单位被安排到新用人单位，在计算赔偿金的工作年限时，劳动者请求把在原用人单位的工作年限合并计算的，应予支持。用人单位及其关联企业与劳动者轮流订立劳动合同的，属于前述“劳动者非因本人原因从原用人单位被安排到新用人单位”的情形。司法解释所称的关联企业是指在法律上相互独立，但在资金、经营、购销等方面存在着直接或间接拥有或控制关系，直接或间接地同为第三者所控制或拥有、其他在利益上具有关联关系的公司、企业、其他经济组织。从表象上来看，一般彼此间具有相同的股东，或者相同相近的名称，或者有统一的经营管理。由于业务的安排，甚至是为了规避法律，用人单位有可能将员工在关联企业之间流动使用，导致员工并不固定地和一家企业订立劳动关系。

本案中，任某提交其先后工作过的涤纶公司、实业集团和实业公司工商登记情况和各公司间的团队关系宣传册，上述证据足以表明上述公司存在关联关系。实业公司主张任某从上述公司跳槽是其主动申请而非公司安排，对此，作为关联企业的实业公司理应举证予以证实。实业公司不能提交证据以证实任某系因其本人原因先后从涤纶公司、实业集团被安排到实业公司工作，且原用人单位已支付了经济补偿，根据《最高人民法院关于审理劳动争议案件适用法律若干问题的解释》第 13 条的规定，实业公司应承担举证不能的不利后果。任某关于合并计算其于原用人单位的工作年限为新用人单位工作年限的主张成立，法院予以支持。

· 经济补偿的缴税 ·

关于一次性取得的经济补偿金该如何缴税的问题，一般依据《国家税务总局关于个人因解除劳动合同取得经济补偿金征收个人所得税问题的通知》[①]［国税发〔1999〕178 号］和《财政部、国家税务总局关于个人与用人单位解除劳动关系取得的一次性补偿收入征免个人所得税

---

① 根据 2018 年 12 月 27 日《财政部、国家税务总局关于个人所得税法修改后有关优惠政策衔接问题的通知》，该文件现已废止。

问题的通知》［财税〔2001〕157 号］这两个文件进行计算。

上述国税发〔1999〕178 号文件主要规定：（1）个人取得的一次性经济补偿金可以在一定期限内进行平均，以降低“月应纳税所得额”；（2）具体期限为“个人在本企业的工作年限数”；（3）工作年限超过 12 个月的，依照 12 个月计算；（4）“月应纳所得额”还应扣除个人应缴的“四金”部分；（5）经上述平均计算之后得出“月应纳所得额”，再依照《个人所得税法》计算应缴税款；

财税〔2001〕157 号文件在前述规定的基础上再作了征免处理，主要规定：（1）经济补偿金等在当地上年职工平均工资 3 倍数额以内的部分，免征个人所得税；（2）企业依照国家有关法律规定宣告破产，企业职工从该破产企业取得的一次性安置费收入，免征个人所得税。

同时，根据《劳动合同法》第 85 条、第 87 条等之规定，从目前司法实践来看，赔偿金也可依照上述规定计缴税款。

公式为：应代为扣缴的个人所得税＝｛［（经济补偿金总收入－当地上年职工平均工资的 3 倍－实际缴存的社会保险费和住房公积金）÷本单位的工作年限－个人所得税扣除额］×适用税率－速算扣除数｝×本单位的工作年限。

医疗补助费

医疗补助费是指劳动者患病或非因工负伤，医疗期满用人单位依法解除或终止劳动合同，给予劳动者的经济补助费用。根据《劳动合同法》第 45 条规定，劳动合同期满，劳动者在规定的医疗期内，劳动合同应当继延至相应的情形消失时终止。医疗期满后，劳动合同方得终止。《劳动部关于实行劳动合同制度若干问题的通知》第 22 条规定，劳动者患病或者非因工负伤，合同期满终止劳动合同的，用人单位应当支付不低于六个月工资的医疗补助费；对患重病或绝症的，还应适当增加医疗补助费。

劳动部办公厅《关于对劳部发〔1996〕354 号文件有关问题解释的通知》第 2 条规定，劳动者患病或者非因工负伤，合同期满终止劳动合同的，用人单位应当支付不低于六个月工资的医疗补助费。劳动合同期满的劳动者终止劳动合同，医疗期满或者医疗终结被劳动鉴定委员会鉴定为 5—10 级的，用人单位应当支付不低于 6 个月工资的医疗补助费。鉴定为 1—4 级的，应当办理退休、退职手续，享受退休、退职待遇。

代通知金

· 支付代通知金情形 ·

代通知金，是指用人单位依法提出解除或终止劳动合同时应当提前 30 日书面通知劳动者本人，如果用人单位没有依法提前 30 日通知劳动者，可以给付一个月工资作为代替。《劳动合同法》第 40 条规定，有下列情形之一的，用人单位提前 30 日以书面形式通知劳动者本人或者额外支付劳动者一个月工资后，可以解除劳动合同：（1）劳动者患病或者非因工负伤，在规定的医疗期满后不能从事原工作，也不能从事由用人单位另行安排的工作的；（2）劳动者不能胜任工作，经过培训或者调整工作岗位，仍不能胜任工作的；（3）劳动合同订立时所依据的客观情况发生重大变化，致使劳动合同无法履行，经用人单位与劳动者协商，未能就变更劳动合同内容达成协议的。

· 代通知金的标准 ·

按照《劳动合同法实施条例》第 20 条规定，用人单位依照《劳动合同法》第 40 条的规定，选择额外支付劳动者一个月工资解除劳动合同的，其额外支付的工资应当按照该劳动者上一个月的工资标准确定。《劳动合同法》第 40 条规定了用人单位提前 30 日通知劳动者或者给予一个月工资作为代通知金解除劳动合同的法定情形。但是没有规定若通知的天数少于 30 日，代通知金应当如何支付。各地司法实践的理解并不一致，有的认为，用人单位未提前 30 天通知解除劳动合同，均应支付一个月工资。有的认为，用人单位终止劳动合同未提前 30 日通知劳动者的，以劳动者上月日平均工资为标准，每延迟一日支付劳动者一日工资的赔偿金。

实务中通常建议用人单位选择额外支付一个月工资解除劳动合同。理由在于：第一，选择提前 30 日通知劳动者，用人单位仍要支付劳动者一个月的工资，成本上并未有所降低。第二，提前 30 日通知劳动者，该 30 日期限内可能出现不得解除劳动合同的法定情形，比如“患病或者非因公负伤的医疗期”“上下班途中发生事故构成工伤”等意外情况，导致解除劳动合同出现变数。第三，该 30 日期限内可能出现工作交接不顺利。有的员工可能对辞退抱有抵触心理，甚至发生毁坏公司财物或在办公场所吵闹的行为，影响交接工作和公司正常办公。

赔偿金

赔偿金的支付

用人单位违法解除或终止劳动合同，是指用人单位解除劳动合同不符合法定要求和程序。劳动法对用人单位解除的情形做了详细的列举式规定，凡不是法定情形下用人单位单方解除劳动合同的，均属于违法解除。在这种情况下，用人单位应当向劳动者支付赔偿金。

在违法解除劳动合同的情形下，劳动者要求用人单位继续履行劳动合同的，用人单位应当继续履行。即用人单位不能以支付劳动者赔偿金的方式，强行与劳动者解除劳动合同。如果劳动者不要求继续履行劳动合同或者劳动合同不能继续履行的，用人单位应当依照经济补偿标准的二倍向劳动者支付赔偿金。简言之，用人单位违法解除劳动合同，劳动者可以主张劳动合同有效，要求继续履行劳动合同，劳动合同已经无法继续履行的除外，同时要求赔偿劳动纠纷期间的工资等损失，或者与用人单位终止劳动关系，要求用人单位支付赔偿金。

连续订立多次固定期限合同后，劳动者同意终止劳动关系，能否主张赔偿金？

案例

王某在服装公司从事缝纫工作。王某与服装公司先后签订4次劳动合同。最后一份劳动合同到期后，公司通知王某，合同到期终止不再续签劳动合同。王某签字同意不再续签，服装公司为王某办理了退工手续。其后，王某提起劳动仲裁，仲裁委裁决服装公司终止劳动合同合法。王某不服诉至法院。原审法院维持仲裁裁决。检察院抗诉认为，对于连续订立二次固定期限劳动合同的劳动者，用人单位应当主动与其订立无固定期限劳动合同，除劳动者提出不订立无固定期限劳动合同的，才能免除用人单位的责任。经过再审，法院维持原审民事判决，没有支持检察院的意见，认为服装公司终止劳动合同的行为合法。

解析

关于服装公司是否应与王某订立无固定期限劳动合同，并向王某支付自应当订立无固定期限劳动合同之日起每月二倍的工资的问题。法院认为，根据《劳动合同法》第82条规定，用人单位违反本法规定不与劳动者订立无固定期限劳动合同的，应当自订立无固定期限劳动合同之日起向劳动者每月支付二倍的工资，但法律并不禁止用人单位与劳动者协商一致订立固定期限劳动合同的情形。本案中，王某与服装公司签订多份固定期限劳动合同，最后一份劳动合同期满，服装公司提出合同期满终止，不再续签劳动合同，王某也签字同意不再续签。王某虽称所签劳动合同非其真实意思表示，但其未提交证据证明。因此，王某虽有权利依据法律规定要求与服装公司订立无固定期限劳动合同，但其自始至终未行使该权利，双方协商一致签订的固定期限劳动合同属有效合同，双方应依约履行。双方最后一份劳动合同到期后，双方协商终止劳动合同，符合法律规定，且至此时王某也未提出继续签订无固定期限劳动合同的要求，故服装公司不须支付赔偿金，仅须支付王某经济补偿金。王某以服装公司应与其订立无固定期限劳动合同为由要求支付相应赔偿金，没有事实和法律依据。

赔偿金的计算

· 赔偿金的标准 ·

赔偿金的标准是用人单位应当支付的经济补偿金的两倍。《劳动合同法》第87条规定，用人单位违反本法规定解除或者终止劳动合同的，应当依照本法第47条规定的经济补偿标准的二倍向劳动者支付赔偿金。根据《劳动合同法实施条例》第25条的规定，用人单位违反劳动合同法的规定解除或者终止劳动合同，依照劳动合同法第87条的规定支付了赔偿金的，不再支付经济补偿金。赔偿金的计算年限自用工之日起计算。

换言之，经济补偿和赔偿金不能同时适用，用人单位支付赔偿金后，就不需再向劳动者另行支付经济补偿。主张赔偿金的计算公式为：解除前12个月平均工资（上年度社会平均工资的三倍封顶）×工作年限×2。

解除劳动合同违法，但劳动合同无法继续履行，员工能否主张赔偿金？

案例

肖某与商务公司发生劳动争议，商务公司解除了肖某劳动合同。肖某提起劳动仲裁，要求撤销商务公司解除合同的决定，恢复劳动关系。该要求继续履行劳动合同之纠纷，经仲裁及诉讼程序，法院判决认定商务公司解除与肖某的劳动合同属于违法解除，但没有支持肖某要求继续履行劳动合同的诉求。判决生效之后，肖某提起劳动仲裁，要求商务公司支付劳动合同违法解除的赔偿金。该要求支付赔偿金之纠纷，经仲裁及诉讼程序，法院判决商务公司向肖某支付赔偿金。

解析

关于双方劳动合同解除的性质，法院生效的民事判决已经认定商务公司解除与肖某的劳动合同属于违法解除。肖某在与商务公司之前的仲裁和诉讼中，均主张商务公司违法解除劳动合同并要求继续履行劳动合同，并未提出要求支付违法解除劳动合同的赔偿金，肖某本次诉讼要求支付违法解除劳动合同赔偿金，并未违反“一事不再理”的原则。肖某与商务公司劳动合同能否继续履行，生效判决已经认定确认无法继续履行。其后肖某提起劳动仲裁，主张违法解除的赔偿金，未超过仲裁时效。《劳动合同法实施条例》第25条规定，用人单位违反劳动合同法的规定解除或者终止劳动合同，依照劳动合同法第87条的规定支付了赔偿金的，不再支付经济补偿。赔偿金的计算年限自用工之日起计算。故商务公司应当支付肖某违法解除劳动合同赔偿金。

用人单位解除劳动合同未通知工会，是否支付赔偿金?

案例

戴某进入材料公司工作，双方签订了劳动合同。材料公司的《工作规则》规定，请假应于事前填具请假单，附缴有关证件呈请核准为原则。未办理请假、休假手续而擅离职守者或假期已届满仍未销假、续假者或虚构情事者均以旷职论。戴某通过单位内部网络填写请假单，请假换休，以便于提前回家过年和处理家事。双方因请假问题发生争议。公司认为戴某连续旷工三日，依据劳动法、劳动合同法及公司规章制度，解除劳动合同。戴某申请仲裁，要求材料公司支付违法解除劳动合同赔偿金。据查，材料公司解除劳动合同没有履行通知工会的程序。该纠纷经仲裁及所程序，法院判决材料公司解除劳动合同违法，应向戴某支付赔偿金。

解析

《最高人民法院关于民事诉讼证据的若干规定》第6条规定，在劳动争议纠纷案件中，因用人单位作出开除、除名、辞退、解除劳动合同等决定而发生劳动争议的，由用人单位负举证责任。《劳动合同法》第43条规定，用人单位单方解除劳动合同，应当事先将理由通知工会。用人单位违反法律、行政法规规定或者劳动合同约定的，工会有权要求用人单位纠正。用人单位应当研究工会的意见，并将处理结果书面通知工会。因此，材料公司不仅负有举证证明其解除与戴某的劳动关系具有合法的事由的义务，还负有举证证明其解除劳动合同程序符合《劳动合同法》第43条规定的义务。

材料公司在仲裁时未提供将解除合同事项通知工会的证据，在起诉时亦未补充提交该证据。根据材料公司自认，其解除与戴某的劳动关系时并未书面征求工会意见。

《最高人民法院关于审理劳动争议案件适用法律若干问题的解释（四)》第12条规定，建立了工会组织的用人单位解除劳动合同符合劳动合同法第39条、第40条规定，但未按照劳动合同法第43条规定事先通知工会，劳动者以用人单位违法解除劳动合同为由请求用人单位支付赔偿金的，人民法院应予支持，但起诉前用人单位已经补正有关程序的除外。故法院根据戴某在材料公司的工作时间及收入状况，判决材料公司按照经济补偿标准的二倍向戴某支付赔偿金，并无不当。

· 二次固定期限劳动合同后不予续签的赔偿金 ·

一般认为，二次固定期限劳动合同到期后，用人单位发出终止劳动合同通知，劳动者有权主张用人单位支付违法终止劳动合同的赔偿金。在劳动者不符合《劳动合同法》第39条和第40条第1项、第2项规定情形时，用人单位在二次固定期限劳动合同到期后直接发出终止劳动合同（关系）通知，不符合《劳动合同法》第14条第2款第3项之规定，应认定为违法终止劳动合同（关系）。劳动者主张用人单位支付违法终止劳动合同的赔偿金，应予支持。

员工请假未履行手续，公司解除劳动合同，是否支付赔偿金?

案例

张某入职通信公司从事销售工作。通信公司移交给张某两份劳动合同书，要求张某签名。张某未在该合同签名处签名。该合同第14、15条注明甲方有权制定规章制度，乙方应遵守。否则，公司有权对员工进行相应处理。张某在未征得通信公司同意的情况下，返回原籍。当日，张某电话向通信公司请假，遭到拒绝。之后，张某来到通信公司。通信公司再次表明立场，并表示严肃处理此事。仲裁委认为，由于通信公司未出具相应的规章制度，通信公司构成违法解除劳动合同。裁决通信公司支付张某解除劳动合同赔偿金。通信公司不服起诉至法院，法院认为，张某属于严重违反劳动纪律，判决通信公司无须支付赔偿金。

解析

劳动者与用工单位建立劳动关系后，劳动者遵守劳动纪律、履行请假报批手续是社会的普遍共识。张某入职通信公司后自应依据上述社会共识及通信公司规章制度处理与用工方的关系。而且，张某虽未在《劳动合同书》上签名，但不能说明其不知晓该《劳动合同书》中，有关要求劳动者遵守劳动纪律的内容。因此，张某在未请假的前提下即返回原籍，并在通信公司提出异议的前提下，事隔数日才返回工作岗位，属严重违反劳动纪律的行为。此种行为如不严格制止，对劳动力市场将产生不良影响。故通信公司诉讼请求，于情有理、于法有据。综上，依据《劳动合同法》第39条、第48条之规定，法院判决通信公司无须向张某支付解除劳动合同经济补偿金。

员工迟到一小时遭公司解雇，能否主张赔偿金？

案例

肖某到电控公司上班，比正常上班时间迟到约一小时。肖某仍在考勤表上填写出勤时间为7点30分，即公司规定的上班时间。电控公司《雇员手册》规定：经常迟到、早退或缺席等属A类犯错，初犯者被获发警告信，如在同一年度内累计超过三次警告会被即时辞退。虚报出勤的行为属C类犯错，即时辞退。电控公司以肖某虚报出勤违反《雇员手册》为由解除双方劳动合同，肖某则认为其属于A类犯错，公司属违法解除劳动合同，应支付赔偿金。该纠纷经仲裁及诉讼程序，法院判决公司解除劳动合同合法，不支付赔偿金。

解析

电控公司的《雇员手册》经员工代表大会制定并送达员工，内容亦无违反法律禁止性规定，故用人单位及员工均应自觉遵守，并可作为法院裁判依据。肖某当天迟到一小时，本应如实陈述迟到原因，由公司依照规章制度处理，但其对迟到原因作虚假陈述，其行为符合用人单位《雇员手册》规定的虚报出勤，故电控公司据此解除肖某的劳动合同正确，无须支付赔偿金。本案用人单位制定的《雇员手册》内容及程序均合法，并曾送达给员工，可作为法院的裁判依据。从用人单位将经常迟到、早退或缺席等列为A类犯错，区分初犯及一年内累计三次警告后才辞退，而将虚报出勤列为即时辞退的C类严重犯错看，用人单位更注重员工的诚信。肖某的不诚信行为使其“迟到”的小过失升级为“虚报出勤”的严重犯错，这提醒劳动者以诚信为本，避免弄巧成拙。

离职员工是否享有“被遗忘权”？

案例

任某在教育科技公司从事过教育工作，任某短暂工作一段时间后，在当年解除了劳动关系。离职不久后任某通过网络查询，进入网络公司搜索页面，键入“任某”后在“相关搜索”处显示有“教育科技公司任某”。任某主张教育科技公司在业界名声不好，网络公司在搜索页面中公开其与某氏教育有关的个人信息，侵犯了任某的姓名权、名誉权及任某主张的一般人格权中的所谓“被遗忘权”。该纠纷经法院审理，法院认为搜索公司不构成侵权。对任某主张搜索公司赔偿相关损失及精神损害抚慰金的诉讼请求，法院予以驳回。

解析

本案争议的焦点问题是搜索公司“相关搜索”服务显示的涉及任某的检索词是否侵犯了任某的姓名权、名誉权及任某主张的一般人格权中的所谓“被遗忘权”。关于姓名权。姓名权是公民享有的依法决定、使用和依法变更自己姓名的权利。一般而言，本案涉及的侵害姓名权的行为是，非法使用他人姓名。主要包括盗用他人姓名和假冒他人姓名的行为。相关检索词的出现虽然未经任某本人允许，但检索词本身系网络用户在搜索引擎中键入的指令，搜索结果中的“检索词”也只是动态反映过去特定时间内网络用户使用检索词的客观情况，并为当前用户的信息检索提供参考指引。即“任某”是搜索引擎经过相关算法的处理过程后显示的客观存在于网络空间的字符组合，并非搜索公司针对“任某”这个特定人名的盗用或假冒。

关于名誉权。侵害名誉权责任的法定构成要件包括行为人的违法行为、受害人确有名誉被损害的事实、违法行为与损害后果之间有因果关系、行为人主观上有过错。具体到本案中，首先，涉案检索词，明显不存在对任某进行侮辱的言辞，亦未捏造事实对任某进行诽谤。法院认为，任某的个人主观评价不能作为认定相关词汇具有侮辱性、诽谤性的依据。其次，相关搜索词的同时出现是对特定时间内网络用户所使用的检索词的客观情况的反映，任某本人亦认可检索词的序列动态变化、时时更新。故搜索公司对相关关键词在搜索结果中出现并不存在主观过错。

关于“被遗忘权”。我国现行法律中并无对“被遗忘权”的法律规定，亦无“被遗忘权”的权利类型。任某依据一般人格权主张其被遗忘权应属一种人格利益，该人格利益若想获得保护，任某必须证明其在本案中的正当性和应予保护的必要性，但任某并不能证明上述正当性和必要性。

离职办理

离职程序

· 离职提前告知义务 ·

劳动者辞职切忌不可一走了之，应按照劳动法规范提交离职通知书，提前30天对单位进行告知，否则可能承担违法解除劳动合同的责任。按照《劳动合同法》第37条规定，劳动者提前30日以书面形式通知用人单位，可以解除劳动合同。劳动者提前30日以书面形式通知用人单位，既是解除劳动合同的程序，也是解除劳动合同的条件。劳动者未提前30日以书面形式通知用人单位解除劳动合同，属于违法解除劳动合同，给用人单位造成损失的，应当承担赔偿责任。

离职文书

· 离职通知书 ·

劳动者在离职时，通常会签署书面的交接单据，比如离职交接单等。此类单据只涉及离职手续、物品等的交接工作，通常不会涉及离职原因。但是劳动者应注意，如果有的用人单位在离职交接单中设计了一些对离职原因记录，比如添加备注，本人已申请离职，现特依照单位规定办理离职手续等。如果劳动者发现与事实不符，应拒绝填写、要求单位改正或在离职单据上注明保留意见，以免因此类小节的不谨慎而使自己陷入被动。

用人单位应注意，如果劳动者在离职申请书或离职通知上书写，由于用人单位的规章制度不合理而损害自身权益、用人单位单方提出解除等有关劳动合同解除的原因，这涉及对劳动合同解除的性质判定问题，会影响到用人单位是否支付经济补偿或赔偿金，用人单位的人力资源部门应对此谨慎审查。实践中，用人单位一般应制作格式离职文件表单，供离职员工填写，将用人单位的免责条款予以清晰明确，争取员工的签字，以避免此类纠纷。

· 离职申请书 ·

区别离职通知书和离职申请书并非纯理论问题，而是关系赔偿损失的实践问题。例如，某员工向公司提交离职信，其大意是“准备30日之后离职，恳请单位批准”。原公司明确表示不予批准。该员工在提交离职信30日后，径直到另一家公司工作。原公司由此起诉员工，主张员工仍与公司存在劳动关系，要求员工及招录该员工的新公司赔偿。最终原公司的诉求被法院支持。

这是因为该员工没有明确通知公司30日之后离职，而是提出30日后离职的申请，希望公司批准。员工行使的并非是“劳动者提前30日以书面形式通知用人单位可以解除劳动合同”的单方解除权。而是一种征询用人单位意见的要约行为。换言之，既然征求用人单位意见，那么用人单位可以批准，也可以不批准。该离职申请可能被认定是一种解除劳动合同的协商意向过程，而不能起到解除劳动合同的效力。凡辞职信类似“恳请领导批准”“望批准为盼”“请领导批准”等之类，都有可能不被认定为离职通知书，而是离职申请书。如果员工明确告知公司，例如：“本人将于30日后与贵司终止劳动关系，解除劳动合同，恳请公司办理好离职交接手续”等。这样表述清晰，劳动关系何时解除就不存在任何争议。其后员工到新公司上班，该员工和招录该员工的新单位，都不会有违法用工乃至要支付赔偿的法律风险。

· 离职协议 ·

离职协议的内容

协商解除劳动合同，双方有必要就协商内容签订离职协议，以避免可能的劳动纠纷。离职协议可以写明由哪一方提出解除劳动，也可以不写明。关于劳动关系建立的时间，如果不方便表述，也可不写明。但离职协议必须写明合同解除时间，这涉及劳动报酬支付、社会保险和住房公积金的缴纳、年休假待遇支付、经济补偿年限认定等计算点问题。尤其应注意写明劳动者与用人单位公司无劳动纠纷。条款通常的文字表述为：劳动者与用人单位的劳动争议一次性解决，再无其他争议。公司在劳动合同期间遵守相关法律规定，无违反劳动法律法规的情形。劳动者承诺放弃就劳动争议请求仲裁或法院处理的权利。实践中用人单位存在违法用工问题，员工离职时没有补正或对员工补偿，如果用人单位跟劳动者的离职协议写明“争议一次性解决，再无其他争议”，除非存在协议内容违法或胁迫欺诈等情形，仲裁委或法院一般都会支持用人单位。

离职协议的效力

离职协议只要是双方自愿签署，表达意思真实，一旦签署即发生效力，一方反悔难以被支持。除非存在欺诈、胁迫、乘人之危、重大误解或显失公平，或者违反法律强制性规定的情形。这意味着如果劳动者签署了离职协议，比如在“用人单位不存在违反劳动法情形，与用人单位不存在劳动争议”离职表单上签字等。即使用人单位违反了劳动法的规定（违反工伤保险待遇等强制性规定除外），劳动者无法就此主张权利并取得胜诉。这是因为法律尊重当事人双方权利的自治，签署行为视为劳动者对自身权利的放弃。一旦以书面形式明确地放弃自身权利，事后反悔的难度很大。

《最高人民法院关于审理劳动争议案件适用法律若干问题的解释（二）》第10条规定，劳动者与用人单位就解除或者终止劳动合同办理相关手续、支付工资报酬、加班费、经济补偿或者赔偿金等达成的协议，不违反法律、行政法规的强制性规定，且不存在欺诈、胁迫或者乘人之危情形的，应当认定有效。前款协议存在重大误解或者显失公平情形，当事人请求撤销的，人民法院应予支持。

《北京市高级人民法院、北京市劳动争议仲裁委员会关于劳动争议案件法律适用问题研讨会会议纪要》第30条规定，用人单位与劳动者解除或终止劳动合同时，自愿签订的和解协议，不违反法律和行政法规的强制性规定，在履行完毕后，一方当事人反悔，主张双方约定无效的，一般不予支持。但协议中双方的权利义务明显失衡，仲裁委或人民法院可予以适当调整。用人单位与劳动者就工伤保险待遇达成的协议在履行完毕后，劳动者以双方约定的给付标准低于法定标准为由，在仲裁时效内要求用人单位按法定标准补足差额部分的，应予支持。

员工签订离职协议后主张赔偿金，能否得到支持？

案例

杨某在涂料公司任财务经理。双方就解除劳动关系事宜进行多次协商。涂料公司向杨某发出了《解除劳动合同通知》（以下简称《通知》），主要内容为：公司解除与杨某的劳动合同，一次性支付离职补偿等各项费用。同日，杨某在该通知下方签名，涂料公司应杨某要求在加盖公章后将该《通知》寄了一份给其本人，随后向其支付了《通知》约定的款项。杨某确认其签名前已经详细阅读了《通知》的内容，但其签名仅表示收到《通知》，对其中的内容并不认可，因而涂料公司系单方解除劳动合同，应支付少付的经济补偿金及违法解除劳动合同赔偿金等。该纠纷经仲裁及诉讼程序，法院对杨某的主张不予支持。

解析

涂料公司在《通知》中已明确记载与杨某就解除劳动合同事宜多次协商并提出

具体解决方案，杨某确认签名前已仔细阅读《通知》内容，应当视为双方已就协商解除劳动合同达成一致，杨某主张其签名仅表示收到《通知》，对《通知》内容却不予认可，理由不能成立。本案《通知》虽然是由用人单位出具，但实质上是双方多次协商达成的协议，依法对双方均具有约束力。劳动者签字确认且实际受领约定款项后，双方之间的劳动权利义务已经终结。因此，劳动者的诉请不能支持。

· 离职证明 ·

用人单位应在解除或终止劳动合同时为劳动者出具解除或终止劳动合同的证明，以便劳动者顺利领取失业保险金和再就业。用人单位出具的解除、终止劳动合同的证明，应当写明劳动合同期限、解除或者终止劳动合同的日期、工作岗位、在本单位的工作年限等。用人单位违反本法规定未向劳动者出具解除或者终止劳动合同的书面证明，由劳动行政部门责令改正；给劳动者造成损害的，应当承担赔偿责任。

档案移交

· 档案移交义务 ·

档案是记录一个人的主要经历、政治面貌、品德作风等个人情况的文件材料，起着凭证、依据和参考的作用，在个人转正定级、职称申报、办理养老保险以及开具考研等相关证明时，都需要使用档案。人事档案通常存放在有人事管理权的单位，其他没有档案管理权的用人单位，则将档案保存在人才交流中心等专门的档案保管单位。

用人单位为劳动者办理档案和社会保险关系转移手续是用人单位的一项法定义务，用人单位必须依法履行。根据《劳动合同法》第50条之规定，用人单位应当在解除或者终止劳动合同时出具解除或者终止劳动合同的证明，并在15日内为劳动者办理档案和社会保险关系转移手续。根据第84条之规定，劳动者依法解除或者终止劳动合同，用人单位扣押劳动者档案或者其他物品的，由劳动行政部门责令限期退还劳动者本人，并以每人500元以上2000元以下的标准处以罚款；给劳动者造成损害的，应当承担赔偿责任。

用人单位以员工欠公司债务为由，拒绝办理档案转移手续，是否合法？

案例

邵某在化工厂工作，签订无固定期限劳动合同。工作期间，化工厂以邵某严重违反公司规章制度，给公司造成重大损失为由，解除与邵某劳动关系，要求邵某赔偿2万元，随即停发工资。邵某要求化工厂办理个人档案转移手续，化工厂以邵某未赔偿损失为由拒绝办理。邵某申请仲裁，要求化工厂办理档案转移手续并且赔偿损失。而公司认为邵某尚欠公司债务，公司是在行使先履行抗辩权。仲裁委支持邵某的请求。化工厂向法院起诉。法院判决化工厂在判决书生效后15天内办理档案转移，赔偿损失。

解析

本案争议焦点是化工厂能否扣留邵某的个人档案。《劳动合同法》第50条规定，用人单位应当在解除或者终止劳动合同时出具解除或者终止劳动合同的证明，并在十五日内为劳动者办理档案和社会保险关系转移手续。劳动者应当按照双方约定，办理工作交接。用人单位依照本法有关规定应当向劳动者支付经济补偿的，在办结工作交接时支付。由此得出，《劳动合同法》第50条规定了用人单位办理档案转移手续的义务，同时也规定了劳动者办理工作交接的义务。一般认为，不论劳动者存在何种错误而解除合同，用人单位都无权以任何理由扣留离职的劳动者的档案。为离职的劳动者办理档案转移是用人单位法定的合同义务，用人单位应当按照劳动合同法的规定为劳动者办理档案转移手续，而不应扣留劳动者个人档案。

用人单位能否以劳动者未支付违约金为由，不配合办理档案、社会保险关系转移等手续?

案例

汤某到中心医院处工作，签订聘用合同一份，载明合同期限9年。中心医院委托培养汤某进行博士学习。并签订担保协议书一份，其中第5条载明，医院定向、委培的博士研究生毕业后须在院工作10年以上，学历、学位证书由人力资源部代为保管，规定服务期满后交还本人。如因个人因素离开医院，医院除收回在读期间所承担的学费、工资、保险外，还将按规定收取人才培训费和违约金等费用，如遇医院政策调整，按相关规定执行。其后汤某向中心医院提出辞职。因辞职一事，汤某申请劳动仲裁，请求解除汤某与中心医院之间的聘用关系，中心医院配合汤某将档案、社会保险关系转出，并配合办理执业医师注册变更手续。仲裁委裁决聘用关系解除；中心医院按相关规定为汤某办理档案、社会保险关系等转移手续；关于变更执业医师注册的请求不予调整。该纠纷经仲裁及诉讼程序，法院判决聘用合同解除，医院配合汤某办理档案、社会保险关系的转出及办理变更职业医师注册手续。

解析

关于中心医院与汤某之间的聘用合同是否应予解除，《劳动合同法》第96条规定："事业单位与实行聘用制的工作人员订立、履行、变更、解除或者终止劳动合同，法律、行政法规或者国务院另有规定的，依照其规定；未作规定的，依照本法有关规定执行。"《劳动合同法》第37条规定："劳动者提前三十日以书面形式通知用人单位，可以解除劳动合同。劳动者在试用期内提前三日通知用人单位，可以解除劳动合同。”本案中，汤某向中心医院提出辞职，到申请仲裁时已近六个月，所以双方之间的聘用合同已符合上述法律规定的解除劳动合同的条件。

关于中心医院是否应配合汤某办理档案、社会保险关系转移手续及办理变更职业医师注册手续。因中心医院与汤某解除聘用合同后，上述行为均系解除聘用合同后中心医院应履行的附随义务，且在双方解除聘用合同后，中心医院处保留汤某档案、社会保险关系及汤某在中心医院处注册职业医师显无必要，故法院判决中心医院配合汤某办理档案、社会保险关系的转出及办理变更职业医师注册手续。

· 迟延转档的经济损失 ·

用人单位应当在法律规定的时限内为已离职的员工办理转移档案的手续，否则应承担相应的责任。《劳动合同法》第50条规定，用人单位应当在解除或者终止劳动合同时出具解除或者终止劳动合同的证明，并在十五日内为劳动者办理档案和社会保险关系转移手续。根据《最高人民法院关于审理劳动争议案件适用法律若干问题的解释（二）》第5条的规定，劳动者与用人单位解除或者终止劳动关系后，办理劳动者的人事档案、社会保险关系等移转手续产生的争议，经劳动争议仲裁委员会仲裁后，当事人依法起诉的，人民法院应予受理。

对于用人单位遗失或迟延转移档案经济赔偿的数额标准，法律没有明确的规定。司法实践中认识不一。有的地方出台了相关操作细则可以供参考。比如《北京市高级人民法院、北京市劳动争议仲裁委员会关于劳动争议案件法律适用问题研讨会会议纪要》第2条规定，因用人单位迟延转档或将档案丢失，劳动者要求用人单位赔偿损失的纠纷，属于劳动争议案件受理范围，公安机关在特定历史时期接收部分社会人员的档案引发的纠纷除外。第40条规定，因用人单位的过错而使档案迟延移转，劳动者要求用人单位赔偿损失，劳动仲裁委或人民法院在确定赔偿额时，可参照《北京市失业保险规定》及相关政策文件的规定；劳动者因其档案丢失而向用人单位主张赔偿损失的，劳动仲裁委或人民法院可根据当事人的过错程度和受损情况酌情确定赔偿数额，一般不超过6万元。

办理退休手续发生的争议，是否属于劳动争议？

案例

李某分配至北京模具厂工作。之后李某与模具厂办理协商解除劳动合同的手续，李某的人事档案转入街道社会保障事务所。李某年满55周岁，申请提前退休。经相关行政部门审批后，通知其还需出示工种相关材料原件及复印件。李某找到模具厂，要求模具厂提供相关原始材料原件及复印件，模具厂为其出具了情况证明，证明内容为“李某原是模具厂职工，从事磷化工特殊工种工作”。李某主张由于模具厂未就相关工种（冲压工）进行备案，且缺失了李某部分档案材料，导致李某无法申请提前退休，模具厂应当赔偿相应的损失。李某提起劳动仲裁，仲裁委决定不予受理。法院审查后裁定驳回李某的起诉。

解析

劳动者与用人单位因办理退休手续发生的争议，不属于劳动争议案件受理范围。李某诉至法院，要求模具厂支付其未能办理提前退休的补偿金。但李某是否具备提前退休资格、能否享受提前退休的待遇，不属于劳动争议受理的范围，应当通过劳动行政部门解决，故法院予以驳回。《北京市高级人民法院、北京市劳动争议仲裁委员会关于劳动争议案件法律适用问题研讨会会议纪要》中“关于劳动争议案件的受理范围问题”一节中明确，劳动者与用人单位因住房公积金的缴纳、办理退休手续发生的争议，不属于劳动争议案件受理范围。

职业健康检查

根据我国《职业病防治法》的相关规定，用人单位安排从事接触职业病危害的作业的劳动者进行离岗职业健康检查是其法定义务。该项义务并不因劳动者与用人单位协商一致解除劳动合同而当然免除。用人单位必须安排劳动者进行离岗前职业健康体检，对依法应进行职业健康检查的劳动者，未进行离岗前职业健康检查，一律不得解除或者终止与其订立的劳动合同。即使劳动者明确已经知晓并放弃了离岗前职业健康检查的权利，该放弃行为因违反法律的强制性规定而归于无效。

未进行离岗前职业健康检查，协商一致解除劳动合同是否有效?

案例

张某与劳务公司建立劳动关系后被派遣至第三方公司担任电焊工。其后，在劳动合同未到期之前，劳务公司与张某签订协商解除劳动合同协议书，双方自愿达成如下协议：协议签订之日双方的劳动权利义务终止；公司支付一次性补偿，款项包括解除劳动合同的经济补偿、其他应得劳动报酬及福利待遇等。协议书签订后，张某经医院诊断为电焊工尘肺壹期，经劳动能力鉴定委员会鉴定为致残程度柒级。因涉及工伤认定，张某要求与公司恢复劳动关系至劳动合同到期日。张某主张，其提出要求做离职前职业健康检查，劳务公司承诺签订协议后安排张某体检，但第二天即反悔。张某经有关部门举报投诉后，劳务公司才让张某做相关体检。张某认为双方签订的协商解除劳动合同协议书系劳务公司提供的格式合同，协议书虽称系张某提出解除劳动关系，实是劳务公司提出解除劳动关系。法院最终判决支持张某的诉请。

解析

根据《劳动合同法》第42条第1款的规定，从事接触职业病危害作业的劳动者未进行离岗前职业健康检查的，用人单位不得依照该法第40条、第41条的规定解除劳动合同。此款规定虽然没有排除用人单位和劳动者协商一致解除劳动合同的情形，但根据《职业病防治法》第35条的规定，“对从事接触职业病危害的作业的劳动者，用人单位应当按照国务院安全生产监督管理门、卫生行政部门的规定组织上岗前、在岗期间和离岗时的职业健康检查，并将检查结果书面告知劳动者……；对未进行离岗前职业健康检查的劳动者不得解除或者终止与其订立的劳动合同”。因此，用人单位安排从事接触职业病危害的作业的劳动者进行离岗前职业健康检查是其法定义务，该项义务并不因劳动者与用人单位协商一致解除劳动合同而当然免除。法院判决公司与张某恢复劳动关系至劳动合同到期之日止。

跋

回想起来，我承办第一个案件迄今已经15年了。当年作为在校学生，参与代理游客在动物园被孔雀啄伤脸颊的侵权纠纷案件，最终案件得以圆满调解结案。回想过去，法律职业的准入资格门槛，从无到有，从法官检察官律师资格考试、国家司法考试到统一法律职业资格考试，几经更迭，与时俱进。具体制度的点滴进步，折射的是整个法治建设奔腾向前的不可阻挡之势。

我在执业之初，因给某人力资源数据库撰写专业文章，曾经高强度、系统性阅读了大量劳动法案例，受益匪浅。大量阅读案例是个打地基、建框架的工作，貌似笨拙，其实事半功倍。一万小时定律有其实践依据。在承办案件时，深谙案例能够促进分析问题更为深刻透彻，考虑更为周全细致，增强对案件结果的可预见性。在日常人力资源管理的合规实务中，也起到防范风险于未然的作用。囿于能力所限，本书错漏谬误之处在所难免，希望读者海涵和不吝指正，以期逐步完善，共同进步。

翁飞

2019年11月19日

图书在版编目（CIP）数据

HR 法律答案之书：人力资源法务风险管理与案件实操 / 翁飞著. —北京：中国法制出版社，2019. 11
ISBN 978 - 7 - 5216 - 0470 - 2

Ⅰ. ①H… Ⅱ. ①翁… Ⅲ. ①人力资源管理 - 劳动法 - 基本知识 - 中国 Ⅳ. ①D922. 504

中国版本图书馆 CIP 数据核字（2019）第 185320 号

策划编辑：陈兴（cx_ legal@ 163. com） 责任编辑：陈兴 孙静 封面设计：李 宁

HR 法律答案之书：人力资源法务风险管理与案件实操
HR FALÜ DA' AN ZHI SHU：RENLI ZIYUAN FAWU FENGXIAN GUANLI YU ANJIAN SHICAO

著者/翁飞
经销/新华书店
印刷/三河市紫恒印装有限公司
开本/787 毫米×1092 毫米 24 开 印张/17. 5 字数/347 千
版次/2019 年 11 月第 1 版 2019 年 11 月第 1 次印刷

中国法制出版社出版
书号 ISBN 978 - 7 - 5216 - 0470 - 2 定价：76. 00 元

北京西单横二条 2 号
邮政编码 100031 传真：010 - 66031119
网址：http：//www. zgfzs. com **编辑部电话：010 - 66070046**
市场营销部电话：010 - 66033393 **邮购部电话：010 - 66033288**